陈祖武学术文集

清初学术思辨录

陈祖武　著

商务印书馆
创于1897　The Commercial Press

图书在版编目（CIP）数据

清初学术思辨录 / 陈祖武著. — 北京：商务印书馆，
2023
（陈祖武学术文集）
ISBN 978-7-100-21667-8

Ⅰ.①清… Ⅱ.①陈… Ⅲ.①学术思想－思想史－中
国－清前期－文集 Ⅳ.①B249.05-53

中国版本图书馆CIP数据核字（2022）第165646号

陈祖武学术文集

清初学术思辨录

陈祖武 著

商 务 印 书 馆 出 版
（北京王府井大街36号　邮政编码 100710）
商 务 印 书 馆 发 行
三河市尚艺印装有限公司印刷
ISBN 978－7－100－21667－8

2023 年 4 月第 1 版　　　开本 680×960　1/16
2023 年 4 月第 1 次印刷　　印张 21 1/2

定价：128.00 元

作 者 简 介

　　陈祖武，1943 年 10 月生于贵州省贵阳市。1965 年 7 月，毕业于贵州大学历史系。1981 年 7 月，毕业于中国社会科学院研究生院历史系。历任中国社会科学院历史研究所研究实习员、助理研究员、副研究员、研究员。2006 年，当选中国社会科学院首届学部委员。1998 年至 2008 年，任历史研究所所长。2009 年，被国务院聘为中央文史馆馆员，至今一直在馆员岗位履职。主要学术著作有《中国学案史》《清初学术思辨录》《乾嘉学术编年》《乾嘉学派研究》《清代学术源流》《清代学者象传校补》《清史稿儒林传校读记》等。兼任全国古籍规划小组成员，主要古籍整理成果有《榕村语录》《杨园先生全集》《清儒学案》《榕村全书》等。

学术文集自序

生也有涯，学无止境，读书为学一生，不觉已届桑榆景迫。饮水思源，不忘根本。我生在贵州，长在贵州，是在五星红旗下成长起来的新中国学人。从小学、中学一直到大学，我在家乡接受了系统的学校教育。家乡的山山水水和各民族父老乡亲的养育，赋予我坚定不渝的家国情怀和艰苦奋斗的精神品格。一九六五年七月，由贵州大学历史系毕业，从此告别故乡。始而昆明，继之北京，负笈南北，兼师多益，一步一个脚印地摸索前行。

晚近以来，病痛缠身，几同废物。回过头去看一看艰难跋涉的足迹，无间寒暑，朝夕以之，数十年功课皆在伏案恭读清儒学术文献之中。恪遵前辈师长教诲，历年读书为学，每有所得，则只言片语，随手札记。日积月累，由少而多，居然亦能自成片段。承出版界诸多师友厚爱，从一九八三年中华书局约撰《中国历史小丛书》之"顾炎武"，到二〇二二年商务印书馆刊行之《中国学案史》和《感恩师友录》，四十年间，庋书所得率获十余次结集。

近期，又蒙商务印书馆盛谊，拟将我数十年之历次勾学结集汇句一帙，凭以为新时代之浩瀚学海存此一粟，奉请方家大雅赐教。传承学脉，德高谊笃，谨致深切谢忱。责任编辑鲍海燕同志，不辞辛劳，兢兢业业，置疫情起伏于不顾，屡屡枉驾寒舍，斟酌商量，精益求精。年轻俊彦如此之敬业精神，最是令我终身铭感。

陈祖武 谨识

二〇二二年五月廿日

陈祖武学术文集自序

　　生也有涯，学无止境，读书为学一生，不觉已届桑榆景迫。饮水思源，不忘根本。我生在贵州，长在贵州，是在五星红旗下成长起来的新中国学人。从小学、中学一直到大学，我在家乡接受了系统的学校教育。家乡的山山水水和各民族父老乡亲的养育，赋予我坚定不渝的家国情怀和艰苦奋斗的精神品格。一九六五年七月，由贵州大学历史系毕业，从此告别故乡。始而昆明，继之北京，负笈南北，兼师多益，一步一个脚印地摸索前行。

　　晚近以来，病痛缠身，几同废物。回过头去看一看艰难跋涉的足迹，无间寒暑，朝夕以之，数十年功课皆在伏案恭读清儒学术文献之中。恪遵前辈师长教诲，历年读书为学，每有所得，则只言片语，随手札记。日积月累，由少而多，居然亦能自成片段。承出版界诸多师友厚爱，从一九八三年中华书局约撰《中国历史小丛书》之《顾炎武》，到二〇二二年商务印书馆刊行之《中国学案史》和《感恩师友录》，四十年间，读书所得幸获十余次结集。

　　近期，又蒙商务印书馆盛谊，拟将我数十年之历次为学结集汇为一帙，凭以为新时代之浩瀚学海存此一粟，奉请方家大雅赐教。传承学脉，德高谊厚，谨致深切谢忱。责任编辑鲍海燕同志，不辞辛劳，兢兢业业，置疫情起伏于不顾，屡屡枉驾寒舍，斟酌商量，精益求精。年轻俊彦如此之敬业精神，最是令我终身铭感。

陈祖武　谨识

二〇二二年五月卅日

目　录

原版序言 *

　　清初学术思想是对中国传统学术思想的反思及总结，在学术史上，这是一个光辉的时代，梁任公曾经把它比作西洋史上的"文艺复兴"。但我们一直到近百年前，并没有出现一个科学复兴时代，我们始终在传统的经史上旋转，而没有走出这宏大的包围圈。也就是说，我们的学术思想仍然停留在中古时代。我们发现并提倡人文主义最早，在两千年前，我们的哲人们就不听命于"神"，而自己掌握自己的命运。在这方面，老庄学派是走在前面的。老子是楚国的"史老"，来源于申，本来是沟通天人的媒介，但他们最先反对天神（上帝），而认为是"道"（自然）产生了宇宙万物，而不是神。他们充分认识了自然，也掌握了自然规律。我们可以说，这是哲学史上的伟大的革命运动，他们的思想不是消极的，而是积极的，将永放光芒。儒墨并兴，由自然返回人间，儒家发挥了人文主义而提倡"仁"，墨家更深入了解自然而有《墨经》。

　　儒、墨、道三家，决定了中国两千年来的学术发展和哲学水平。两汉经学，是儒家与经学结合之自然结果。原始经学，《易》《诗》《书》《礼》本来不与儒家相关，但自孔子而后，据为己有，以儒家思想注经，遂使古代经典儒家化。西汉后，儒家成为学术思想界正统，于是经学成为我国人民的教科书，其影响之大，真正是"莫与伦比"。墨家科学表现在《墨经》中，我们以为，墨家之自然科学成就，在当时的世界上是

---

　　* 该书序言为初版（中国社会科学出版社 1992 年版）时所作。

首屈一指的，可以与它稍后的希腊科学比肩而传世。但秦以后，墨学不传，儒家一统，谈伦理而不谈科学，遂使《墨经》沉沦，而墨家"天下无人，墨子之言也犹在"的预言，徒成豪言壮语！

但儒家并没有停留在经学上，宋明理学发展了儒家哲学，尤其是程颢一派发挥了"仁"的思想，遂使儒家思想在哲学史上处于领先的地位。哲学主要是"本体论"，它追究本体即宇宙的根源，探讨它的性质，然后作"美德之形容"。科学讲宇宙，哲学谈本体。对万物说，宇宙是本体；对人类说，天地社会是本体。天地与社会结合起来，即中国传统的"天人"之学。理学家讲究天人之际，而程明道出色当行。宇宙之大德曰"生"，在自然科学领域，主要也是探讨宇宙之"生"的起源、原理及其结构。哲学是科学的先导，也为科学作总结。没有"生"就没有宇宙，更没有人类、万物。而具有人类的宇宙，就现在所知，只有地球。地球具有生生的条件，这条件是和谐的、善良的，也可以说是美的，我们的哲学家就称之曰"仁"。仁是造化之源，而草木枝干为造化之流。生之性又谓之息，息即信息或消息。生有信息，川流不已而天地成化，也就是宇宙万物形成而活跃起来。因之我们的宇宙是一个活泼的宇宙，是充满生机的宇宙，理学家形容它"万紫千红总是春"。这充满生意的宇宙，宋代理学大师程明道对它作了充分的发挥。清初思想界对宋明理学作了种种反思，但没有及大程之谈"仁"。至戴东原时，乃对于"生"的哲学作了适当的发挥。

戴东原说："果实之白全其生之性谓之息。"我们可以解"白"为素，"素"即素质或原素。果素具有生之性谓之息，息即信息，息即能量。有了信息、能量而宇宙万物成，宇宙万物成是谓"成化"。成化是化育万物，化育万物而哲学家为之作"美德之形容"，谓之曰"仁"。生生为仁，是程明道的主题思想，而戴东原继之有所发挥。天以生为道，而生生之谓"易"，无"易"无法谈"生"，于是东原谈一阴一阳而天地生生不已之道。阴阳的理论，在我国哲学史上凑附着许多模糊概念。其实，原义等于科学家之所谓正、负，我们说正电子、负电子，也就是阴电子、阳电子。任何事物都有正负，亦都有阴阳，否则不生不长而乾坤息矣，"乾坤息则无以见易"！这在科学上是常识，在哲学上也应当是简洁明了的概念。

天地之大德曰"生"，没有"生"则没有一切，没有时间，没有空间，也没有生命。而没有时间的空间是黑洞，是"乾坤息矣"！以此，天地而不生生是天地之不仁、不诚。哲学不能与科学背道而驰，我们的"仁"的哲学，和任何一位物理大师所理解的宇宙，都若合符节。因而可以说，我们的哲学思想并没有被科学抛在后面，但我们的科学却被我们的哲学抛在后面。于是而有"五四运动"之提倡民主与科学。

戴东原不仅发挥了我国的传统哲学，而且也发挥了清初顾炎武、阎若璩所创立的朴学，有了朴学，才有所谓乾嘉学派。乾嘉学派以皖及扬州为大宗，皖即江永、戴震及程瑶田，而扬即王念孙、王引之及阮元。戴震出于江永而传于二王，于是戴震为皖、扬两系不祧祖矣。

陈祖武同志能思善学，此《清初学术思辨录》大作，结合清初社会实际而谈学术思想，这是最正确的方法之一。我们不能脱离实际社会而谈社会思潮，"皮之不存，毛将焉附"！先秦诸子、两汉经学、魏晋玄学、宋明理学，都与当时之社会相关。继梁任公、钱宾四诸先生之后，祖武此书，将脱颖而出矣。

杨向奎

一九九〇年春节于北京

前　言

　　清代学术，以对中国古代学术的整理和总结为特征。自甲申入关代明，迄于辛亥覆亡，近270年间，一代学者考经证史，实事求是，以其朴实无华的学风，使清学自为体系，而与先秦子学、两汉经学、魏晋玄学、隋唐佛学和宋明理学后先媲美，成为我国学术史上的一个重要发展阶段。尽管由于历史条件的制约，清代学者对以往学术的整理和总结尚存在诸多局限，但其间才人辈出，硕果累累，给后世留下了许多宝贵的文化遗产。认真地去清理这份遗产，剔除其封建性的糟粕，发掘其民主性的精华，从而总结出一代学术发展的基本规律来，这不仅有助于提高对中国古代文化历史价值的认识，而且对于建设社会主义的精神文明，开创中华民族的新文化，无疑也是有积极意义的。

　　对清代学术史的研究，在整个清史研究中，是一个起步较早的领域。清代学者的论究，诸如阮元、江藩、唐鉴等人姑且不论，早在20世纪初，章炳麟、梁启超两大师即已开启先路，卓然泰斗。他们所留下的著述，尤其是梁先生的《清代学术概论》和《中国近三百年学术史》，历时半个多世纪，一直为论者所重视。徐世昌并时而起，网罗旧日词臣，辑为《清儒学案》208卷，虽别择未谨，以致贻后世以"庞杂无类"之讥，但作为史料长编，功不可没。尔后，胡适、钱穆、侯外庐、杨向奎诸先生承章、梁未竟之志，续有述作。尽管方法各异，取径不一，但是殊途同归，成就斐然，无一不是这一领域中的大家重镇。钱先生所著《中国近三百年学术史》，与梁先生同名论著若双璧辉映，光彩照人，影响历久不衰。他们的研究所得，使清代学术史探讨的深入推进成为可能。

在清代学术史这块土地上，经过近 80 年来前哲时贤的辛勤耕耘，而今已是疆界粗具，阡陌划然。精耕细作，勤谨如初，以期满园姹紫嫣红，遍结硕果，乃继起者责无旁贷的事情。笔者有幸附于诸先进之骥尾，虽深以滥竽其间而自愧，但朝夕跋涉，历有年所，也居然形成了一些蒙稚之想。我以为，把这些不成片段的东西整理出来，不管它是幸能成立的也罢，还是纰缪显然的也罢，兴许对正在奋进有为的同志会有所助益。承中国社会科学出版社总编及历史室诸先生的鼓励和指导，这个愿望总算付诸实现了。感激与宽慰之心理，又岂是言语所尽能写状！

以下，笔者打算从社会史与学术史相结合的角度，对清初顺治、康熙两朝，即 17 世纪中叶至 18 世纪初叶的主要学术现象进行一番清理和再认识。于前人未曾解决的问题，则拾遗补阙，作引玉之砖；于迄今尚存争议的问题，则略陈管见，任贤者别择。意欲通过这样的努力，来探索清初学术发展的基本规律。一言以蔽之，就叫作脚踏实地、务在求真。

清初的 80 年是一个由乱而治的历史时期。作为这一时期历史特征的折射，清初学术走过了一段由诸说并起，竞相斗妍，趋向对古代学术成果进行清理的历程。这一历史过程是如何演进的？为什么会出现这样的演进？其间所反映出来的基本历史特征是什么？我们应当如何去把握这一演进的基本规律？以及对清初学术的历史地位作何评价？等等，诸如此类，都是我所试图奉献给读者的思考。只是由于笔者学殖寡浅，识力尤所匮乏，以致未必能把这些问题梳理清楚，且陋误讹夺，当在所不少。因此，我诚恳地期待着师长和同志诸君的批评、指教。

拙稿蒇事，蒙恩师杨向奎老先生撰序鼓励，倍感振奋。唯于拱宸师所期许之"继梁任公、钱宾四诸先生之后，祖武此书，将脱颖而出矣"，则万万不敢当。任公、宾四诸先生之于清代学术史研究，犹如高峰挺立，直入云端，岂是不学若我所能望其项背！惶恐之情，尚祈读者

诸君体谅。今年正值拱宸师 80 诞辰和从事教育、学术活动 55 周年，谨
以此习作献给老先生，感谢老师多年来对我的教诲和培养。

陈祖武

一九九〇年春节于海淀

一 清初国情分析

探讨历史问题，一个基本的准则，便是要将这一问题置于它所由以产生的社会环境中去。对历史上的经济问题如此，政治问题如此，军事问题如此，学术文化问题亦复如此。而在历史上，不同时期的学术现象，不仅有其自身发展的内在逻辑，而且无不是受那一定时期的社会经济、政治等诸多因素的制约，并在宏观上规定了它所能达到的高度。因此，要考察清初学术史，总结出 80 年间学术发展的基本规律来，准确地把握当时历史环境的基本特征，就成为一项十分必要的工作。也就是说，弄清楚清初的国情，是研究顺治、康熙两朝学术史的出发点。

（一）对 17 世纪中叶中国社会发展水平的基本估计

清初的历史，乃至全部清王朝的兴衰史，是在一个什么样的基础之上展开的？这是需要我们首先去加以解决的问题。

清王朝建立的 17 世纪中叶，无论在世界历史上，还是在中国历史上，都是一个重要的发展时期。不过，这种重要性的内涵，世界史与中国史却不尽一致。就世界范围而言，在西欧的一些国家，资本主义经济关系经过一个多世纪的酝酿，到此时已经日趋壮大而足以同腐朽的封建制度相抗衡，并最终取得冲决封建经济网罗的胜利。以公元 1640 年英国资产阶级革命的暴发为标志，开始了资本主义在西欧的胜利进军。这样的巨大历史变迁，无疑是具有划时代意义的，它对人类社会历史发展的影响也是空前的。从此，揭开了世界近代历史的第一页。但是，这丝毫不意味着世界各国在同一时期都迈入了近代社会的门槛。同各个国家、各个民族经济发展水平的不均衡相一致，它们各自的社会发展水平也不可能是同步的。当欧洲的历史翻开近代社会篇章的时候，古老的中国却依然被封建制度牢固地桎梏着，并没有提出迎接近代社会的历史课题。在当时西欧的历史舞台上，显示出扭转乾坤力量的，是新兴生产方式的代表者资产阶级。而在东方，左右当时中国历史命运的，仍旧是与封建宗法制扭结在一起的封建地主阶级及其国家机器。从 17 世纪 20 年代起，在中国历史舞台上叱咤风云的农民大众，虽然他们以不可抗拒的力量摧毁了旧的封建王朝，但是他们却没有意识到，也不可能去否定这个王朝所据以建立的封建经济结构。恰恰相反，严酷的历史现实表明，作为推动历史车轮前进的阶级，17 世纪的中国农民大众，在争得生存下去的一点可能之后，他们所付出的巨大代价，却被顽固的封建制度无情吞噬。其结果，便是他们沿着父祖生前的足迹，依旧回到以耕织相结合的生产方式中去，成为替新的封建王朝创造财富的基本力量。

在 17 世纪的中国社会成员构成中，同西欧迥然而异，这里不唯没有资产阶级的席位，而且也尚不具备产生资产阶级的历史条件。尔后的历史发展证明，直到之后两个世纪，中国资产阶级才出现在历史舞台上。近数十年来，我国历史学界和经济学界的研究成果显示，尽管自明代中叶以后，在我国少数地区的某些手工行业中，已经出现了资本主义萌芽，但是由于作为国民经济主要构成部分的农业劳动生产率的低下，这就决定了手工行业中的这种萌芽是极其微弱的。退一步说，即使是如同某些同志所论证，在当时的农业生产中也出现了类似的萌芽。但是从总体上来看，较之以农业和家庭手工业相结合的封建经济，局部而微弱的资本主义萌芽，不过宛若汪洋大海中的一叶扁舟而已，步履艰危，随时存在倾覆的可能。在 17 世纪 20 年代到 80 年代的社会动荡所造成的经济凋敝中，资本主义萌芽的被摧残殆尽，就充分地说明了这一点。

足见，同样作为重要的历史发展时期，西欧的 17 世纪是以资本主义的胜利进军来显示其历史特征的。而中国的 17 世纪不然，它所展示的则是一幅激剧动荡的历史画卷。封建商品经济的发展所孕育的微弱资本主义萌芽，土地兼并、赋役繁苛所造成的生产力大破坏，空前规模的农民大起义和随之而来的封建王朝更迭，旷日持久的国内战争，以及这一世纪最后 20 年间封建经济的复苏，所有这些都层次清晰地错落在画面上。这一幅历史画卷表明，在 17 世纪的中国，古老的封建社会虽然已经危机重重，但是它并没有走到尽头，它还具有使封建的自然经济恢复和发展的活力。因此，17 世纪中叶的中国社会并没有翻开近代历史的篇章，它依旧处在封建社会阶段，只是业已步入其晚期而已。我们不能违背这样一个基本的历史实际，用世界历史的分期来规定中国历史的分期，人为地把 17 世纪中叶的中国社会纳入世界近代社会的范畴。否则，我们不仅对清初学术历史价值的估计要出现偏差，而且对整个清代学术的历史评价都可能出现偏差。

（二）明清更迭是历史的前进

从广义上说，明清更迭并不仅仅是指崇祯十七年（1644 年）三月十九日朱明王朝统治的结束，以及同年五月清军的入据北京和四个月后清世祖颁诏天下，"定鼎燕京"[①]。它是一个历史过程，这一过程长达一个世纪的时间。其上限可以一直追溯到明万历十一年（1583 年）清太祖努尔哈赤以七大恨告天兴兵，其下限则迄于清康熙二十二年（1683 年）清廷最终清除亡明残余，统一台湾。

中国封建社会发展到明代，随着专制主义中央集权的强化，其腐朽性亦越发显现出来。及至明神宗万历之时，朱明王朝已入末世。其间虽有过张居正 10 年（1573—1582 年）的锐意革新，然而颓势已成，不可逆转。启祯两朝，更是江河日下。犹如痈疽积年，只待溃烂了。

[①] 《清世祖实录》卷九，顺治元年十月甲子条。

土地兼并，这在漫长的中国封建社会，尤其是它的晚期，是一个无法解决的社会问题。明末，不唯地主豪绅巧取豪夺，"求田问舍而无所底止"，更有官庄的肆意侵吞。据《明史·食货志》载："神宗赉予过侈，求无不获。潞王、寿阳公主恩最渥，而福王分封，括河南、山东、湖广田为王庄，至四万顷。群臣力争，乃减其半。……熹宗时，桂、惠、瑞三王及遂平、宁德二公主庄田，动以万计，而魏忠贤一门，横赐尤甚。盖中叶以后，庄田侵夺民业，与国相终云。"① 仅以江苏吴江一地为例，"有田者什一，为人佃作者什九"，土地兼并已经发展到如此严重的地步。加之私租苛重，缙绅飞洒、诡寄，转嫁赋役，"佃人竭一岁之力，粪壅工作，一亩之费可一缗。而收成之日，所得不过数斗，至有今日完租而明日乞贷者"。②

明末，在以农民为主体的广大劳动者身上，既有私租的榨取，复有官府繁苛赋役的重压，而辽、剿、练三饷的加派，则更属中国古史中所罕见的虐政。崇祯十二年（1639 年），御史郝晋上疏，对加派的苛酷惊叹道："万历末年，合九边饷止二百八十万。今加派辽饷至九百万，剿饷三百三十万，业已停罢，旋加练饷七百三十余万，自古有一年而括二千万以输京师，又括京师二千万以输边者乎？"③ 在重重压榨之下，人民生计荡然。崇祯末年，自江淮至京畿的数千里原野，已是"蓬蒿满路，鸡犬无声"④。

同经济的崩溃相终始，明末政治格外的腐败。阉寺弄权，士绅结党，贪风炽烈，政以贿成，一片亡国景象。明神宗在位 40 余年，蛰居深宫，侈糜无度。熹宗一朝，宦官魏忠贤一手障天，祸国殃民。"自内阁六部，四方总督、巡抚，遍置死党。"⑤ 魏氏党羽，推行恐怖政治，

---

① 《明史》卷七十七，《食货》一。
② 顾炎武：《日知录》卷十，《苏松二府田赋之重》。
③ 《明史》卷七十八，《食货》二。
④ 谷应泰：《明史纪事本末》卷七十二，《崇祯治乱》。
⑤ 《明史》卷三百五，《魏忠贤》。

"广布侦卒，罗织平人，锻鍊严酷，入狱者率不得出"①。政治黑暗，无以复加。天启六年（1626 年）八月，浙江巡抚潘汝祯（桢）请为魏忠贤建生祠。一人首倡，群丑效尤，竞相建祠于苏、杭、松江、河北、河南、山西、陕西、四川等地，"计祠所费，不下五万金"②。寡廉鲜耻，趋炎附势，已成一时风尚。而炽烈的贪风，公行的贿赂，在明季官场更有席卷之势。崇祯帝即位之初，户科给事中韩一良上疏言道："然今之世，何处非用钱之地？何官非受钱之人？向以钱进，安得不以钱偿？……以官言之，则县官行贿之首，而给事为纳贿之魁，……科道号为开市。臣两月来辞金五百，臣寡交犹然，余可推矣。"③崇祯当政 17年，尽管孜孜图治，然而病入膏肓，积重难返，历史又岂是个人意志所能转移！因此，崇祯一朝"事事仰承独断"的结果，不唯于事无补，反倒使"诡谀之风日长"④。这样腐朽已极的封建专制政权，理所当然要遭到历史的淘汰。

正当朱明王朝积弱待毙之际，地处我国东北的建州女真崛起。自努尔哈赤于万历十一年（1583 年）兴兵以来，短短半个世纪，雄踞辽沈，虎视关内。皇太极继起，挥师频频叩关，出没于山东、山西、河北，乃至京畿一带，成为终明之世不得摆脱的敌对力量。而置朱明王朝于死地的，则是无路可走的农民大众。天启七年（1627 年），陕西白水县农民率先举起义旗。星星之火，倏尔燎原，于崇祯十七年（1644 年）将腐朽的朱明王朝埋葬。但是李自成的大顺农民政权，由于其小生产者的局限，没有能够得以巩固，入据北京仅仅 40 余日便又匆匆西去。明末农民大起义的胜利成果，为拥兵西进的满洲贵族所攫夺。中国封建社会没有发生根本的变革，而只是凭借农民起义的力量，实现了改朝换代的政

---

① 《明史》卷三百六，《田尔耕》。
② 谷应泰：《明史纪事本末》卷七十一，《魏忠贤乱政》。
③ 同上书卷七十二，《崇祯治乱》。
④ 同上。

治变动。

清王朝作为一个全国性的封建政权，自顺治元年（1644 年）建立，迄康熙二十二年（1683 年）统一台湾，经历了整整 40 年的动乱。

顺治元年满洲贵族的入关，改变了明末阶级力量的对比，使之出现了新的组合。在北方，曾经受到李自成农民军严重打击的地主阶级，以吴三桂降清为标志，很快与满洲贵族合流。而在张献忠农民军所扫荡的南方，地主阶级亦纠集反动武装，对农民军进行拼死反抗。未曾受到农民起义沉重打击的江南官绅，则于同年五月，在南京建立起弘光政权，试图与满洲贵族"合师进讨，问罪秦中"①。清廷作为满汉地主阶级利益的代表者，一方面于顺治元年颁发圈地令，下令将北京附近各州县的所谓"无主荒田"，"尽行分给东来诸王、勋臣、兵丁人等"，以确保满洲贵族对土地的大量占有，使"满汉分居，各理疆界"②。另一方面，则在不与圈地冲突的前提下，明文规定保护汉族地主阶级的利益，于顺治二年宣布，因战乱出逃的地主，返乡之后，"准给故业"，任何人不得"霸占"，否则将以"党寇"惩处③。就全国范围而言，顺治之初，基本上是一个满汉地主阶级联合镇压农民起义的局面。

然而，清政权对汉族地主阶级的联合和保护是有前提的，那就是必须无条件地服从新王朝的统治，承认满洲贵族在这一联合政权中特殊的核心地位，对此不得有丝毫的异议，更不能"拥号称尊"，否则"便是天有二日，俨为敌国"④。所以，当南明政权拒不接受这样的现实之后，这一格局便迅速发生了变化。顺治二年四月，明末农民大起义的主要领袖之一李自成牺牲于湖北通山县九宫山。翌年冬，另一主要领袖张献忠亦在四川西充县凤凰山捐躯，轰轰烈烈的明末农民大起义，至此就更向

---

① 蒋良骐：《东华录》卷四，顺治元年七月条。

② 《清世祖实录》卷十二，顺治元年十二月丁丑条。

③ 同上书卷十五，顺治二年四月丁卯；卷十八，顺治二年闰六月辛巳条。

④ 蒋良骐：《东华录》卷五，顺治元年七月条。《清世祖实录》卷六，顺治元年七月壬子条所载同书，"俨为敌国"作"俨为劲敌"。

低潮跌落下去。在农民军蒙受重大挫折，局促西南一隅的同时，清军挥师南下，以武力强迫江南官绅接受历史的现实。顺治二年五月，弘光政权崩溃。六月，清廷再颁剃发令，将满人剃发习俗强制推行于江南。清廷重申："自今布告之后，京城内外，直隶各省，限旬日尽行剃完。若规避惜发，巧词争辩，决不轻贷。"还严格规定："已定地方，仍存明制，不遵本朝制度者，杀无赦！"①这样的民族高压政策，虽然使不少江南官绅低头就范，但是也有更多的不甘民族屈辱者，挺而抗争，投身到风起云涌的反剃发斗争中去。形势的激剧变化，打破了满汉地主阶级联合镇压农民起义的格局，民族矛盾一度上升为社会的主要矛盾。

民族矛盾的空前激化，为大顺、大西农民军余部同继弘光政权后相继建立的南明隆武、永历政权联合抗清，提供了客观的条件。于是在清初历史上，出现了以农民军为主体的抗清斗争高潮。但是，一则由于南明政权的极度腐败，不唯官僚倾轧，党争不已，而且极力排斥、打击农民军；再则无论是大顺军还是大西军，又都没有形成一个强有力的领导集团，两支力量始终未能有效地合作，甚至还发生火并。这样，经过十余年的角逐，到康熙三年（1664年），抗清斗争终于被镇压下去。至此，全国范围的反民族压迫斗争基本告一段落，民族矛盾趋向缓和。

自康熙三年起，曾经出现过一个近十年的相对平静局面。之所以说它是相对平静，其根据在于，康熙亲政前后，鳌拜辅政，屡兴大狱，擅杀无辜，弄得朝野不宁。六年，康熙帝亲政。八年，总算把鳌拜除去。但是，此时台湾郑氏犹拥兵自立，不奉正朔；西北准噶尔部封建王公正在积聚力量，以与清廷抗衡；吴三桂、尚可喜、耿精忠等藩王，则已是尾大不掉了。所以，与其说是平静，倒不如说是更大规模对抗和动乱前的酝酿。一方面是清廷强化其中央集权政治需要的日益迫切，另一方面是以吴三桂为代表的封建军阀割据称雄欲望的恶性膨胀，矛盾双方力量

---

① 蒋良骐：《东华录》卷五，顺治二年六月条。

的消长，演成了自康熙十二年（1673 年）起，长达八年之久，蔓延十余省的三藩之乱。康熙二十年（1681 年），三藩乱平。嗣后，清廷才于康熙二十二年降伏郑氏势力，统一了台湾。

一如前述，明朝末年，社会经济已经是一个崩溃的烂摊子。清军入关之初，连年用兵，战火不熄，社会生产力遭到了严重的破坏，经济状况久久不能复苏。就连清世祖也不得不承认，顺治中叶的社会状况，依旧是"民不聊生，饥寒切身"；"吏治堕污，民生憔悴"①。三藩乱平后，康熙帝就曾及时指出："今乱贼虽已削平，而疮痍尚未全复。"他深以"师旅疲于征调""闾阎敝于转运"为念，敦促内外官员"休养苍黎，培复元气"②。一时民生疾苦，当可想见。然而，毕竟经过明末农民大起义的冲击，腐朽的封建秩序在一定的时间和地域被打乱了，农民大众争得了生存下去的可能。而且，反民族压迫斗争的长期进行，也促使清初统治者不得不对明末积弊及清初虐政作出适当调整。明末的"三饷"加派，早在顺治初即已明令废除。宦官干政，官绅结党，也为清廷三令五申严行禁止。康熙帝亲政以后，鉴于圈地所造成的恶劣后果，于康熙八年六月，特为颁诏，宣布："自后圈占民间房地，永行停止。"③所有这些，都为清初经济的恢复提供了可能。即以垦田数字为例，中国封建社会素来以农为本，于此正可窥见一时经济的盛衰。明末，已是一片混乱，不足为据。明中叶的弘治年间，为 4228058 顷。张居正执政之时，"天下田亩通行丈量"，为 7013976 顷。④当然，前者有欺隐，后者有虚浮，不尽实录，但是作为一个大致的依据数还是可以的。清初，经过顺治帝亲政后的十年，尤其是康熙初政十余年的努力，顺治十八年（1661 年），全国垦田已达 5493000 余顷。康熙二十四年（1685 年），更增至

---

① 《清世祖实录》卷七十五，顺治十年五月己卯条。
② 《清圣祖实录》卷九十九，康熙二十年十二月癸巳条。
③ 同上书卷三十，康熙八年六月戊寅条。
④ 《明史》卷七十七，《食货》一。

607万余顷①。康熙中叶的理学名臣陆陇其曾经说过："康熙二十年以后，海内始有起色。"②这样的话应当是可信的。平心而论，清朝初期，尽管有四十年的动乱，但是无论是在经济上，还是在政治上，较之明末，都显然有调整，有进步。所以，以清代明，不是历史的倒退，而是历史的前进。只是这个蹒跚的前进过程，采取了曲折的动荡形式罢了。

（三）由乱而治的清初社会

康熙二十年三藩之乱的平定，两年之后台湾郑氏势力的回归，使清王朝确立了对全国的有效统治。从此，清廷采取多种有力措施，使业已恢复的经济迅速发展，清初社会遂由乱而治。在康熙二十三年（1684年）至六十一年（1722年）的近四十年间，虽然由于旷日持久的储位之争，引起了政治上的许多麻烦，为维护国家的统一，清廷还曾两度在西北和西藏采取大规模的军事行动，而且局部的农民起义等也偶有发生。但是就全国范围而言，大体上可以说是政通人和，百废俱兴，出现了一个由安定趋向繁荣的局面。

康熙是一个很有作为的封建帝王。他在少年时代，从清世祖手上承继过来的，是一个草创未就的基业。亲政之后，他顺乎人心，以"与民休息"为治国宗旨，指出："从来与民休息，道在不扰，与其多一事，不如省一事。朕观前代君臣，每多好大喜功，劳民伤财，紊乱旧章，虚耗元气。上下讦嚣，民生日蹙，深为可鉴。"③从面临的实际情况出发，他"以三藩及河务、漕运为三大事"，"书而悬之宫中柱上"④，朝思夕虑，念念不忘。八年的三藩之乱，是对年轻的康熙帝的一次严峻挑战。

① 《清朝文献通考》卷一，《田赋》一。
② 《清经世文编》卷二十八，《论直隶兴除事宜书》。
③ 《康熙起居注》，十一年十二月十七日戊午条。
④ 《清圣祖实录》卷一百五十四，康熙三十一年二月辛巳条。

运筹帷幄，决胜千里，锻炼和显示了他驾驭国务的卓越才干。三藩乱平，隐患根除，台湾回归，海内一统。此后，康熙帝励精图治，一如既往地兴修水利，奖励垦荒，集主要精力于河务和漕运的处理。他指出，"漕运关系重大"①，而河务又"关系漕运民生"，因此他说："今四海太平，最重者治河一事。"② 为此，他在 1684—1707 年间，六次南巡，调查黄淮的治理和漕运的整顿。在他的精心部署和督导之下，"淮黄故道，次第修复，而漕运大通"，出现了"漕輓安流，商民利济"③ 的景况。这样，就为农业生产的迅速发展和南北经济的沟通，提供了可靠的保证。

随着生产的发展，国家日趋富足。康熙四十四年（1705 年），国库存银较之顺治末年成数百倍增长，达到 4000 余万两④。由于国帑充裕，清廷一再蠲免地方赋税，一则旨在舒缓民力，再则亦可收藏富于民之效。康熙四十九年十月，清圣祖颁谕，普免天下钱粮，他宣布，全国各地应纳赋税，"自明年始，于三年以内，通免一周"⑤。五十一年二月，清廷更把作为封建国家重要财政来源的人口税冻结，明令："将直隶各省见今征收钱粮册内，有名人丁，永为定数。嗣后所生人丁，免其加征钱粮。"⑥ 到康熙末、雍正初，全国耕地面积较之顺治末年成百万顷地增长，接近并逐渐超过明代万历年间的水平。与之相一致，此时的清王朝，国力强盛，威震四方。经过一连串的军事行动之后，清廷牢固地确立了对蒙古、新疆和西藏的统治，统一的多民族国家的疆域，至此大致奠定下来。

在我国封建社会晚期的历史上，由康熙中叶开始出现的安定和繁荣局面，是自明代永乐年间以后 200 余年来所未曾有过的。它为其后雍

---

① 《康熙起居注》，二十八年三月二十六日癸巳条。
② 同上书，二十八年正月二十三日辛卯条。
③ 《清圣祖圣训》卷三十三，《治河》一。
④ 《清圣祖实录》卷二百二十九，康熙四十六年五月戊寅条。
⑤ 同上书卷二百四十四，康熙四十九年十月甲子条。
⑥ 同上书卷二百四十九，康熙五十一年二月壬午条。

正、乾隆年间国力的鼎盛，奠定了雄厚的基础。旧史家曾于康熙一朝有过如下讴歌："风移俗易，天下和乐，克致太平。其雍熙景象，使后世想望流连。"[①] "想望流连"云云，既多余，复可悲，自不足取。但是，清除其间所包含的腐朽气息之后，这样的评价与历史实际也相去未远。

---

① 《清史稿》卷八，《圣祖本纪》三。

二　清初学术溯源

中国古代学术源远流长，封建王朝的盛衰，固然会给学术的发展带来巨大影响，但是其间演进的逻辑程序，却是不会为外在因素的变迁而改变的。明清封建王朝的更迭，并没有使学术发展中断，清初学术依然沿着先前学术演进的途径，带着历史赋予它的时代特征，合乎逻辑地走下去。因此，在探讨清初学术出发点的时候，对其理论背景作一些考察就是很有必要的。

清人历来鄙夷明学，"空疏不学"，几乎众口一词。其实，这样的指责固然有它的依据，但是也未免失之片面，说得严重一些，简直可以说是数典忘祖。清学不可能从天而降，事实上没有明学，哪里又会有清学呢？论者谓，不识宋学，不足以知清学。同样的道理，不识明学，清学又从何谈起？明学，尤其是晚明学术，至少在如下几个主要方面，对清学产生了程度不等的影响。

（一）在理学没落过程中所形成的"由王返朱"倾向

宋明学术，以理学为中坚。作为中国古代儒学发展的一个重要阶段，理学同先前的学术形式一样，也并非一个统一的整体。在它的内部，不仅有不同思想体系的对垒，而且同一体系内，也有因学术主张不同而相颉颃的派别。南宋末叶以来，朱熹学说与陆九渊学说的对立，就属于这种同一体系内的学派之争。元代，在封建统治者的提倡之下，朱学日趋尊荣，而陆学却始终未能成为显学。明初，承元人对朱学的表彰，颁《五经》《四书大全》和《性理大全》于天下，将朱熹学说定为科举取士的依据，朱学取得了独尊地位。正如《明史·儒林传》所说：
"明初诸儒，皆朱子门人之支流余裔。"[①]这种局面持续了百余年，直到
弘治、正德间王守仁崛起，才使之发生了变化。面对着朱学的僵化和烦
琐，王守仁远承陆学余绪，同陈献章、湛若水师弟相唱和，以"致良
知"学说取代了朱熹的"格物穷理"，从而把宋明理学推向了一个新的
层次。由于王守仁的"致良知"学说给理学注入了新的血液，因而他的
学术主张不胫而走，迅速风靡朝野，最终掩朱学而上成为显学。在嘉
靖、隆庆以后的百余年间，"学其学者遍天下"[②]，"笃信程朱，不迁异说
者，无复几人矣"[③]。

　　清人考论宋明理学，每每将陆王与程朱对立，过分强调了两派之间
学术主张的差异，却忽视了由朱学到王学是一个理论思维演进的历史过
程。这样，数百年的学术发展史，便成了一部学派对立史。显然，这同
理学发展的历史实际是不相吻合的。我们认为，王学既是继承陆学而与
朱学对立的学派，同时它更是对理学，既包括陆学也包括朱学的发展。

　　理学在 11 世纪以后的中国社会的出现，一方面是封建地主阶级挽
救其统治危机的需要，另一方面也是传统儒学为抗拒佛学的风行，吸取
佛学及中国自身的道家、道教思想而进行哲学化的结果。儒家学说本来
就具有浓厚的伦理道德色彩，由于历史条件的制约，11 世纪以后的儒
学哲学化，并没有使哲学摆脱儒家伦理道德附庸的地位，它只是把传统
的伦理道德学说膨胀为其核心，并使之披上了炫目的哲学外衣。理学家
们试图通过把封建伦理道德本体化为"天理"的理论论证途径，确立
"存天理、灭人欲"的社会准则，从而去完成封建制度永恒的理论论证。

　　这个理论论证过程的完成，在中国封建社会晚期足足经历了 5 个世
纪的时间。从北宋中叶的理学家周敦颐、邵雍开始，中经张载、程颢、

---

①　《明史》卷二百八十二，《儒林传序》。
②　黄宗羲：《南雷文定五集》卷一，《答恽仲升论子刘子节要书》。
③　《明史》卷二百八十二，《儒林传序》。

程颐，直到南宋时的陆九渊、朱熹告一段落，封建伦理道德的"天理"地位，已经用理论规范的形式固定下来。然而，先验的、至高无上的"天理"，又是如何同世俗的人结合在一起，从而成为人世间的主宰？这样一个问题，直到集理学之大成的朱熹，并没有得到完满的解决。尔后，又经历了近三百年的时间，才由明代中叶崛起的王守仁，以"吾心之良知，即所谓天理也"[①]的主观唯心主义论证，最终加以完成。

王守仁的"致良知"学说，标志着宋明理学对其历史课题的最终完成。它既是对宋明理学的发展，同时也正是王学本身，把整个宋明理学导向了没落。

宋明理学将封建伦理道德本体化的过程，本来就是以蒙昧主义为前提的。朱熹的"圣贤千言万语，只是教人明天理、灭人欲"[②]，其基本特征就是笃守孔孟以来的封建伦理道德信条。然而到了王守仁这里，他却将神圣不可侵犯的"天理"纳入人"心"之中，王学中的最高哲学范畴"心"，同朱学中的最高哲学范畴"理"一样，都是一个玄虚的精神实体，它们同样具有先验的性质。所不同者，只是朱熹的"理"是以六经、孔孟为论究依据，具有鲜明的儒学正统色彩；而王守仁的"心"，以及这个"心"所固有的"良知"，则并无一个确定的是非标准可循，因之使它带上了招致正统派经学家、理学家攻诘的异端色彩。王守仁曾这么说过："学贵得之心。求之于心而非也，虽其言之出于孔子，不敢以为是也，而况其未及孔子者乎；求之于心而是也，虽其言之出于庸常，不敢以为非也，而况其出于孔子者乎。"[③]他还认为："良知只是个是非之心，是非只是个好恶，只好恶就尽了是非，只是非就尽了万事万变。"[④]于是乎"天理"便脱离了孔子以来的是非标准，而成为游移不

---

① 王守仁：《传习录》中，《答顾东桥书》。
② 朱熹：《朱子语类》卷十二，《学六·持守》。
③ 王守仁：《传习录》中，《答罗整庵少宰书》。
④ 同上书下，《语录》。

定、可以随人解释的东西。这就为王学，乃至整个宋明理学从理论上的崩解，打开了一个致命的、无法弥合的缺口。风行于明朝万历中叶以后的泰州学派，正是沿着王守仁"致良知"说的逻辑程序走下去，"掀翻天地"，"非名教之所能羁络矣"①。以论证封建伦理道德永恒为宗旨的宋明理学，发展到明朝末年，竟然同其本来宗旨严重背离，乃至走到其反面，构成一股对封建道德的离心力。这就说明，作为一种学术形态，宋明理学在理论上已经走到了尽头。

晚明的学术界，王学一统，"谈良知者盈天下"②，因而理学的没落便集中表现为王学的深刻危机。于是在当时的理学界，出现了由王学向朱学回归的倾向。东林学派领袖顾宪成、高攀龙，是这一倾向的倡导者。其中，尤以高攀龙对王学的批判最为系统，因而也最具号召力。

万历、天启间，高攀龙为一时江南学术坛坫主盟。他之批判王学，紧紧抓住"致良知"说不放。他指出："《大学》曰：'致知在格物，物格而后知至。'阳明曰：'所谓致知格物者，致吾心之良知于事事物物也。……事物各得其理，格物也。'是格物在致知，知至而后物格也。"③一个是"致知在格物"，把格物作为致知的必然途径；一个是"格物在致知"，以"致良知"取代格物。高攀龙认为，这并非寻常为学次第的差异，而是儒学与禅学的分水岭。他说："谈良知者，致知不在格物，故虚灵之用多为情识，而非天则之自然，去至善远矣。吾辈格物，格至善也，以善为宗，不以知为宗也。故'致知在格物'一语，而儒禅判矣。"④由此出发，高攀龙把"致知在格物"作为评判朱王学术的标准，肯定朱学为实学，而以王学为虚学。他说："阳明于朱子格物，若未尝涉其藩焉。其致良知乃明明德也，然而不本于格物，遂认明德为

---

① 黄宗羲：《明儒学案》卷三十二，《泰州学案》一。
② 顾宪成：《小心斋札记》卷六。
③ 高攀龙：《高子遗书》卷三，《阳明说辨》二。
④ 同上书卷八上，《答王仪寰二守》。

无善无恶。故明德一也，由格物而入者其学实，其明也即心即性。不由格物而入者其学虚，其明也是心非性。心性岂有二哉？则所从入者有毫厘之辨也。"①

在高攀龙的笔下，王守仁学说既是禅学，又是虚学，理所当然应予否定。因此，他指斥王学使理学中绝，断言："姚江之学兴，而濂洛之脉绝。"②高攀龙认为，明中叶以后学术界的诸多弊端，皆导源于王守仁的"致良知"说。他指出："自'致良知'之宗揭，学者遂认知为性，一切随知流转，张皇恍惚。甚以恣情任欲，亦附于作用变化之妙，而迷复久矣。"③对于"致良知"说风行所造成的弊害，他归纳为两点："始也扫闻见以明心耳，究而任心而废学，于是乎诗书礼乐轻而士鲜实悟。"此其一。其二，"始也扫善恶以空念耳，究且任空而废行，于是乎名节忠义轻而士鲜实修"。④

有鉴于此，高攀龙大声疾呼："今日虚证见矣，吾辈当相与稽弊而反之于实。"⑤于是他提出了"学反其本"的问题，主张由王学向朱学回归。他指出："圣学正脉，只以穷理为先。"⑥又说："自良知之教兴，世之弁髦朱学也久矣。一人倡之，千万人从之，易也。千万人违之，一人挽之，岂易易哉！此所谓不惑者也，能反其本者也。夫学者学为孔子而已，孔子之教四，曰文、行、忠、信。惟朱子之学得其宗，传之万世无弊。"⑦所以，在谈到其为学宗尚时，他毫不掩饰地声称："龙之学，以朱子为宗。"⑧又明确指出："学孔子而不宗程朱，是望海若而失司南也。"⑨

---

① 高攀龙：《高子遗书》卷八下，《答方本庵》。
② 同上书卷八上，《答张鸡山》。
③ 同上书卷九上，《尊闻录序》。
④ 同上书卷九上，《崇文会语序》。
⑤ 同上书卷四，《讲义·知及之章》。
⑥ 同上书卷五，《会语》。
⑦ 同上书卷九，《崇文会语序》。
⑧ 同上书卷八下，《答方本庵》。
⑨ 钱士升：《高子遗书序》，载《遗书》卷首。

在晚明学术界，顾宪成、高攀龙以向朱学的回归，试图重振没落的理学。他们的学术主张借助其政治影响，向南北迅速传播，使之成为"一时儒者之宗，海内士大夫识与不识，称高、顾无异词"①。风气既开，朱、陆、薛、王之争遂一发而不可收拾。

（二）经世思潮的兴起

在学术史上，每当一种学术形式走向极端而趋于没落的时候，它必然要向其相反的方向转化。晚明学术界由王学向朱学回归倾向的出现，已经表明这一转化过程的到来。然而，这种倾向实质上又只是理学内部的调整，无非以水济水而已。真正足以代表一时学术转化方向，从而产生深远历史影响的，则是在日趋加剧的社会危机之中，蓬勃兴起的经世思潮。

晚明的经世思潮，是一个旨在挽救社会危机的学术潮流，它具有益趋鲜明的救世色彩。因而一时学术界中人，无论所治何学，救世都成了一个共同的论题。万历中叶以后，经世思潮初起，东林巨子顾宪成即以救世为己任，他说："官輦毂，念头不在君父上；官封疆，念头不在百姓上；至于水间林下，三三两两，相与讲求性命，切磨德义，念头不在世道上，即有他美，君子不齿矣。"②高攀龙则明确地提出了"学者以天下为任"③的主张，为抗拒魏忠贤的倒行逆施，愤然投水自尽，以其傲岸的节操，实践了自己的主张。所以后来黄宗羲修《明儒学案》，在论及东林学派时，就曾阐扬道："熹宗之时，龟鼎将移，其以血肉撑拒，没虞渊而取坠日者，东林也。"④

---

① 《明史》卷二百四十三，《高攀龙》。
② 顾宪成：《小心斋札记》卷十一。
③ 高攀龙：《高子遗书》卷八下，《与李肖甫》。
④ 黄宗羲：《明儒学案》卷五十八，《东林学案》一。

　　在晚明方兴未艾的经世思潮中，徐光启是一个杰出的代表。目睹"名理之儒，土苴天下之实事"，以致酿成"实者无一存"①的现状，他一生为学"务求实用"，志在"率天下之人而归于实用"②。以其毕生的学术实践，充实了经世思潮的学术内容，使之走上了健实的发展道路。

　　同是主张学以救世的学者，徐光启却与东林学派不一样，他没有步入由王学向朱学回归的路，而是积极倡导并实际讲求"天下要务"。早在天启初，他即指出："方今事势，实须真才，真才必须实学。一切用世之事，深宜究心，而兵事尤亟，务须好学深思。"③崇祯元年（1628年），在送呈崇祯帝的奏疏中，他又阐述了"方今造就人才，务求实用"的道理。他指出，对"屯田、盐法、河漕、水利等事"，"必须备细考求，精加参酌"，以使"天下要务，略如指掌"。徐光启认为："救时急务，似当出此。"④

　　实学，作为一个学术概念，在学术史上并不首创于徐光启。因为先于他数百年，朱熹就明确地使用过了。在论及理学家奉为经典的《礼记》《中庸》篇时，朱熹指出，《中庸》全篇，"其味无穷，皆实学也"⑤。不过，细加剖析，同样一个学术概念，从朱熹到徐光启，其内涵则很不一致。朱熹说的实学，是指对中庸这样一种最高的封建道德境界的践履和追求。晚明的东林学派，也正是以此为出发点，去讨论所谓"学虚""学实"的。而徐光启则不然，为他所倡导的实学，就已经不是一种道德践履，而是具体的实用之学，是实际地去讲求用世之学。

　　在"务求实用"的思想指导下，徐光启把"富国强兵"作为自己为学、为政所追求的根本目标。他说："臣志图报国，于富强二策，考求

---

①　徐光启：《徐光启集》卷二，《刻〈同文算指〉序》。
②　同上书卷二，《几何原本杂议》。
③　同上书卷十，《与胡季仁比部》。
④　同上书卷九，《敬陈讲筵事宜以裨圣学政事疏》。
⑤　朱熹：《四书章句集注·中庸章句》。

谐度，盖亦有年。"① 在谈到富强之道时，他归纳为两个方面："富国必以本业，强国必以正兵。"所谓"本业"，也就是他所一贯讲求的"务农贵粟"②；所谓"正兵"，便是他所历来主张的"兵非选练，决难战守"③。为此，徐光启不仅用心讲求与发展农业有关的水利、漕运、农艺、屯田、历法等，而且身体力行，亲临西北进行农田水利调查，先后在故乡上海以及寄居地天津进行"本业"试验，推广良种。同时，他又向当时来华的著名意大利传教士利玛窦学习天文、数学、历法，翻译西方古典数学名著《几何原本》，编译《测量法义》《测量异同》《勾股义》和《泰西水法》等实用数学著作。为了国家的富强，他以一个儒臣而亲临营伍，选练士兵，写成了《徐氏庖言》《选练条格》这两部军事著作。在徐光启的晚年，他倾注全部心力领导《崇祯历书》的纂辑，完成了我国古代不朽的农业科学巨著《农政全书》。

在徐光启的经世思想影响下，崇祯间，复社诸君子闻风而起，把经世思潮大大地向前推进。复社领袖张溥、陈子龙，或向徐光启"问当世之务"④，或就天文、历法"径问所疑"⑤。他们承其未竟之志，于崇祯十二年（1639 年）将《农政全书》整理刊行。此前一年，陈子龙、徐孚远等人还编选了卷帙浩繁的《明经世文编》。全书网罗明代二百数十年间的军政要务，试图从中探寻学以救世的途径，成为晚明经世思潮高涨的象征。在这部匡时济世的作品中，陈子龙等人向当时的空疏学风发起了猛烈的挑战。在为该书撰写的序中，陈子龙写道："俗儒是古而非今，文士撷华而舍实。夫保残守缺，则训诂之文充栋不厌；寻声设色，则雕绘之作永日以思。至于时王所尚，世务所急，是非得失之际，未之

---

① 徐光启：《徐光启集》卷一，《拟上安边御虏疏》。
② 同上。
③ 同上书卷三，《兵非选练决难战守疏》。
④ 陈子龙：《农政全书凡例》。
⑤ 张溥：《农政全书序》。

用心。苟能访求其书者盖寡，宜天下才智日以绌，故曰士无实学。"① 徐
孚远的序文也说："今天下士大夫无不搜讨缃素，琢磨文笔，而于本朝
故实，罕所措心，以故掞藻则有余，而应务则不足。"② 许誉卿更发出了
"国家卒有缓急，安所恃哉"③ 的警告。

已故吴晗教授说过，《明经世文编》的"编辑、出版，对当时的文
风、学风是一个严重的挑战，对稍后的黄宗羲、顾炎武等人讲求经世实
用之学，也起了先行者的作用"④。这样的评价无疑是正确的。还应当指
出的是，在明亡前的二三十年间，向空疏学风挑战的，远不止《明经世
文编》的编者数人。宋应星、徐弘祖、方以智等有作为的探索者，也都
不谋而合，同样进行过成功的尝试。他们所撰写的《天工开物》《徐霞
客游记》和《通雅》《物理小识》等，皆以其朴实无华，切于世用，在
学术史上留下了久远的影响。较他们更早一些的焦竑、陈第等人，同以
博洽而著称一时。焦竑博及群书，究心考据训诂、版本目录之学，写
成《国史经籍志》，在目录学上作出了贡献。陈第精研古音，著有《毛
诗古音考》《屈宋古音义》等，开后来顾炎武等人治古音学的先声。尤
其是陈第在考订古音中，"列本证、旁证二条，本证者诗自相证也，旁
证者采之他书也，二者俱无，则宛转以审其音，参错以谐其韵"⑤ 的方
法，不仅成为尔后研究古音的基本方法，而且后世学者还将其运用于
经、史、地理等学的研究，在乾嘉考据学风的形成中，显示了它深远的
历史影响。

作为心性空谈的对立物，在晚明经世思潮的形成过程中，出现了
"通经学古"的经学倡导。此风由嘉靖、隆庆间学者归有光开其端，他
指出："圣人之道，其迹载于六经。……六经之言，何其简而易也。不

---

① 《明经世文编》卷首，《陈子龙序》。
② 同上书，《徐孚远序》。
③ 同上书，《许誉卿序》。
④ 吴晗：《影印〈明经世文编〉序》。载中华书局 1962 年 6 月影印本第一册卷首。
⑤ 陈第：《一斋集·毛诗古音考自序》。

能平心以求之，而别求讲说，别求功效，无怪乎言语之支而蹊径旁出也。"①面对着八股时文的甚嚣尘上，他痛斥其对人才的败坏和世道的为害，积极进行"通经学古"的倡导。他说："近来一种俗学，习为记诵套子，往往能取高第，浅中之徒，转相仿效，更以通经学古为拙。则区区与诸君论此于荒山寂寞之滨，其不为所嗤笑者几希！然惟此学流传，败坏人才，其于世道为害不浅。"②对理学家的空言讲道，归有光也予以否定，试图以讲经去取代讲道。他说："汉儒谓之讲经，而今世谓之讲道，夫能明于圣人之经，斯道明矣，道亦何容讲哉！凡今世之人，多纷纷然异说者，皆起于讲道也。"③因此他认为："天下学者，欲明道德性命之精微，亦未有舍六艺而可以空言讲论者也。"④万历年间，焦竑、陈第继之而起，皆以"明经君子"⑤而著称一时。启祯两朝，钱谦益成为归有光学术主张的后先呼应者。他直言不讳地指出，宋明以来的道学（即理学），并非儒学正统，而是犹如八股时文般的"俗学"。他说："自唐宋以来，……为古学之蠹者有两端焉，曰制科之习比于俚，道学之习比于腐。斯二者皆俗学也。"⑥钱谦益与归有光唱为同调，坚决反对"离经而讲道"。他说："汉儒谓之讲经，而今世谓之讲道。圣人之经，即圣人之道也。离经而讲道，贤者高自标目，务胜前人，而不肖者汪洋自恣，莫可穷诘。"⑦钱谦益明确主张，应当"以汉人为宗主"去研治经学。在其于明亡前所结撰的《初学集》中，他写道："学者之治经也，必以汉人为宗主。……汉不足，求之于唐，唐不足，求之于宋，唐宋皆不足，然后求之近代。"⑧

---

① 归有光：《归震川先生全集》卷七，《示徐生书》。
② 同上书卷七，《山舍示学者》。
③ 同上书卷九，《送何氏二子序》。
④ 同上书卷九，《送计博士序》。
⑤ 陈第：《一斋集·尚书流衍自序》。
⑥ 钱谦益：《初学集》卷七十九，《答唐汝谔论文书》。
⑦ 同上书卷二十八，《新刻十三经注疏序》。
⑧ 同上书卷七十九，《与卓去病论经学书》。

从归有光到钱谦益，晚明学者的经学倡导，虽然未能使数百年来为理学所掩的经学重振，但是它却表明，以经学济理学之穷的学术潮流，已经在中国封建儒学的母体内孕育。

（三）利玛窦与西学的输入

在晚明学术史上，西方自然科学知识的输入是一个重要的学术现象。它不仅深刻地作用于明末三四十年间的学术发展，而且对清代学术的发展也留下了久远的影响。

晚明的西学输入，始于 16 世纪末。它以当时来华的耶稣会传教士为媒介，在杰出的先行者利玛窦倡导之下，始而广东肇庆、韶州，继之江西南昌、江苏南京，最后则深入宫廷，流播朝野，成为名噪一时的"天学"。晚明来华的耶稣会士，以传播天主教教义为根本目的，因而他们所输入中国的西学，首先就是西方的宗教神学。关于这一点，正如万历十一年（1583 年）耶稣会士罗明坚、利玛窦抵华伊始，向广东肇庆知府王泮所宣称的："我们是一个宗教团体的成员，崇奉天主为唯一的真神。"[①] 这一宗旨，在迄于明亡来华的众多传教士中，是为他们所始终如一坚持不变的。不过，在中国这样一个具有上千年儒学传统的国度，自身的道教以及外来的佛教，尚且被视为异端邪说而遭到排斥，天主教神学要想立定脚跟，就绝非易事。因此，为了使布教活动得以进行，受过高等教育的利玛窦率先脱去僧装，改着儒冠、儒服，学习中国语言，研讨儒家经典，恪守儒家礼仪。他们长年累月地深入到中国知识分子和封建官僚中去，以传播西方学术为手段，试图在中国谋求建立"新生教会的基础"[②]。其结果，同耶稣会士的本来愿望相反，尽管他们

---

① 利玛窦、金尼阁：《利玛窦中国札记》（中译本），中华书局 1983 年版，第 160 页。
② 同上书，第 356 页。

也确实在中国发展了天主教的一批早期信徒,但是为他们所介绍的西方科学技术,却掩宗教神学而上,引起了同他们接触的学者和官员的浓厚兴趣。这样一来,耶稣会士的布教活动变成了名副其实的西方自然科学知识的输入,利玛窦等人也成了沟通中西文化的使者。整理利玛窦在中国传教活动记录的耶稣会士金尼阁,曾经指出,利玛窦是"以自己的数学知识震慑了中国人","用对中国人来说新奇的欧洲科学知识震惊了整个中国哲学界"[1]。这些话虽然渲染得过甚其词,但是它也在一定程度上道出了历史的真实。

金尼阁在这里所说的"新奇的欧洲科学知识",概括起来说,主要是两个方面:一个是关于地理学方面的知识,另一个是关于数学和天文学方面的知识。在地理学方面,当时随着航海事业的发展,五大洲的地理概念已经在西方确立。然而此时的中国,闭关而居,世界地理的观念无从形成,"中国即为世界"的偏见根深蒂固。万历十二年(1584 年),利玛窦在广东肇庆所绘《山海舆地图》的刊行,把世界地理的观念第一次以图像的形式输入中国知识界。尔后,随着利玛窦行踪的由南而北,他将此图不断完善,又先后在南昌、苏州、南京等地,或重绘,或重刊。万历三十年,经在工部任职的李之藻合作,利玛窦增改前图,以《坤舆万国全图》题名,在北京正式刊行。六年之后,该图临摹本更送进了宫廷[2]。万历三十八年利玛窦故世后,耶稣会士庞迪我、艾儒略等人沿着他所开启的路径,继续进行地理知识的传播,于天启间撰为《职方外纪》刊行。

在利玛窦等人所输入的地理知识中,地圆学说是一个重要的构成部分。关于人类所居住的大地是一个球体的认识,在当时的西方早已确立。利玛窦等人以他们由欧洲航海来华的实践,再一次证明了这一认识的正

---

① 利玛窦、金尼阁:《利玛窦中国札记》(中译本),第 347 页。
② 洪业:《考利玛窦的世界地图》,载存萃学社辑《利玛窦研究论集》。

确性。地圆学说对我国知识界传统的"天圆地方""天圆地平"说，无疑是一个挑战。尽管它一时无法从根本上去改变我国学者的失误，直到崇祯间，理学名臣刘宗周仍然在坚持："天圆地方，规矩之至也。"[①] 但是，它在明末也争取到了许多的拥护者。其中最著名的，除与利玛窦合作刊行《坤舆万国全图》的李之藻之外，莫过于徐光启。他为利玛窦绘制的世界地图专门撰写了一篇序言，文中指出："西泰子之言天地圆体也，犹二五之为十也。"徐光启否定了"天圆地方""天圆地平"说的理论依据"盖天说"，他说"扬子云主盖天，桓君山诎之，是也"。他还具体地运用我国古代著名的《周髀算经》，来论证地圆学说的正确性，由此得出结论："若言圆天而不言圆地，政不足以服《周髀》。"[②]

地圆学说，既是地理学说，也同数学、天文学密切关联。因而利玛窦等人从传播地圆学说入手，进而扩及数学和天文历法等知识领域。通过同我国学者的接触，利玛窦对当时我国知识界在这些领域所达到的水平，有了比较清醒的认识。他肯定："中国人不仅在道德哲学上，而且也在天文学和很多数学分支方面取得了很大的进步。"[③] 对于我国天文学家可以"丝毫不费力气，把天体现象归结为数学计算"，他更留下了深刻印象。但是，利玛窦同时也注意到了我国天文学家在日月蚀时刻和有关星球质量计算中的错误，尤其是对占星学痼疾的揭破，就更是切中要害的意见。

从明末中国知识界在天文历法和数学方面的现状出发，利玛窦于来华之初，即亲手制作天球仪和地球仪，把刻在铜板上的日晷送给各级地方官员。他还向南北学者广为介绍欧几里得的几何学原理，指导求教的人用几何法测量物体的高度。1601 年进入北京之后，利玛窦更在李之藻、徐光启的合作下，尽其所知介绍和翻译西方的古典数学名著《几何

---

① 黄宗羲：《明儒学案》卷六十二，《蕺山学案》。

② 徐光启：《徐光启集》卷二，《题万国二圜图序》。

③ 利玛窦、金尼阁：《利玛窦中国札记》（中译本），第 32 页。

原本》（前6卷）等。他故世后，李之藻、徐光启又据从学所得，并与熊三拔等传教士合作，先后刊行了《乾坤体义》《同文算指》和《泰西水法》等著作。崇祯二年（1629年），在征得崇祯帝同意后，徐、李奉命主持历法修订工作。他们将耶稣会士罗雅谷和汤若望先后安置到历局供职，以便依据西历知识，改订现行《大统历》的偏差。徐、李生前，这一工作虽未能完成，但由于继任者李天经与传教士的共同努力，著名的《崇祯历书》终于编译成功。这部历书于清初颁行全国，一直沿用到近代。

应当指出的是，利玛窦等耶稣会士在明末所传入我国的西学，虽然被金尼阁说成是"新奇的欧洲科学"，但是这只是相对于当时我国的科学技术水平而言的。事实上，在16世纪末和17世纪初的欧洲，不唯宗教神学已经成为唯物主义哲学批判的对象，而且就自然科学论，利玛窦等人所传来的以地球为宇宙中心作前提的地圆学说，早已不是什么新奇的知识。代表着欧洲近代科学发展方向的，则是哥白尼、伽利略所提出的日心说。当时，欧几里得的几何原理，也已经为法国杰出的哲学家和数学家笛卡尔所发展，他将其与物质运动学说和辩证法相结合，从而把几何学推进到解析几何的更高层次，并进而把数学导入微分和积分的门槛。所以，无视这一基本事实，把晚明传入的西学说成是先进的西方近代科学，显然就是不恰当的。不过，我们也不能因此苛求于耶稣会传教士。正当西方世界在理性和神学、日心说和地心说激烈交锋而前途未卜的历史时代，要让这些为宗教神学所束缚的传教士去为近代科学和近代思想作宣传，也是不现实的。

晚明的西学输入，虽然有其严重的历史局限，当时的中国学者也只是把它视为一种"补儒易佛"①的手段而已，但是它所产生的客观历史效果，其主要方面则是积极的。西学的输入，给明末的知识界传来了

---

① 徐光启：《徐光启集》卷二，《泰西水法序》。

新的知识信息，示范了一种务实的新学风。它对当时为学风尚的积极影响，大致表现为如下四个方面。

首先，它开阔了我国知识界的学术视野。从利玛窦、庞迪我到熊三拔、艾儒略、罗雅谷、汤若望，耶稣会士们所传播的西学，对长期闭塞的我国知识界是一次有力的冲击。它使愿意正视现实的知识分子看到，中国并不就是世界，在我国的东西南北，不仅有浩瀚的大海，而且还有世代生息繁衍、风俗各异的众多国家和民族。这些国家和民族既如同我国一样，有着自己的文明史，同时在某些学术领域，已经走在我们的前面。正如徐光启在《同文算指》一书付刻时，就我国的数学发展水平所说的："大率与西术合者，靡弗与理合也；与西术谬者，靡弗与理谬也。"[1]这样的认识，在今天看来不足为奇，但是在三百多年前的知识界，能有这样的清醒认识则是不容易的。

其次，耶稣会传教士大都受过良好的文化教育，他们的为学，不务空谈，讲求实际。为他们所传播的科学技术，"皆返本蹠实，绝去一切虚玄幻妄之说，……上穷九天，旁该万事"[2]。这种"实心、实行、实学"[3]，不仅赢得了学者和士大夫的信任，而且也示范了一种博大的务实学风。明末的著名学者，从焦竑、李贽、陈第，到李之藻、徐光启、方以智等，无不受到这种学风的熏染。晚明经世致用的实学思潮的形成，固然有其自身的必然历史依据，而西学的输入，无疑也起了积极的催化作用。徐光启正是有感于利玛窦等人的"事天爱人之说，格物穷理之论，治国平天下之术，下及历算、医药、农田、水利等兴利除害之事"[4]，将数学知识广泛地运用于"富国强兵"的追求，从而升华出"务求实用"的新学风。方以智同样是受到西方传来的"质测"之学影响，

---

① 徐光启：《徐光启集》卷二，《刻〈同文算指〉序》。
② 同上。
③ 同上书卷二，《泰西水法序》。
④ 同上书卷九，《辨学章疏》。

但并不以之为满足，而是进一步去探求"通几"之学，试图追寻更深一层的道理。他说："万历年间，远西学人详于质测，而拙于通几。然智士推之，彼之质测犹未备也。"① 由此出发，他写成了百科全书式的名著《物理小识》和《通雅》。

再次，晚明来华的耶稣会士，从利玛窦开始，即把他们的宗教和学术活动同讲习、表彰我国的传统儒学相结合。利玛窦谙熟儒家道德哲学，他不仅长期究心儒家典籍，而且还把孔子的思想和学术主张介绍到西方去。他说："中国哲学家之中，最有名的叫做孔子。这位博学的伟大人物，诞生于基督纪元前五百五十一年，享年七十余岁。他既以著作和授徒，也以自己的身教来激励他的人民追求道德。他的自制力和有节制的生活方式，使他的同胞断言，他远比世界各国过去所有被认为是德高望重的人更为神圣。的确，如果我们批判地研究他那些被载入史册中的言行，我们就不得不承认，他可以与异教哲学家相媲美，而且还超过他们中的大多数人。"② 利玛窦认为，五经、四书等儒家经典，或为孔子撰写，或为孔子汇编，他指出："孔子的这九部书，构成最古老的中国图书库，它们大部分是用象形文字写成，为国家未来的美好和发展而集道德教诫之大成。别的书都是由其中发展出来的。"③ 对《论语》一书，他尤为赞赏，认为："它主要是着眼于个人、家庭及整个国家的道德行为，而在人类理性的光芒下对正当的道德活动加以指导。"④ 这种对孔子学说和儒家经典的表彰，既顺应了晚明知识界于理学没落之后，试图从传统经学中去寻找出路的要求，同时也在客观上推动了中国知识界对经学和孔子学说的再认识。

最后，耶稣会士学习我国语言文字的实践，也给了我国语言学研究

---

① 方以智：《浮山文集前编》卷六，《物理小识自序》。
② 利玛窦、金尼阁：《利玛窦中国札记》（中译本），第 31 页。
③ 同上书，第 35 页。
④ 同上。

者以有益的启示。利玛窦是一个知识广博的学者，为了研讨儒家经典，他曾下苦功学习中国语言文字。因而他不仅深知中文的优劣，而且还按照元音和辅音的划分，把每一个汉字分解成若干音节，这就无异于在进行汉字拼音化的尝试。继利玛窦之后，金尼阁又发展了这种尝试，撰为《西儒耳目资》，用拉丁文对汉字进行拼音归类。耶稣会士的成功尝试，比起我国传统的反切法来，无疑是向前推进了一步。这样，就给我国当时及后世的语音史研究，乃至汉字的拼音化都提供了有益的启示。万历间遨游南北的福建学者陈第，正是在这样的学术背景之下，致力于古代音韵研究的。后来，方以智继起，更是独辟蹊径，专意讲求古代语音，甚至朦胧地提出了参照西文改革汉字的设想。他指出："字之纷也，即缘通与借耳。若事属一字，字各一义，如远西因事乃合音，因音而成字，不重不共，不尤愈乎？"[①] 明末，中外学者的上述尝试和努力，就直接为清初的音韵学研究开了先河。

---

① 方以智：《通雅》卷一。

三 清初文化政策批判

在影响清初学术发展的诸因素中，清廷的文化政策是一个重要方面。关于这个问题，以往的研究批评其消极影响多，肯定其积极作用少，未得一个持平之论。因此，实事求是地对清初的文化政策进行探讨，无疑是一个应予解决的课题。

（一）清初文化政策的主要方面

顺治一朝，戎马倥偬，未遑文治，有关文化政策草创未备，基本上是一个沿袭明代旧制的格局。康熙初叶，南明残余扫荡殆尽，清廷统治趋于巩固。圣祖亲政之后，随着经济的逐渐恢复，文化建设亦相应加强，各种基本国策随之确定下来。康熙二十三年（1684 年）以后，三藩乱平，台湾回归，清初历史进入一个相对稳定的发展时期。伴随清廷文化政策的调整，学术文化事业蒸蒸日上，臻于繁荣。

清初的文化政策，可以大致归纳为如下几个方面。

第一，民族高压政策的确定。

作为上层建筑的文化政策，一方面它必然要受到所由以形成的经济基础的制约，从而打上鲜明的时代印记；另一方面各种具体政策的制定，又无不为统治者的根本利益所左右，成为维护其统治的重要手段。满洲贵族所建立的清王朝，虽然形式上是所谓"满汉一体"的政权体制，但是以满洲贵族为核心才是这一政权的实质所在。这样的政权实质，就决定了满洲贵族对广袤国土上的众多汉民族和其他少数民族的强制统治。反映在文化政策上，便是民族高压政策的施行。由顺治初叶开始，以武力为后盾，渐次向全国推行的剃发易服，构成了民族高压政策的基本内容。这一政策的强制推行，其结果，其一是直接导发江南人民可歌可泣的反剃发斗争，促成明末农民起义军余部同南明政权的联合，并以之为主力，与清廷展开长达十余年的大规模军事对抗；其二则是它在民族心理上造成的隔阂，历二百数十年而不能平复，从而在一代历史中时隐时显，成为长期潜在的一个严重不稳定因素。

与之相一致，顺治十六年（1659 年），清廷开焚书恶劣先例，以"畔道驳注"为口实，于当年十一月，下令将民间流传的《四书辨》《大全辨》等书焚毁。严饬各省学臣："校士务遵经传，不得崇尚异说。"①翌年一月，又明令士子"不得妄立社名，纠众盟会"②。接着便于康熙初叶的四大臣辅政期间，制造了清代历史上的第一次大规模文字冤狱 —— 庄廷鑨明史案。从此，研究明史，尤其是明末的明清关系史，便成为学术界的禁区。圣祖亲政以后，虽然奉行"宽大和平"的施政方针，对学术界苛求尚少，但是在这样一个利害攸关的问题上，则不容越雷池一步。后来文字冤狱再起，康熙五十二年（1713 年）翰林院编修戴名世因著述而招致杀身惨祸，直至雍正、乾隆间文网密布，冤狱丛集，根源皆在于此。

严酷的封建文化专制，禁阔思想，摧残人才，成为一时学术发展的严重障碍。

第二，科举取士制度的恢复。

科举取士，自隋唐以来，历代相沿，既成为封建国家的抡才大典，也是文化建设的一项基本国策。明末，战乱频仍，灭亡在即，科举考试已无从正常举行。顺治元年（1644 年），清廷入主中原。十月，世祖颁即位诏于天下，明令仍前朝旧制，"会试，定于辰、戌、丑、未年；各

---

① 《清世祖实录》卷一百三十，顺治十六年十一月甲戌条。
② 同上书卷一百三十二，顺治十七年一月辛巳条。

直省乡试，定于子、午、卯、酉年"①，从而恢复了一度中断的科举取士
制度。顺治二年五月，南明弘光政权灭亡，清廷从科臣龚鼎孳、学臣高
去奢请，命南京乡试于同年十月举行。七月，浙江总督张存仁疏请"速
遣提学，开科取士"，以消弭士子"从逆之念"②。于是乡试推及浙江。
翌年二月，首届会试在北京举行，经三月殿试，傅以渐成为清代历史上
的第一名状元。同年八月，为罗致人才，稳定统治，清廷下令复举乡
试，来年二月再行会试。于是继傅以渐之后，吕宫成为新兴王朝的第二
名状元。后来，傅、吕二人均官至大学士。

　　与之同时，清廷修复明北监为太学，广收生徒，入监肄业。旋即又
改明南监为江宁府学，各省府、州、县学，也随着清廷统治地域的扩展
而渐次恢复。同学校教育相辅而行，各省书院亦陆续重建，成为作育人
才、敦厚风俗的一个重要场所。

　　自康熙二年起，清廷曾一度废弃科举考试中的八股文，专试策论。
后从礼部侍郎黄机请，于七年仍旧改回。从此，以八股时文考试科举士
子，遂成一代定制。

　　第三，"崇儒重道"基本国策的实施。

　　在中国数千年封建社会中，重视文化教育，是一个世代相沿的传
统。宋明以来，从孔孟到周、程、张、朱的所谓"道统"说风行，"崇
儒重道"便成为封建国家的一项基本文化国策。

　　清初，经历多尔衮摄政时期的干戈扰攘，顺治八年世祖亲政之后，
文化建设的历史课题提上建国日程。九年九月，"临雍释奠"典礼隆重
举行，世祖勉励太学师生笃守"圣人之道"，"讲究服膺，用资治理"③。
翌年，又颁谕礼部，把"崇儒重道"作为一项基本国策确定下来。十二
年，再谕礼部："帝王敷治，文教是先，臣子致君，经术为本。……今

---

① 《清世祖实录》卷九，顺治元年十月甲子条。
② 同上书卷十九，顺治二年七月丙辰条。
③ 同上书卷六十六，顺治九年九月辛卯条。

天下渐定，朕将兴文教，崇经术，以开太平。"[①] 两年后，即于顺治十四年九月初七，举行了清代历史上的第一次经筵盛典。下月，又以初开日讲祭告孔子于弘德殿。虽然一则由于南方战火未息，再则亦因世祖过早去世，所以清廷的"振兴文教"云云多未付诸实施。但是，"崇儒重道"的开国气象，毕竟已经粗具规模。

世祖去世，历史出现了一个短暂的回旋。在康熙初叶的数年间，辅政的满洲四大臣以纠正"渐习汉俗"，返归"淳朴旧制"为由，推行了文化上的全面倒退。康熙六年，圣祖亲政，八年，清除以鳌拜为首的顽固守旧势力，文化建设重上正轨。同年，圣祖亲临太学释奠孔子。翌年八月，为鳌拜等人下令撤销的翰林院恢复。十月，圣祖颁谕礼部，将世祖制定的"崇儒重道"国策具体化，提出了以"文教是先"为核心的十六条治国纲领。即："敦孝弟以重人伦；笃宗族以昭雍睦；和乡党以息争讼；重农桑以足衣食；尚节俭以惜财用；隆学校以端士习；黜异端以崇正学；讲法律以儆愚顽；明礼让以厚风俗；务本业以定民志；训子弟以禁非为；息诬告以全良善；诫窝逃以免株连；完钱粮以省催科；联保甲以弭盗贼；解仇忿以重身命。"[②] 后来，清廷将所谓"圣谕十六条"颁示天下，成为一代封建王朝治国的基本准则。

康熙九年十一月，日讲重开。翌年二月，中断多年的经筵大典再度举行。此后，每年春秋二次的经筵讲学，便成为一代定制。自日讲重开，年轻的清圣祖在日讲官熊赐履等人的辅导之下，孜孜向学，将"崇儒重道"的既定国策稳步付诸实施。以康熙十七年的诏举"博学鸿儒"为标志，宣告了清廷"崇儒重道"国策的巨大成功。

第四，"博学鸿儒"特科的举行。

开科取士，意在得人。封建王朝于既定科目之外，为延揽人才而增

---

① 《清世祖实录》卷九十一，顺治十二年三月壬子条。
② 同上书卷三十四，康熙九年十月癸巳条。

辟特科，载诸史册，屡见不鲜，并不自清初始。然而如同康熙间的"博学鸿儒"科得人之盛，则是不多见的。自顺治初年以后，在连年的科举考试中，虽然一时知识界中人纷纷入彀，但是若干学有专长的文化人，或心存正闰，不愿合作；或疑虑难消，徘徊观望，终不能为清廷所用。既出于"振兴文教"的需要，又为争取知识界的广泛合作以巩固统治，在平定三藩之乱胜利在即的情况下，清圣祖不失时机地作出明智抉择，对知识界大开仕进之门。康熙十七年一月，他颁谕吏部："自古一代之兴，必有博学鸿儒振起文运，阐发经史，润色词章，以备顾问著作之选。……我朝定鼎以来，崇儒重道，培养人才。四海之广，岂无奇才硕彦，学问渊通，文藻瑰丽，可以追踪前哲者？"在发出这一通议论之后，圣祖接着责成内外官员："凡有学行兼优，文词卓越之人，不论已仕未仕，令在京三品以上及科道官员，在外督抚布按，各举所知，朕将亲试录用。其余内外各官，果有真知灼见，在内开送吏部，在外开报督抚，代为题荐。务令虚公延访，期得真才，以副朕求贤右文之意。"①

命令既下，列名荐牍者或为"旷世盛典"歆动而出，或为地方大吏驱迫就道，历时一年，陆续云集京城。十八年三月初一，清廷以"璿玑玉衡赋"和"省耕诗五言排律二十韵"为题，集应荐 143 人②于体仁阁考试。榜发，录取一等 20 人，二等 30 人，俱入翰林院供职。后来，上述 50 人虽在官场角逐中各有沉浮，其佼佼者最终亦多遭倾轧而去职，但是"博学鸿儒"科的举行，其意义则远远超出 50 名入选者个人的升沉本身。它的成功首先在于显示清廷崇奖儒学格局已定，这就为尔后学术文化事业的繁荣作出了一个良好的开端；其次，由于对有代表性的汉族知识界中人的成功笼络，其结果，不仅标志着广大知识界与清廷全面合作的实现，而且还在更广阔的意义上对满汉文化的合流产生深远影

---

① 《清圣祖实录》卷七十一，康熙十七年一月乙未条。

② 此人数根据《清圣祖实录》所载。陆以湉《冷庐杂识》作 154 人。

响，从而为巩固清廷的统治提供了文化心理上的无形保证。

第五，图书的访求与编纂。

"书籍关系文教。"① 在封建社会，衡量一个王朝文教的盛衰，大致有两个可供据以评定的标准。其一是得人的多寡，人才的质量；其二则是作为学术文化直接成果的图书编纂与收藏。顺治一朝，文化虽未能大昌，但世祖雅意右文，图书的编纂和访求早已引起重视。定鼎伊始，清廷即沿历代为前朝修史成例，于顺治二年三月始议编纂《明史》，五月，设置总裁、副总裁及纂修诸官数十员。世祖亲政后，以御撰名义，于顺治十二年九月，将《资政要览》《范行恒言》《劝善要言》《人臣儆心录》颁发异姓公以下、文官三品以上各一部。翌年正月，又令儒臣编纂《通鉴全书》《孝经衍义》等。八月，《内则衍义》撰成。十二月，再敕修《易经通注》。十四年三月，责成各省学臣购求遗书。当时，由于世祖的博览群书，内院诸儒臣已有"翻译不给"② 之叹。后来，虽因世祖的遽然夭折，《明史》《孝经衍义》诸书皆未完篇，但筚路蓝缕，风气已开。

圣祖继起，发扬光大，经初政 20 余年的努力，遂奠定了日后图书编纂繁荣兴旺的深厚根基。其间，于经学则有《日讲四书解义》《易经解义》《书经解义》《孝经衍义》的先后撰成。于史学则在康熙十八年重开《明史》馆，"博学鸿儒"科录取人员悉数入馆预修《明史》。对于本朝史事，则有《三朝实录》《太祖、太宗圣训》《大清会典》《平定三逆方略》诸书的纂修。康熙二十三年以后，更扩及诗文、音韵、性理、天文、历法、数学、地理及名物汇编等。一大批具有较高学术价值的官修图书，诸如《佩文韵府》《渊鉴类函》《分类字锦》《古今图书集成》《全唐诗》《律历渊源》《周易折中》《性理精义》及《朱子全书》，等等，若雨后春笋，纷然涌出。清廷终于以图书编纂的丰硕成果，迎来了

---

① 《清世祖实录》卷一百一十七，顺治十五年五月庚申条。
② 同上书卷九十八，顺治十三年二月丙子条。

足以媲美唐代的贞观、宋代的太平兴国、明代的仁宣之治的繁荣时期。

第六，由尊孔到尊朱。

推尊孔子，作为崇儒的象征，历代皆然。如果说圣祖亲政之初的在太学释奠孔子，尚属不自觉的虚应故事，那么康熙二十三年以后，他的尊孔，便是一种崇尚儒术的有力表示。

由孔子开创的儒学，在我国历史发展的不同时期，具有外在表现形式各异的时代特征。自北宋以后，儒学进入理学时代，因而元、明诸朝，尊孔崇儒与表彰理学，两位一体，不可分割。明清更迭，社会动荡。这一客观现实反映于意识形态领域，理学营垒分化，朱熹、王守仁学术之争愈演愈烈。清初统治者要表彰理学，就面临一个究竟是尊朱还是尊王的问题。

顺治一朝，国内战争频繁，无暇顾及这一抉择。圣祖亲政，尤其是三藩乱平、台湾回归之后，这样的抉择愈益不可回避。从形式上看，科举取士制度固然可以作为争取知识界合作的一个有效手段，然而要形成并维持整个知识界和全社会的向心力，实现封建国家的长治久安，仅仅依靠这样的手段又显然是不够的。因此，对清初封建统治者来说，寻求较之科举取士制度深刻得多的文化凝聚力，便成为必须完成的历史选择。顺应这样一个客观的历史需要，经历较长时间的鉴别、比较，清廷最终摒弃王守仁心学，选择了独尊朱熹学说的道路。

康熙四十年以后，清廷以"御纂"的名义，下令汇编朱熹论学精义为《朱子全书》，并委托理学名臣熊赐履、李光地先后主持纂修事宜。五十一年正月，圣祖明确指出："朱子注释群经，阐发道理，凡所著作及编纂之书，皆明白精确，归于大中至正。经今五百余年，学者无敢疵议。朕以为孔孟之后，有裨斯文者，朱子之功最为弘巨。"[1] 随即颁谕，将朱熹从祀孔庙的地位升格，由东庑先贤之列升至大成殿十哲之次。至

---

[1] 《清圣祖实录》卷二百四十九，康熙五十一年正月丁巳条。

此，清廷以对朱熹及其学说的尊崇，基本确立了一代封建王朝"崇儒重道"的文化格局。

（二）清廷文化政策的思想依据

作为维护统治者根本利益的手段，一定时期的文化政策总是那一时期统治者思想的集中反映。就中国古代社会而言，它在很大程度上便是有作为的封建帝王治国思想的反映。清圣祖是一个杰出的政治家，清初封建国家的文化政策，正是以其儒学思想为依据制定的。因此，剖析圣祖的儒学观，对于把握清初文化政策的实质及其对学术发展的影响，就是很有必要的事情。

清圣祖名玄烨，公元 1662 年到 1722 年在位。他生于顺治十一年（1654 年），卒于康熙六十一年（1722 年），终年 69 岁。逝世后，谥仁皇帝，庙号圣祖。

玄烨 8 岁即位，14 岁亲政，这一特定的条件，促成了他在政治和文化诸方面的早熟。在其儒学观形成的早期，对他影响最深的是儒臣熊赐履。自康熙十年二月至十四年三月间，熊赐履一直充任日讲官。玄烨亲政后的日讲，虽自九年十一月二十一日即宣告举行，但实际上正式开始则是晚此后一年多的十一年四月。也正是从此时起，熊赐履把年轻的玄烨引入了儒学之门。熊笃信朱熹学说，当时，他省亲回京，在玄烨召见时即明确表示："臣读孔孟之书，学程朱之道。"[1] 半月后，他以朱熹注《论语·学而篇》的讲解，揭开了康熙一朝日讲的第一页。在其后的三年间，熊赐履始而隔日进讲，继之每日入宫，向康熙帝讲"读书切要之法"，讲"天理人欲之分"，讲"俯仰上下，只是一理"，讲"本然之性与气质之性"，讲"辟异端，崇正学"，讲朱熹的知行观，斥王守仁

---

[1] 《康熙起居注》，十一年四月初一日。

的"知行合一"说。总之，既博及致治之理，又广涉用人之道，为年轻的康熙帝奠定了坚实的儒学基础。

在熊赐履等人的循循善诱之下，还在康熙十一年六月，玄烨就已经表露出对理学的浓厚兴趣。他向翰林院学士傅达礼询问道："尔与熊赐履共事，他与尔讲理学否？尔记得试说一二语来。"熊赐履的理学主张，诸如"理学不过正心诚意，日用伦常之事，原无奇特"；"惟务躬行，不在口讲"等，都为玄烨所接受。同年八月，他又召熊至茂勤殿，郑重询问朝臣中讲理学的情况。十二年十一月，为了研究周敦颐的《太极图说》，他还特别让熊赐履等儒臣各撰《太极图论》一篇，加以讨论。熊赐履以讲理学而深得康熙帝宠信，于康熙十四年三月擢升武英殿大学士。这以后，熊虽然离开了日讲官职务，随之又在满汉朝臣的党争中失势而被黜回乡，但是他的理学主张对于玄烨儒学观的形成，却产生了潜移默化的无形影响。"明理最是紧要，朕平日读书穷理，总是要讲求治道，见诸措施。故明理之后，又须实行。不行，徒空说耳。"① 玄烨的这一段自述，正清晰地道出在熊赐履的影响下，他早年儒学观的基本倾向。

玄烨的儒学观，核心是一个辨别理学真假的问题。康熙二十二年十月，他就此作了首次表述，指出："日用常行，无非此理。自有理学名目，彼此辩论，朕见言行不相符者甚多。终日讲理学，而所行之事全与其言悖谬，岂可谓之理学？若口虽不讲，而行事皆与道理吻合，此即真理学也。"② 这段话包含有三层意思，第一层是说理学有真假之分；第二层是说理并非玄虚的精神实体，无非就是规范人们言行的道理；第三层是说言行如一与否，是检验理学真伪的试金石。康熙帝之所以会形成这样的认识，究其根源，则始于与翰林院学士崔蔚林就理学基本范畴的

---

① 《康熙起居注》，十二年八月二十六日。
② 《清圣祖实录》卷一百一十二，康熙二十二年十月辛酉条。

辩论。

崔蔚林是当时朝臣中王守仁学说的信奉者，他撰有《大学格物诚意辨》讲章一篇。玄烨闻讯，于十八年十月十六日将他召至宫内，读罢讲章，君臣间就格物、诚意诸范畴进行了罕见的直率问答。在对"格物"范畴的阐释中，崔蔚林依据王守仁学说立论，主张"格物是格'物'之本，乃穷吾心之理也"。并且对朱学提出质疑，认为："朱子解作天下之事物，未免太泛，于圣学不切。"当玄烨转而论"诚意"，指出"朱子解'意'字亦不差"时，崔仍然由王学出发，提出异议，声称："朱子以意为心之所发，有善有恶。臣以意为心之大神明，大主宰，至善无恶。"这场短兵相接，是对玄烨形成伊始的儒学观的挑战。当时他虽未进行驳议，但显然并不以崔说为然，而是以"性理深微，俟再细看"①暂时中断了这场问答。经过周密准备，十天之后，玄烨依据程朱之说对崔蔚林的讲章进行反驳。他说："天命谓性，性即是理。人性本善，但意是心之所发，有善有恶，若不用存诚工夫，岂能一蹴而至？行远自迩，登高自卑，学问原无躐等，蔚林所言太易。"同时，他还就理学分野判定崔蔚林属于王学系统，指出："蔚林所见，与守仁相近。"②

在帝王面前，崔蔚林阐述其理学主张是那样的慷慨陈词，无所顾忌，这本来就为圣祖所不悦。加以崔言不顾行，居乡颇招物议，因之更激起玄烨反感。于是二十一年六月，在与内阁近臣议及崔蔚林官职的升迁时，玄烨的反感开始流露。他说："朕观其为人不甚优。伊以道学自居，然所谓道学未必是实。闻其居乡亦不甚好。"③一年之后，他便提出前述辨理学真伪的那段讲话。从此，"假道学""冒名道学"等，也就成为圣祖指斥言行不一的理学诸臣的习惯用语。然而事情并未就此了结，二十三年二月，崔蔚林自知在朝中已无立足之地，疏请告病还乡。圣祖

---

①　《康熙起居注》，十八年十月十六日。

②　同上书，十八年十月二十六日。

③　同上书，二十一年六月初二日。

决意借此机会，对假道学作一次惩治。于是他示意内阁近臣："崔蔚林乃直隶极恶之人，在地方好生事端，干预词讼，近闻以草场地土，纵其家人肆行控告。又动辄以道学自居，焉有道学之人而妄行兴讼者乎？此皆虚名耳。又诋先贤所释经传为差讹，自撰讲章甚属谬戾。彼之引疾乃是托词，此等人不行惩治，则汉官孰知畏惧！"①崔蔚林就此声名狼藉。

无独有偶。继崔蔚林之后，康熙三十三年，当时任顺天学政的理学名臣李光地成为假道学的又一典型。这年四月，李光地母病故，由于他未坚持疏请离任回乡奔丧，因而以"贪位忘亲"②招致言官弹劾。一时之间，朝议哗然，迫使康熙帝出面干预。风波虽然迅速平息，但是玄烨对假道学的憎恶已经不可压抑，他决心进行一次总的清算。闰五月初四，他集合翰林院全体官员于瀛台，以《理学真伪论》命题考试。试毕，又就熊赐履弟赐瓒在考试中暴露出的问题借题发挥，对理学诸臣"挟仇怀恨""务虚名而事干渎""在人主之前作一等语，退后又别作一等语"等丑恶行径加以痛斥。其鞭挞所至，不仅李光地、熊赐瓒首当其冲，而且业已故世的魏象枢、汤斌等也未能幸免。就连对他有教诲之谊的熊赐履，同样被指名羞辱。在历数假道学言行不一的诸多劣迹之后，玄烨为理学诸臣明确规定了立身处世的准则，这就是："果系道学之人，惟当以忠诚为本。"③

综上所述，足见康熙儒学观的形成过程，是一个从了解理学，熟悉理学，直到将理学归结为伦理道德学说的过程。关于这一点，玄烨晚年有一段系统的表述，他说："理学之书，为立身根本，不可不学，不可不行。朕尝潜玩性理诸书，若以理学自任，则必至于执滞己见，所累者多。反之于心，能实无愧于屋漏乎？宋、明季代之人，好讲理学，有流入于刑名者，有流入于佛老者。昔熊赐履在时，自谓得道统之传，其没

①　《康熙起居注》，二十三年二月初三日。
②　蒋良骐：《东华录》卷十六，康熙三十三年四月条。
③　《清圣祖实录》卷一百六十三，康熙三十三年闰五月癸酉条。

未久，即有人从而议其后矣。今又有自谓得道统之传者，彼此纷争，与市井之人何异！凡人读书，宜身体力行，空言无益也。"① 这是圣祖对其儒学观的重要自白，其立足点就在于理学是立身根本之学。由此出发，他鄙弃空讲理学，不主张以理学自任，更反对去争所谓"道统之传"。归根结蒂，就是要以封建伦理道德为规范，切实地去身体力行。

　　玄烨儒学观的形成过程，也是一个提倡经学，融理学于传统儒学的过程。还在康熙二十一年八月，他在与日讲官牛钮、陈廷敬的问对中，就接受了"道学即在经学中"的观点。当时，牛、陈二人认为："自汉、唐儒者专用力于经学，以为立身致用之本，而道学即在其中。"② 玄烨对此表示完全赞同。一年后，《日讲易经解义》纂成，在为该书撰写的序言中，他重申："帝王立政之要，必本经学"，还提出了"以经学为治法"③ 的主张。圣祖论学始终提倡把"明理"同"通经"相结合，他指出："凡圣贤经书，一言一事，俱有至理，读书时便宜留心体会。此可以为我法，此可以为我戒。"④ 因此他认为："不通《五经》《四书》，如何能讲性理？"⑤ 圣祖又进而断言："治天下以人心风俗为本，欲正人心、厚风俗，必崇尚经学。"⑥

　　玄烨儒学观的形成过程，还是一个尊崇朱熹，将朱学确认为官方哲学的过程。他一生讲求儒学，对朱熹、王守仁的著述都曾经用心做过研究，他主张"宽舒""无私"，不赞成无谓的门户纷争。他说："朕常读朱子、王阳明等书，道理亦为深微。乃门人各是其师说，互为攻击。夫道体本虚，顾力行何如耳。攻击者私也，私岂道乎？"⑦ 但是，在确认以

---

① 《康熙起居注》，五十四年十一月十七日。
② 同上书，二十一年八月初八日。
③ 《清圣祖实录》卷一百一十三，康熙二十二年十二月乙卯条。
④ 《康熙御制文集·庭训格言》。
⑤ 《康熙起居注》，五十四年十二月初一日。
⑥ 《清圣祖实录》卷二百五十八，康熙五十三年四月乙亥条。
⑦ 《康熙起居注》，二十六年六月初九日。

什么样的学说来统一思想的关键问题上，他却毫不调和，愈益明显地趋向于朱学。事实上，他早年的惩治崔蔚林，就无异于对王学的贬抑。后来，当他提倡熟读儒家经典时，又强调："自汉以来，儒者世出，将圣人经书多般讲解，愈解而愈难解矣。至宋时，朱子辈注《四书》《五经》，发出一定不易之理，故便于后人。朱子辈有功于圣人经书者，可谓大矣。"[①]到圣祖晚年，更是无以复加地推尊朱熹，表彰朱学。他指出："朱子洵称大儒，非泛言道学者可比拟。"[②]又说："先儒中，惟朱子之言最为确当。其他书册所载，有不可尽信者。"[③]在其所撰《理学论》中，他再度重申："自宋儒起而有理学之名，至于朱子能扩而充之，方为理明道备。后人虽杂出议论，总不能破万古之正理。所以学者当于致知格物中循序渐进，不可躐等。"[④]对他一生以儒学治国的经验，圣祖依据朱熹"居敬穷理"之教，归纳为一个敬字。他说："朕自幼喜读《性理》，《性理》一书，千言万语，不外一敬字。人君治天下，但能居敬，终身行之足矣。"[⑤]

总之，一个视理学为伦理道德学说，一个融理学于传统儒学之中，一个确认朱熹学说为官方哲学，这就是构成清圣祖儒学观的基本内容。它在康熙一朝，为文化政策的制定提供了根本的理论依据。

（三）清初文化政策的历史作用

就全部清代历史而言，清初的顺治、康熙两朝，是一个奠定国基的重要发展时期。清王朝建立之初，经历明末数十年的战乱，经济凋敝，疮痍满目。随后，满洲贵族自身错误的民族高压政策，南明残余势力的

---

① 《康熙御制文集·庭训格言》。
② 《清圣祖实录》卷二百一十六，康熙四十三年六月丁酉条。
③ 同上书卷二百九十一，康熙六十年三月乙丑条。
④ 《康熙御制文集·理学论》。
⑤ 《康熙起居注》，五十六年十一月二十六日。

挣扎，以及农民起义军余部的对抗，又酿成长达近 40 年之久的国内战
争。在长期的社会动荡中，国计民生遭到了空前的破坏。然而就是在这
样极度艰难的局势之下，清初统治者不仅消除了敌对势力，实现了国家
的统一，而且取得了经济从复苏而趋向繁荣的胜利。促成这一历史转折
的原因是多方面的，其间，封建国家的文化政策就发挥了积极的历史
作用。

"帝王敷治，文教是先。"① 从顺治到康熙，近 80 年间，清廷始终以
此为制订文化政策的立足点。由于把文化教育作为治国根本大计，因而
战略决策的正确，就保证了学术文化事业的健康发展。知识界是社会的
中坚。中国历代封建统治者，无不把争取知识界的合作作为施政的基本
方针。因此，清朝入主中原之初，虽然军事征服是压倒一切的任务，但
是它依然如同先前的统治者一样，把开科取士视为抢才大典，向知识界
敞开了合作的大门。以康熙十七年的诏举"博学鸿儒"为标志，清廷为
争取知识界的全面合作，取得了巨大成功。

清初文化政策的历史作用，还表现为清初统治者完成了对社会凝
聚力的选择。任何一个社会要寻求自身的发展，都必须具有凝聚全体社
会成员的力量。不同的历史时期，不同的国家和民族，这一力量的选择
会因时因地而各异。然而树立共同的社会理想，明确应当遵循的公共道
德规范，则是一个具有共性的基本方面。清初，无论是世祖也好，还是
圣祖也好，他们最初都选择了尊崇孔子的方式，谋求以孔子为代表的儒
家思想去统一知识界的认识，确立维系封建统治的基本准则。尔后，随
着封建统治者儒学素养的提高，清廷选择了将尊孔具体化而趋向朱学独
尊的历史道路。确认朱熹学说为官方哲学，使清初统治者为一代封建王
朝找到了维系人心的有效工具。在经历长期的动乱之后，这对于稳定社
会，促进封建国家经济、文化诸方面的恢复和发展，具有十分重要的意

---

① 《清世祖实录》卷九十一，顺治十二年三月壬子条。

义。它的成功表明，如果忽视去进行这样的选择，一旦社会失去凝聚力量的时候，后果是不堪设想的。

当然也应该看到，清初统治者对社会凝聚力的选择，并没有把朱熹学说作为一个博大的思想体系去进行系统的研究。相反，却出于维护自身统治的狭隘需要而加以曲解。他们抹杀了理学的哲学思辨，将其归结为僵死的封建伦理道德学说。同时，把经朱熹阐发的丰富思想，也仅仅视为约束人们行为的封建道德教条。正是这种文化上的短视，导致清初统治者否定了王守仁思想中的理性思维光辉。其恶劣后果，经雍正、乾隆两朝的封建文化专制引向极端，终于铸成思想界万马齐喑的历史悲剧。其间的历史教训，又是值得我们认真记取的。

评判某一时期文化政策的得失，考察其对当时学术文化演进的导向作用是一个重要依据。成功的文化政策，既是产生这一政策的历史时期学术文化水准的客观反映，同时它又能够顺应潮流，推动学术文化事业的发展。在这方面，清初的文化政策同样显示了它的历史作用。

明清更迭，经世思潮空前高涨。"天崩地解，落然无与吾事"[1] 的恶劣学风遭到猛烈抨击，"严夷夏之防"以"匡扶社稷"[2] 的呐喊南北并起，"天下兴亡，匹夫有责"[3] 成为时代最强音。清廷出自维护自身权益的需要，在武力征讨的同时，辅以文化高压政策，毫不含糊地遏制了这一思潮的发展。除野蛮的剃发易服之外，诸如顺治间的焚书，禁止士子结社，借科场舞弊和士绅拖欠国赋而动兴大狱，乃至康熙初年制造的惨绝人寰的庄氏史案，无一不是对经世思想的沉重打击。因此迄于康熙初叶，通过论究明清之际的史事来"引古筹今"[4] 已经成为不可能，借助阐发"夷夏之防"来宣扬反清思想更是非法。至于眼前的国计民生利

---

① 黄宗羲：《南雷文定》卷一，《留别海昌同学序》。
② 王夫之：《读通鉴论》卷五，《成帝》四。
③ 顾炎武：《日知录》卷十三，《正始》。原作："保天下者，匹夫之贱与有责焉。"后经梁启超概括为："天下兴亡，匹夫有责。"
④ 顾炎武：《亭林文集》卷四，《与人书八》。

弊，也无人再敢问津。

然而，对于清初诸儒倡经学以济理学之穷的努力，清廷则予以及时的肯定。作为封建王朝最高统治者的清圣祖，既接受儒臣关于"道学即在经学中"的主张，又明确昭示天下："帝王立政之要，必本经学"①，决意为正人心、厚风俗而"崇尚经学"②。于是清廷以御纂诸经日讲解义及众多图书官修的形式，与学术界的经学倡导合流，从而把知识界导向了对传统学术进行全面整理和总结的新阶段。

---

① 《清圣祖实录》卷一百一十三，康熙二十二年十二月乙卯条。
② 同上书卷二百五十八，康熙五十三年四月乙亥条。

四　务实学风的倡导者顾炎武

20世纪20年代，梁启超先生著《中国近代三百年学术史》，评顾炎武为"清学开山"①。稍后，钱穆先生讲授近三百年学术史于北京大学，亦成同名论著一部。书中，于梁先生之说则持异议，认为清代的考证学实发端于明中叶，非为顾亭林首创。他在引述江藩《汉学师承记》关于"国朝诸儒究六经奥旨，与两汉同风，梨洲、亭林二君实启之"的议论后，指出："黄顾并举，亦较单推亭林为允。"②我很赞成钱先生的意见，一代学术风尚的形成，绝非某个杰出人物凭一己的能力所可成就，它实为一时学术群体的共同劳作。在这方面，顾炎武、黄宗羲、王夫之、费密、阎若璩、毛奇龄、胡渭、颜元等众多的清初学者，于一代学术皆有创辟路径之功。不过，我总以为，诸家学术虽未可轩轾，但就为学风尚于当时及后世的影响而言，毕竟以顾炎武为大。因此，讨论清初学术，还是先从顾炎武讲起为宜。

（一）生平学行述略

顾炎武，原名绛，字忠清，明亡，改名炎武，字宁人，亦自署蒋山傭，学者称为亭林先生。江苏昆山人。生于明万历四十一年（1613年），卒于清康熙二十一年（1682年），终年70岁。他一生"身涉万

---

①　梁启超：《中国近三百年学术史》六，《清代经学之建设》。
②　钱穆：《中国近三百年学术史》第四章，《顾亭林》。

里，名满天下"[1]，以"行奇学博，负海内重望"[2]，于一代学术留下了久远的影响。

顾炎武出身于没落的官僚世家，自幼过继于孀居的叔母。嗣母知书达理，不仅以《大学》之道教其立身，而且还时常给他讲述明初刘基、方孝孺、于谦等人的报国业绩，在做人方面给他以启迪。嗣祖顾绍芾，留意史事，关心现实，时时告诫他："士当求实学，凡天文、地理、兵农、水火及一代典章之故，不可不熟究。"[3] 在嗣祖的朝夕课督之下，顾炎武攻读经史，究心兵家著述，逐渐确立学以经世的志向。

天启六年（1626 年），入县学为诸生，时年 14 岁。尔后，连年的科场角逐，耗去了他 13 年的宝贵时光。就在这 13 年间，时局发生了巨大的变化。自天启七年陕西白水县农民义旗一举，星星之火顿成燎原之势。与之同时，地处山海关外的后金政权，屡挫明军，雄踞辽沈。随之更于崇祯九年（1636 年）改金为清，与朱明王朝形同敌国。严峻的社会现实，把顾炎武从科场中震醒。崇祯十二年乡试落第后，他"感四国之多虞，耻经生之寡术"[4]，毅然挣脱了科举帖括之学的桎梏。从这一年起，他开始自历代史书、方志中，辑录有关农田、水利、矿产、交通及地理沿革等方面的材料，倾注全力于《天下郡国利病书》和《肇域志》的纂辑。他试图据以探寻国贫民弱的根源所在，从而揭开了一生为学的新篇章。

正当顾炎武在讲求实学的道路上辛勤探索之时，明清更迭的历史变迁把他驱赶出书斋。崇祯十七年四月，明亡的消息传到江南，顾炎武由苏州赶回昆山，把家疏散到常熟乡间。五月，南明弘光政权在南京建立。经原昆山知县杨永言举荐，授官兵部司务。为准备应弘光政权

---

① 归庄：《归庄集》卷五，《与顾宁人书》。
② 钮琇：《觚賸》卷六，《蒋山傭》。
③ 顾炎武：《亭林余集·三朝纪事阙文序》。
④ 顾炎武：《亭林文集》卷六，《天下郡国利病书序》。

征召，他撰成著名的"乙酉四论"，即《军制论》《形势论》《田功论》《钱法论》。从划江立国的实际出发，针对农田、钱法、军制诸方面的积弊，提出了一系列解救危难的应急措施。顺治二年（1645 年）五月，顾炎武取道镇江，前往南京赴任。未及到职，弘光政权已告覆灭。目睹清军的野蛮屠戮，他在苏州从军抗清。苏州兵败，昆山、常熟接连失守，顾炎武家破人亡，嗣母绝食身亡，二弟死于非命，生母虽幸免一死，但已成终生残废。

山河破碎，家难频仍。顾炎武寄心事于笔端，写下了许多充满爱国激情的诗篇。他以衔木填海的精卫自况，发出了"我愿平东海，身沉心不改"①的呐喊。在这以后的 5 年间，为了实践自己的誓言，他蓄发明志，一直潜踪息影，辗转于太湖沿岸，与各地抗清志士秘密往来。后为豪绅叶方恒加害，于顺治七年被迫剃发，十二年又以勾结海上抗清武装罪入狱。出狱后，他决意远离故土，到久已系念的中原大地去。

顺治十四年秋，45 岁的顾炎武将家产尽行变卖，只身北去。从此，开始了他以后 20 多年转徙不定的游历生涯。北游之初，他频繁往来于直、鲁、江、浙间。十八年，郑成功率部退往台湾，僻处西南一隅的南明永历政权灭亡。眼看复明大势已去，顾炎武断然拔足西走，决心"笃志经史"②，把自己的后半生贡献给著述事业。

自康熙元年（1662 年）起，顾炎武的游踪扩至河南、山西、陕西。这以后，他除陆续撰写大量的诗文杂著外，全部精力几乎都用于他一生最重要的代表作品《日知录》的写作上。然而顾炎武的著述道路却是很不平坦的。康熙二年，庄廷鑨明史案发，他的早年友好潘柽章、吴炎皆在冤狱中蒙难。噩耗传来，他万分悲痛，于是在山西汾州旅途遥为祭奠，以歌当哭，高唱："一代文章亡左马，千秋仁义在吴潘。"③同时，

---

① 顾炎武：《亭林诗集》卷一，《精卫》。
② 顾炎武：《亭林文集》卷四，《与人书二十五》。
③ 顾炎武：《亭林诗集》卷四，《汾州祭吴炎潘柽章二节士》。

他还以"书吴潘二子事"为题，撰文详记死难始末，表彰二人节操。顾炎武憎恶明末讲学之风，终身不登讲坛，也不轻易接收门徒。为了表示对潘柽章的纪念，他破例将柽章弟潘耒收为弟子。

明史案的余痛犹在，新的文字冤狱竟又从天而降。康熙五年，山东莱州人姜元衡告发黄培收藏"逆诗"，指控署名陈济生的《忠节录》为顾炎武搜辑刻印。七年二月，他因之在济南入狱。后幸有在翰林院供职的外甥徐元文斡旋，加以友人李因笃等的竭力营救，始于当年十月取保出狱。莱州诗狱了结后，他一如既往，以友人所赠二马二骡装驮书卷，攀山越岭，不辞辛劳，为著述事业而进行大量的、艰苦细致的实地考察。

晚年的顾炎武，行万里路，读万卷书，以其深湛的学术造诣而名著朝野。但是，清廷几度征聘，皆为他所断然拒绝。康熙十年，翰林院掌院学士熊赐履邀他预修《明史》，他告以："果有此举，不为介推之逃，则为屈原之死。"[1] 十七年，清廷诏举"博学鸿儒"，内外大吏皆欲以顾炎武列名荐牍。他郑重声明："人人可出，而炎武必不可出。""七十老翁何所求？正欠一死！若必相逼，则以身殉之矣。"[2] 为了表明决心，他选定陕西华阴为最后的客居地，从此不再进入北京。这时，顾炎武已年近古稀，老而无子，仅以养子衍生作伴。他的外甥徐乾学、秉义、元文兄弟早已贵显一时，屡次致书促其返乡养老，都被回绝。

康熙二十年八月，顾炎武旅居山西曲沃，不幸染疾。翌年正月初八，遂溘然长逝。

顾炎武一生，广泛涉足于经学、史学、方志舆地、音韵文字、金石考古以及诗文等学，在众多的学术领域，取得了卓越的成就。他著述繁富，"卷帙之积，几于等身"[3]。今可考见者，尚近50种之多。《日知录》

---

① 顾炎武：《蒋山傭残稿》卷二，《记与孝感熊先生语》。
② 顾炎武：《亭林文集》卷三，《与叶讱庵书》。
③ 王弘撰：《山志》卷三，《顾亭林》。

32 卷为其代表著述，一生为学所得，大都荟萃其中，在清代学术史上，是一部开风气的力作。《音学五书》38 卷，为他的另一代表作品。清代 260 余年间，音韵文字学之所以能够从经学的附庸而蔚为大国，本书具有不可磨灭的开创之功。《天下郡国利病书》《肇域志》，虽为早年所辑，且仅系长编，尚须作过细整理，然而对考论中国古代，尤其是有明一代的经济史，以及方志、舆地诸学，都极有价值。其他诗文杂著，诸如《顾亭林诗文集》《明季实录》《历代帝王宅京记》《营平二州史事》《金石文字记》《左传杜解补正》以及《菰中随笔》等，于探讨学术，知人论世，皆多可采择。

（二）社会政治思想

社会政治思想，这是顾炎武思想的核心。如何对其评价，正是把握顾氏思想实质的一个关键，也是全面评价这一历史人物的一个重要方面。

顾炎武所生活的明清之际，是中国封建社会晚期危机重重，剧烈动荡的时代。他的社会政治思想也随着历史的步伐而深化，打上了鲜明的时代印记。

明末封建社会的极度腐朽，是顾炎武迈入社会门槛时所面临的严峻现实。对此，他予以广泛深刻的注视。其集中的反映，便是他自 27 岁起所开始纂辑的《天下郡国利病书》。书中，顾炎武以大量社会历史资料的排比，对土地兼并、赋役不均的社会积弊进行了猛烈的鞭挞。根据他所辑录的史料，我们可以看到，有明一代作为土地兼并直接后果的军屯瓦解是何等严重，"举数十屯而兼并于豪右，比比皆是"[1]。而与之若形影相随的赋役不均、豪绅欺隐，更是有过之而无不及。素以重赋

---

[1]　顾炎武：《天下郡国利病书》卷九十一，福建一。

著称的江南，浙江嘉兴县，"一人而隐田千亩"，"其隐去田粮，不在此县，亦不在彼县，而置于无何之乡"①。江苏武进县，一豪绅"隐田六百余亩，洒派各户，己则阴食其糈，而令一县穷民代之总计"②。在东南沿海的福建，竟出现了"有田连阡陌，而户米不满斗石者；有贫无立锥，而户米至数十石者"③的景况。

顾炎武着意地去收集这些资料，从广阔的断面反映明末农村的真实面貌，揭露黑暗的现状，正是他早年经世致用思想的体现。及至明清更迭，顾炎武的这一思想业已成熟。他在顺治二年及稍后一段时间所写的《军制论》《形势论》《田功论》《钱法论》和《郡县论》等，都是探讨他要求改革社会积弊思想的极好材料。

在上述文论中，顾炎武不唯对土地兼并、赋役不均的社会问题痛下针砭，而且更试图对造成这些社会现象的历史根源进行探索。尽管他对问题的真谛没有能够予以准确的揭示，但是其锋芒所向，已经触及封建社会的上层建筑本身。在著名的《郡县论》中，他写道："封建之废，固自周衰之日，而不自于秦也。封建之废，非一日之故也，虽圣人起亦将变而为郡县。方今郡县之弊已极，而无圣人出焉，尚一一仍其故事。此民生之所以日贫，中国之所以日弱而益趋于乱也。"④在顾炎武看来，"郡县之弊已极"局面的形成，症结就在于"其专在上"。他说："封建之失，其专在下；郡县之失，其专在上。"皇权的高度集中，酿成各级地方官员"凛凛焉救过之不及，以得代为幸，而无肯为其民兴一日之利"。既然如此，顾炎武断言："民乌得而不穷，国乌得而不弱！"于是他直接地提出了变革郡县制度的要求，大声疾呼："率此不变，虽千百年而吾知其与乱同事，日甚一日矣。"⑤顾炎武亟求变革的思想，是

---

① 顾炎武：《天下郡国利病书》卷八十四，浙江二。
② 同上书卷二十三，江南十一。
③ 同上书卷九十二，福建二。
④ 顾炎武：《亭林文集》卷一，《郡县论》一。
⑤ 同上。

明清更迭的大动荡在意识形态领域的必然反映，其进步意义是显而易见的。我们不能因为历史的局限使他无法找到解决问题的途径，以致提出"寓封建之意于郡县之中"的主张，便贸然否定《郡县论》以及他要求进行社会变革的思想的历史价值。

50岁以后的顾炎武，"笃志经史"，不唯学问功力渐臻深厚，而且其经世致用的思想亦更趋成熟。我们探讨他这一时期思想的最好依据，莫过于他晚年所写就的《日知录》和大量文论书札。

《日知录》是顾炎武萃平生心力精心结撰的作品，用他的话来说，就叫作"平生之志与业皆在其中"①。顾炎武为什么要写《日知录》？对此，他在与友人的书札往复中，曾数次述及。他说："向者《日知录》之刻（指初刻八卷本——引者），谬承许可，比来学业稍进，亦多刊改。意在拨乱涤污，法古用夏，启多闻于来学，待一治于后王。"②在逝世前夕致另一友人的信中，他又写道："君子之为学，以明道也，以救世也。徒以诗文而已，所谓'雕虫篆刻'，亦何益哉！某自五十以后，笃志经史，其于音学深有所得，今为《五书》以续三百篇以来久绝之传。而别著《日知录》，上篇经术，中篇治道，下篇博闻，共三十余卷。有王者起，将以见诸行事，以跻斯世于治古之隆。"③显然，顾炎武之所以撰写《日知录》，其根本动机就在于"拨乱涤污"，"法古用夏"，"以跻斯世于治古之隆"。这种"明道救世"的思想，正是他先前经世致用思想的合乎逻辑的深化。

在《日知录》中，我们可以看到，迄于暮年，顾炎武经世致用思想日趋深化的明晰轨迹。他在这一时期，一如既往，留心时务，关注民生，不仅写出了《苏松二府田赋之重》一类优秀的学术札记，将早年对社会历史的研究引向深入，而且萌发了若干有价值的民主思想幼芽。这

---

① 顾炎武：《亭林文集》卷三，《与友人论门人书》。
② 同上书卷六，《与杨雪臣》。
③ 同上书卷四，《与人书二十五》。

首先就是对君权的怀疑。顾炎武将神圣不可侵犯的君权，大胆地列入了自己的论究对象。在《日知录》卷二十四"君"条中，他广泛征引载籍，以论证"君"并非封建帝王的专称。他指出，在古代君为"上下之通称"，不唯天子可称君，就是人臣、诸侯、卿大夫，乃至府主、家主、父、舅姑等皆可称君。这样的论证，简直近乎在嘲弄封建帝王了。而且，顾炎武并没有就此却步，他进而提出了反对"独治"，实行"众治"的主张。他认为："人君之于天下，不能以独治也。独治之而刑繁矣，众治之而刑措矣。"① 由此出发，顾炎武发出了"以天下之权寄之天下之人"的呼吁。他说："所谓天子者，执天下之大权者也。其执大权奈何？以天下之权寄之天下之人，而权乃归之天子。自公卿大夫，至于百里之宰，一命之官，莫不分天子之权以各治其事，而天子之权乃益尊。后世有不善治者出焉，尽天下一切之权而收之在上。而万几之广，固非一人之所能操也。"② 虽然时代的局限障蔽了顾炎武的视野，他没有，也不可能逾越封建的藩篱去否定君主专制，但是他对君权的大胆怀疑，进而提出"众治""以天下之权寄之天下之人"等主张，则是很宝贵的思想。

《日知录》中民主思想萌芽的另一个集中反映，就是富有探讨价值的社会风俗论。顾炎武在此处所说的"风俗"，并不是狭义的风土人情，而是要广泛得多的社会风气。他在书中用了几乎整整一卷的篇幅，详细地考察了历代社会风气的演变情况。面对明末以来社会风气的恶化，作为一个杰出的学者和思想家，顾炎武依据大量的历史事实论证："观哀、平之可以变而为东京，五代之可以变而为宋，则知天下无不可变之风俗。"③ 他憧憬着社会风气的淳厚和国治民安，为了实现这一理想，他主张进行"教化"，指出："目击世趋，方知治乱之关必在人心

---

① 顾炎武：《日知录》卷六，《爱百姓故刑罚中》。
② 同上书卷九，《守令》。
③ 同上书卷十三，《宋世风俗》。

风俗，而所以转移人心，整顿风俗，则教化纪纲为不可阙矣。百年必世养之而不足，一朝一夕败之而有余。"①在《日知录》卷十三"廉耻"条中，顾炎武引述宋人罗从彦（字仲素）的话说："教化者，朝廷之先务；廉耻者，士人之美节；风俗者，天下之大事。朝廷有教化，则士人有廉耻；士人有廉耻，则天下有风俗。"这就是说，为了确立良好的社会风气，知识界有着不可推卸的历史责任，它的廉耻与否正是一个关键，而解决问题的根本，则在于封建国家必须把文化教育作为治国先务。与之同时，顾炎武呼吁重视社会公正舆论的作用，他把这种舆论称为"清议"。他说："古之哲王所以正百辟者，既已制官刑儆于有位矣，而又为之立间师，设乡校，存清议于州里，以佐刑罚之穷。移之郊遂，载在礼经，殊厥井疆，称于毕命。两汉以来，犹循此制。乡举里选，必先考其生平，一玷清议，终身不齿。……降及魏晋，而九品中正之设，虽多失实，遗意未亡。凡被纠弹付清议者，即废弃终身，同之禁锢。"②通过对历史的深刻反思，顾炎武得出了这样的结论。"天下风俗最坏之地，清议尚存，犹足以维持一二。至于清议亡，而干戈至矣。"③

固然，国家的兴衰、社会的治乱，并不如同顾炎武所说，只是一个人心、风俗问题，但是在明清之际，当社会风气极度败坏的时候，致力于转移人心、救正风俗、倡导"清议"，无疑又是切合社会需要的。顾炎武看到了这一点，并以之作为追求目标，正是其作为一个进步思想家的卓越之处。

同早年相比，入清以后，尤其是到了晚年，顾炎武的经世致用思想还有一个突出的内容，即强烈的民族意识。这就是他在《日知录》中所反复阐述的"夷夏之防"。他说："君臣之分，所关者在一身，夷夏之防，所系者在天下。故夫子之于管仲，略其不死子纠之罪，而取其一匡

---

① 顾炎武：《亭林文集》卷四，《与人书九》。
② 顾炎武：《日知录》卷十三，《清议》。
③ 同上。

九合之功。盖权衡于大小之间，而以天下为心也。夫以君臣之分，而犹不敌夷夏之防，而《春秋》之志可知矣。"①"严夷夏之防"，这是儒家思想中的糟粕，我们没有理由去肯定它。但是应当看到，在清初民族压迫异常酷烈的情况下，顾炎武以之去反抗清廷的统治，这自有其立论的依据。而且在反抗清廷民族高压的斗争中，这一类主张也确实产生过积极的影响。强烈的民族意识，这并非顾炎武一人所特有，在清初其他进步思想家的思想中，也都程度不等地得到反映。这正是清初的特定历史环境给那个时代的理论思维留下的烙印。

顾炎武暮年经世致用思想的深化，还可从他这一时期所写的大量文论书札中看得很清楚。这些文论书札的一个共同特点在于，不仅如同先前一样，有对社会历史的深刻考察，而且更有对社会现实的强烈关注。

康熙初年，顾炎武把游踪扩至山陕之后，曾有《钱粮论》之作，论及赋税强征银两，"火耗"殊求的为虐病民。他痛斥"火耗"为虐是"穷民之根，匮财之源，启盗之门"，认为"生民之困，未有甚于此时者"。文中写道："今来关中，自鄠以西至于岐下，则岁甚登，谷甚多，而民且相率卖其妻子。至征粮之日，则村民毕出，谓之人市。问其长吏，则曰，一县之鬻于军营而请印者，岁近千人，其逃亡或自尽者，又不知凡几也。何以故？则有谷而无银也。"②针对这样的现实，顾炎武主张进行更革："度土地之宜，权岁入之数，酌转般之法，而通融乎其间。凡州县之不通商者，令尽纳本色，不得已，以其什之三征钱。"他认为只有这样做，才能取得"活民之实"③。当他客居山西汾州时，曾经对当地米价做过调查，在致友人李因笃的书札中，他写道："汾州米价，每石二两八钱，大同至五两外，人多相食。"④与之前后，他还致书其外

① 顾炎武：《日知录》卷七，《管仲不死子纠》。文中"夷夏之防"原作"华裔之防"，据黄侃《日知录校记》改。

② 顾炎武：《亭林文集》卷一，《钱粮论》上。

③ 同上。

④ 顾炎武：《蒋山傭残稿》卷一，《与李子德》。

甥徐元文，陈述了经历三藩之乱的"一方之隐忧"。他说："关辅荒凉，非复十年以前风景。而鸡肋蚕丛，尚烦戎略，飞刍輓粟，岂顾民生。至有六旬老妇，七岁孤儿，挈米八升，赴营千里。于是强者鹿铤，弱者雉经，阖门而聚哭投河，并村而张旗抗令。此一方之隐忧，而庙堂之上或未之深悉也。"① 就在逝世前夕的康熙二十年八月，他在病中仍念念不忘民生疾苦。十月，病势稍减，即致书朝中友人，提出"请举秦民之夏麦秋米及豆草，一切征其本色，贮之官仓，至来年青黄不接之时而卖之"的建议。他认为："救民水火，莫先于此。"②

顾炎武一生，始终以"国家治乱之源，生民根本之计"③为怀，早年奔走国事，中年图谋匡复，暮年独居北国，依旧念念不忘"东土饥荒""江南水旱"。直到逝世前夕，病魔缠身，仍然以"救民水火"为己任。他主张："天生豪杰，必有所任。……今日者，拯斯人于涂炭，为万世开太平，此吾辈之任也。仁以为己任，死而后已。"④ 这样的忧国忧民襟怀，固然有其特定的阶级内容，但是对一个地主阶级思想家和学者来说，实在是难能可贵的。面对明清更迭的现实，顾炎武从历史反思中得出结论："有亡国，有亡天下，亡国与亡天下奚辨？曰易姓改号谓之亡国；仁义充塞而至于率兽食人，人将相食，谓之亡天下。……是故知保天下，然后知保其国。保国者，其君其臣肉食者谋之；保天下者，匹夫之贱与有责焉耳矣。"⑤ 这样的亡国与亡天下之辨，尽管有其时代和阶级的局限，其中的封建正统意识和大民族主义观念，无疑应予以批判。但是，一个旧时代的学者和思想家，能如此地关注国家和民族的前途、命运，为之奔走呼号，则是应当历史地予以实事求是的评价。后世学者将他的这一思想归纳为"天下兴亡，匹夫有责"，成为我们中华

① 顾炎武：《亭林文集》卷六，《答徐甥公肃书》。
② 同上书卷三，《病起与蓟门当事书》。
③ 顾炎武：《亭林佚文辑补·与黄太冲书》。
④ 顾炎武：《亭林文集》卷三，《病起与蓟门当事书》。
⑤ 顾炎武：《日知录》卷十三，《正始》。

民族爱国主义传统的一个组成部分，是颇有道理的。

（三）经学思想

明末以来，王阳明心学乃至整个宋明理学的没落，客观地提出了建立新的学术形态的课题。所以，在明清之际日趋高涨的实学思潮中，不仅出现了出于王学而非难王学，或由王学返归朱学的现象，而且也出现了对整个宋明理学进行批判的趋势。顾炎武顺应这一历史趋势，在对宋明理学的批判中，建立起他的以经学济理学之穷的思想。

顾炎武对宋明理学的批判，是以总结明亡的历史教训为出发点的，因而其锋芒所向，首先便是王阳明心学。在他看来，明末的"神州荡覆，宗社丘墟"，正是王学空谈误国的结果。他说："刘石乱华，本于清谈之流祸，人人知之，孰知今日之清谈有甚于前代者。昔之清谈谈老庄，今之清谈谈孔孟，未得其精而已遗其粗，未究其本而先辞其末。不习六艺之文，不考百王之典，不综当代之务，举夫子论学、论政之大端一切不问，而曰一贯，曰无言。以明心见性之空言，代修己治人之实学，股肱惰而万事荒，爪牙亡而四国乱，神州荡覆，宗社丘墟。"[1] 固然，把明朝的灭亡归咎于王学，与历史实际相去甚远，但是顾炎武在这里对王学末流的鞭挞，以及他所阐述的"空谈误国"的道理，却又无疑是正确的。由于顾炎武对晚明心学的泛滥深恶痛绝，因此为了从根本上否定心学，他不仅从学术史的角度，对这一学说追根寻源，而且还把心学同魏晋清谈并提，认为其罪"深于桀纣"[2]。

既然心学之罪深于桀纣，"不学则借一贯之言以文其陋，无行则逃之性命之乡以使人不可诘"[3]，所以顾炎武进而着力地去剥下它的神圣

---

[1] 顾炎武：《日知录》卷七，《夫子之言性与天道》。
[2] 同上书卷十八，《朱子晚年定论》。
[3] 同上。

外衣，将其与禅学间的联系无情地揭剔出来。他指出心学是内释外儒之学，而"孔门未有专用心于内之说"。认为："古之圣人所以教人之说，其行在孝弟忠信，其职在洒扫、应对、进退，其文在《诗》《书》《礼》《易》《春秋》，其用之身在出处、去就、交际，其施之天下在政令、教化、刑罚。虽其和顺积中而英华发外，亦有体用之分，然并无用心于内之说。"[①] 在他看来："今之所谓内学，则又不在图谶之书，而移之释氏矣。"[②] 因此，顾炎武引明人唐伯元（字仁卿）的《答人书》所述为同调，重申："古有好学，不闻好心，心学二字，《六经》、孔孟所不道。"[③] 他尤其赞成宋末学者黄震对心学的指斥："近世喜言心学，舍全章本旨而独论人心、道心，甚者单摭道心二字，而直谓即心是道。盖陷于禅学而不自知，其去尧、舜、禹授受天下之本旨远矣。"[④] 这就说明，心学并非儒学正统，它不符合孔孟之论，实际上就是老庄之学，是禅学。既然如此，心学当然就在应予摒弃之列。

顾炎武否定了心学，那么以什么去取而代之呢？以程朱之学吗？不是的。在顾炎武看来，不唯心学是内向的禅学，而且以"性与天道"为论究对象的整个宋明理学，也不免流于禅释。他指出："窃叹夫百余年以来之为学者，往往言心言性，而茫乎不得其解也。命与仁，夫子之所罕言也；性与天道，子贡之所未得闻也。……今之君子则不然，聚宾客门人之学者数十百人，譬诸草木，区以别矣，而一皆与之言心言性。舍多学而识，以求一贯之方，置四海之困穷不言，而终日讲危微精一之说。是必其道之高于夫子，而其门弟子之贤于子贡，桃东鲁而直接二帝之心传者也，我弗敢知也。"[⑤] 这就是说，不顾国家安危，不讲出处、去就、辞受、取与之辨，而是津津乐道于"性与天道"，同样不是儒学

---

① 顾炎武：《日知录》卷十八，《内典》。
② 同上。
③ 同上书卷十八，《心学》。
④ 同上。
⑤ 顾炎武：《亭林文集》卷三，《与友人论学书》。

正统。顾炎武认为，这样的学说实际上已经堕入禅学泥淖。所以他说："樊迟问仁，子曰：'居处恭，执事敬，与人忠。'司马牛问仁，子曰：'仁者，其言也讱。'由是而充之，一日克己复礼有异道乎？今之君子，学未及乎樊迟、司马牛，而欲其说之高于颜曾二子，是以终日言性与天道，而不自知其堕于禅学也。"① 这当然不仅是对陆王心学的否定，同样也是对程朱理学的批评。在这种批评中，尽管没有明显的指责朱学的倾向，而且往往还是推扬程朱以排击陆王，但是透过表面之词，则可以看出，顾炎武所追求的学术，并不是以"性与天道"为论究对象的理学。

宇宙的本体是什么？程朱理学认为是理，陆王心学归结为心。程颐说："道则自然生万物。"② 朱熹说得更直截："未有天地之先，毕竟是先有此理。"③ 陆九渊主张："宇宙便是吾心，吾心即是宇宙。"④ 王守仁承袭陆九渊的观点，认为："心外无物，心外无事，心外无理，心外无义，心外无善。"⑤ 在这个问题上，顾炎武与程朱陆王皆异其旨趣，他站在张载一边，服膺气本论的主张。他说："张子《正蒙》有云，太虚不能无气，气不能不聚而为万物，万物不能不散而为太虚。循是出入，是皆不得已而然也。"⑥ 而且，顾炎武还引述明人邵宝《简端录》之说，以彰明自己对宇宙本原的见解。他写道："邵氏《简端录》曰，聚而有体谓之物，散而无形谓之变。唯物也，故散必于其所聚；唯变也，故聚不必于其所散。是故聚以气聚，散以气散。昧于散者，其说也佛；荒于聚者，其说也仙。"从而得出了他的"盈天地之间者气也"⑦ 的结论。

宋明数百年间，理学家把封建的仁义礼智、纲常伦理本体化为"天

① 顾炎武：《日知录》卷七，《夫子之言性与天道》。
② 程颐：《河南二程遗书》卷十五。
③ 朱熹：《朱子语类》卷一。
④ 陆九渊：《陆九渊集》卷二十二，《杂著·杂说》。
⑤ 王守仁：《阳明全书》卷四，《与王纯甫书二》。
⑥ 顾炎武：《日知录》卷一，《游魂为变》。
⑦ 同上。

理"，并据以提出"存天理，灭人欲"的教条，成为束缚人们思想的桎梏。顾炎武于此，虽未进行正面驳议，但他认为："自天下为家，各亲其亲，各子其子，而人之有私，固情之所不能免矣。故先王弗为之禁，非惟弗禁，且从而恤之，建国亲侯，胙土命氏，画井分田。合天下之私以成天下之公，此所以为王政也。"① 类似的主张，还见于他的《郡县论》。顾炎武认为："天下之人，各怀其家，各私其子，其常情也。"他说："天下之私，天子之公也"，"用天下之私以成一人之公，而天下治"。② 这里，顾炎武虽然是在为封建统治者说法，但是他能论证人的私情存在的合理性，甚至把它作为"天子之公"的前提，这显然是与理学传统背道而驰的。

格物穷理，这是程朱派理学家的不二法门。顾炎武也讲"格物致知"，然而他却在旧的躯壳之中，充实进新的时代内容。他说："以格物为多识于鸟兽草木之名，则末矣。知者无不知也，当务之为急。"③ 何谓"当务之急"？根据他的一贯主张，既不是"鸟兽草木"，也不是"性与天道"，而是"国家治乱之源，生民根本之计"，是"保天下者，匹夫之贱与有责焉"。这样的格物观表明，它既不同于王守仁的"致良知"，也不同于朱熹的"穷理"，顾炎武实已冲破理学藩篱，将视野扩展到广阔的社会现实中去了。

面临以什么学术形态去取代心学的抉择，顾炎武虽然没有去走向朱学复归的老路，但是，历史的局限，却又使他无法找到比理学更为高级的思维形式。于是他只好回到传统的儒家学说中去，选择了复兴经学的途径。

作为心性空谈的对立物，在晚明的学术界，已经出现了"通经学

---

① 顾炎武：《日知录》卷三，《言私其豵》，文末"天下之公"，"下"字疑误，合《郡县论》考之，似当作"子"字。
② 顾炎武：《亭林文集》卷一，《郡县论》五。
③ 顾炎武：《日知录》卷六，《致知》。

古"的经学倡导。此风由嘉靖、隆庆间学者归有光开其端，中经焦竑、陈第诸人畅其流，至崇祯间钱谦益、张溥、张采辈张大其说，"兴复古学"遂成日趋强劲的学术潮流。从而为顾炎武的复兴经学开启了先路。

顾炎武正是沿着明季先行者的足迹，去为复兴经学而努力的。在致友人施闰章的书札中，他鲜明地提出了"理学，经学也"的主张，指出："理学之名，自宋人始有之。古之所谓理学，经学也，非数十年不能通也。故曰，君子之于《春秋》，没身而已矣。今之所谓理学，禅学也。不取之《五经》，而但资之语录，较诸帖括之文而尤易也。又曰，《论语》，圣人之语录也。舍圣人之语录，而从事于后儒，此之谓不知本矣。"① 顾炎武把经学视为儒学正统，在他看来，不去钻研儒家经典，而沉溺于理学家的语录，就叫作学不知本。因此他呼吁"鄙俗学而求《六经》"，号召人们去"务本原之学"。② 如同钱谦益一样，顾炎武也主张"治经复汉"，他说："经学自有源流，自汉而六朝，而唐而宋，必一一考究，而后及于近儒之所著，然后可以知其异同离合之指。如论字者必本于《说文》，未有据隶楷而论古文者也。"③

顾炎武的这些主张，其立意甚为清楚，无非是要说明，古代理学的本来面目，其实就是朴实的经学，也就是尔后雍乾间学者全祖望所归纳的"经学即理学"④，只是后来让释道诸学渗入而禅学化了。所以，顾炎武认为应当张扬经学，在经学中去谈义理，这才叫"务本原之学"。于是乎心学也罢，理学也罢，统统作为"不知本"的"后儒"之学而被摒弃了。

在具体的经学研究中，顾炎武提出了"信古而阙疑"的治经原则。他说："《五经》得于秦火之余，其中故不能无错误，学者不幸而

---

①　顾炎武：《亭林文集》卷三，《与施愚山书》。
②　同上书卷四，《与周籀书书》。
③　同上书卷四，《与人书四》。
④　全祖望：《鲒埼亭集》卷十二，《亭林先生神道表》。

生乎二千余载之后，信古而阙疑，乃其分也。"① 根据这一原则，他的经学实践不盲从，不依傍，信其所当信，疑其所当疑，体现了为学的务实风格。譬如他的《周易》研究，既肯定程颐《易传》和朱熹《周易本义》，主张"复程朱之书以存《易》"，又强调"当各自为本"，不可"专用《本义》"，而于《程传》"弃去不读"②。同时，对宋明《易》说的比附穿凿，顾炎武则多所驳斥。他直斥陈抟、邵雍的《易》说为"方术之书"、"道家之易"，③ 是"强孔子之书以就己之说"④。对于聚讼纷纭的《尚书》，顾炎武判定"《泰誓》之文出于魏晋间人之伪撰"，他指出："今之《尚书》，其今文、古文皆有之三十三篇，固杂取伏生、安国之文，而二十五篇之出于梅赜，《舜典》二十八字之出于姚方兴，又合而一之。孟子曰，尽信书不如无书。于今日而益验之矣。"⑤ 诸经之中，顾炎武于《春秋》研究最深。他博稽载籍，除将其研究成果收入《日知录》之外，还专门写了一部《左传杜解补正》。按照经今古文学的分野，《左传》是古文家的路数，而《公羊传》则属今文，《榖梁传》虽其说不一，然亦多归之于今文经学之类。顾炎武治《春秋》，却破除今古文壁垒，博采三家之长，兼取后儒所得。他说："若经文大义，左氏不能尽得，而公、榖得之，公、榖不能尽得，而啖、赵及宋儒得之者，则别记之于书。"⑥ 对于宋明以来多所讥刺的唐人啖助的《春秋》研究，顾炎武独加称许。他不同意所谓啖助"不本所承，自用名学"，"谓后生诡辩为助所阶"之说，认为："啖助之于《春秋》，卓越三家，多有独得。"⑦ 所以，他的《春秋》研究深为后人重视，被评为"扫除门户，能

---

① 顾炎武：《日知录》卷二，《丰熙伪尚书》。

② 同上书卷一，《朱子周易本义》。

③ 同上书卷一，《孔子论易》。

④ 同上书卷一，《易逆数也》。

⑤ 同上书卷二，《古文尚书》。

⑥ 顾炎武：《左传杜解补正》卷首，《自序》。

⑦ 顾炎武：《日知录》卷二，《丰熙伪尚书》。

持是非之平"①。

宋明以来，理学家轻视训诂声音之学，古音学不绝如缕，若断若续。由于古音学的不讲，故而后世往往有率臆改经之病。顾炎武认为，治经学而不通音韵文字，则无以入门，于是他提出了"读九经自考文始，考文自知音始"②的经学方法论。由此出发，潜心于古音学研究，经过 30 余年的努力，终于写成《音学五书》这样一部中国音韵学史上继往开来的著作。顾炎武的古音学研究，尽管师承有自，从宋人吴棫、郑庠，尤其是明人陈第等的著述中，均获致不少有益启示。但是，由于他能实事求是地进行独立研究，因而在音学演变源流的审订，古韵部类的离析诸方面，皆能光大陈第之所得，是正吴棫之谬误，从而取得创获性的成果。南宋以来，于《诗经》随意叶读的积习，至此一一廓清。顾炎武亦以此书赢得一代音韵学开派宗师的地位。

顾炎武复兴经学的努力，"读九经自考文始，考文自知音始"的为学方法论的倡导，以及"治经复汉"的主张，登高一呼，回声四起，迅速激起共鸣。康熙初叶以后，治经"信古"而"求是"，遂成一时学术界共识。江苏吴江经学家朱鹤龄指出："经学之荒也，荒于执一先生之言而不求其是，苟求其是，必自信古始。"③常熟学者冯班也说："经学盛于汉，至宋而疾汉如仇。玄学盛于晋，至宋而诋为异端。注疏仅存，讹缺淆乱，今之学者，至不能举其首题。"④流寓扬州的四川新繁学者费密，则以表彰"古经定旨"为帜志，主张："学者必根源圣门，专守古经，从实志道。"⑤经过顾炎武与其他学者的共同倡导，清初学术在为学方法上，逐渐向博稽经史一路走去，形成有别于宋明理学的朴实考经证史的历史特征。

---

① 《四库全书总目》经部，《春秋》类四，《左传杜解补正》。
② 顾炎武：《亭林文集》卷四，《答李子德书》。
③ 朱鹤龄：《愚庵小集·毛诗稽古篇序》。
④ 冯班：《钝吟文稿·经典释文跋》。
⑤ 费密：《弘道书》卷上，《古经旨论》。

（四）文学思想

顾炎武是一个治学领域博大的学者，他虽耻为"文人"，一生也不轻易作诗，但是在文学上却很有造诣。尤其是他立足现实的文学思想，更多具探讨价值。只是这方面的心得，为他在经学、史学、音韵学等方面的成就所掩，以至于往往为论者所忽略。

顾炎武是从科举制度桎梏中挣脱出来的人。他在青少年时代，角逐科场，也曾经置身于文士之列，"注虫鱼，吟风月"①，"为雕虫篆刻之计"②。然而，身历明清更迭的社会大动荡，当他弃绝科举帖括之学后，便断然一改旧习，以"能文不为文人，能讲不为讲师"③自誓，力倡："君子之为学，以明道也，以救世也。徒以诗文而已，所谓雕虫篆刻，亦何益哉"④，树立了文以经世的文学观。

顾炎武的文学观，体现在他的文章写作上，便是"文须有益于天下"主张的提出。他说："文之不可绝于天地间者，曰明道也，纪政事也，察民隐也，乐道人之善也。若此者，有益于天下，有益于将来，多一篇，多一篇之益矣。若夫怪力乱神之事，无稽之言，剿袭之说，谀佞之文，若此者，有损于己，无益于人，多一篇，多一篇之损矣。"⑤这一主张，正是顾炎武经世致用思想在文学领域的集中反映，也是他中年以后从事文学活动的立足点。由此出发，顾炎武服膺唐代著名文学家白居易关于"文章合为时而著，歌诗合为事而作"的主张，把文章的写作视为一种救世的手段。他指出："救民以事，此达而在上位者之责也；救

---

① 顾炎武：《亭林佚文辑补·与黄太冲书》。
② 顾炎武：《亭林余集·与陆桴亭札》。
③ 顾炎武：《亭林文集》卷四，《与人书二十三》。
④ 同上书卷四，《与人书二十五》。
⑤ 顾炎武：《日知录》卷十九，《文须有益于天下》。

民以言,此亦穷而在下位者之责也。"① 因而顾炎武对自己的文章要求极高,"凡文之不关于《六经》之指、当世之务者,一切不为"②。

难能可贵的是,顾炎武既是如此说,也是如此去做的。在他留存的文集中,不惟"乙酉四论"以及《郡县论》《生员论》《钱粮论》等,都是切中时弊,早有定评的优秀篇章。而且诸如《吴同初行状》《书吴潘二子事》等叙事文章,乃至《病起与蓟门当事书》等短篇书札,也都从不同的角度,反映了历史的真实。他的这些文章,文字淳朴,不事雕琢,于知人论世大有裨益,完全可以作为史料来运用。读顾炎武的文集,我们还可以发现一个很有个性的特点。同当时的许多学者不一样,他极少去写那些为死者称颂功德的应酬文字。他曾经说过:"《宋史》言,刘忠肃每戒子弟曰:'士当以器识为先,一命为文人,无足观矣。'仆自一读此言,便绝应酬文字,所以养器识而不堕于文人也。"③ 陕西盩厔(今周至)学者李颙,是顾炎武北游以后结识的友人,他们一见如故,砥砺气节,同样以操志高洁名著于世。可是,就连李颙请顾炎武为其母写一篇祠记,也为他所婉言谢绝。后来,顾炎武在谈及此事时解释道:"中孚为其先妣求传再三,终已辞之。盖止为一人一家之事,而无关于经术政理之大,则不作也。"④ 在中国文学史上,韩愈是所谓"文起八代之衰"的卓然大家,但是顾炎武也因为韩愈做了"无关于经术政理"的应酬文章,而对之持保留态度。他说:"韩文公文起八代之衰,若但作《原道》《原毁》《争臣论》《平淮西碑》《张中丞传后序》诸篇,而一切铭状概为谢绝,则诚近代之泰山北斗矣。今犹未敢许也。"⑤

顾炎武不仅拒绝作应酬文章,而且针对长期以来文学中存在的拟古弊病,也进行了有力的抨击。他指出:"近代文章之病,全在摹仿,即

---

① 顾炎武:《日知录》卷十九,《直言》。
② 顾炎武:《亭林文集》卷四,《与人书三》。
③ 同上书卷四,《与人书十八》。
④ 同上。
⑤ 同上。

使逼肖古人，已非极诣，况遗其神理而得其皮毛者乎。"① 因此他断言："效《楚辞》者必不如《楚辞》，效《七发》者必不如《七发》。盖其意中先有一人在前，既恐失之，而其笔力复不能自遂。此寿陵余子学步邯郸之说也。"② 为了挽救毫无生气的拟古之风，顾炎武还从文学史的角度，通过梳理文学形式变迁的源流，论证拟古是没有出路的。他说："《三百篇》之不能不降而《楚辞》，《楚辞》之不能不降而汉魏，汉魏之不能不降而六朝，六朝之不能不降而唐也，势也。用一代之体，则必似一代之文，而后为合格。"③ 这就是说，每一个时代的文学，都有各自的风格，文学形式必然随着时代的演进而变迁。这样的文学主张，无疑是符合文学史发展实际的。有鉴于此，顾炎武把"文人求古"视为文学中的病态。他指出："今之不能为二汉，尤二汉之不能为《尚书》《左氏》。乃剿取《史》《汉》中文法以为古，甚者猎其一二字句用之于文，殊为不称。"④ 在与友人讨论诗文的一篇书札中，顾炎武对收信人的一味摹仿古人，作了尖锐的批评。他说："君诗之病在于有杜，君文之病在于有韩、欧。有此蹊径于胸中，便终身不脱依傍二字，断不能登峰造极。"⑤

顾炎武立足现实的文学观，反映在他的诗歌创作上，则是"诗主性情，不贵奇巧"⑥。同拒绝作应酬文章一样，顾炎武也不愿意去写那些无病呻吟的赋闲诗。他十分赞成葛洪在《抱朴子》中对诗的看法，即"古诗刺过失，故有益而贵；今诗纯虚誉，故有损而贱。"⑦ 因而对当时文化人中以诗歌标榜的习气，顾炎武至为鄙夷。他说："若每一作诗，辄相

---

① 顾炎武：《日知录》卷十九，《文人摹仿之病》。
② 同上。
③ 同上书卷二十一，《诗体代降》。
④ 同上书卷十九，《文人求古之病》。
⑤ 顾炎武：《亭林文集》卷四，《与人书十七》。
⑥ 顾炎武：《日知录》卷二十一，《古人用韵不过十字》。
⑦ 同上书卷二十一，《作诗之旨》。

推重，是昔人标榜之习，而大雅君子所弗为也。"① 对诗歌创作中的拟古之风，他也作了坚决的否定，指出："诗文之所以代变，有不得不变者，一代之文沿袭已久，不容人人皆道此语。今且千数百年矣，而犹取古人之陈言，一一而摹仿之，以是为诗可乎？故不似则失其所以为诗，似则失其所以为我。李、杜之诗，所以独高于唐人者，以其未尝不似而未尝似也。知此者，可与言诗也已矣。"②

由于顾炎武在诗歌创作上的现实主义精神，因而他在不同时期所写的诗，尽管激发诗人感情的客观环境各异，然而感时抚事，直抒胸臆，无一不是他真实性情的抒发。唯其真实，所以当明清易代之际，他所写的《感事》《京口即事》《千里》《秋山》等诗，既有对明末腐败政治的揭露，又有对抗清将帅的讴歌，还有对清军铁蹄蹂躏的控诉。沉雄悲壮，朴实感人。北游之后，迄于逝世，他"生无一锥土，常有四海心"③。在这一时期，他的诗歌创作，则多是眷恋故国、关怀民生心境的真实写照。苍劲沉郁，颇得杜甫遗风。在顾炎武的笔下，寄寓着对人民的深切同情。他的《夏日》诗写道："未省答天心，且望除民患。《黍苗》不作歌，《硕鼠》徒兴叹。"④ 他憧憬着"四海皆农桑，弦歌遍井间"⑤ 的太平盛世，表示："愿作劝农官，巡行比陈靖。畎浍遍中原，粒食诒百姓。"⑥

顾炎武的诗歌创作，始终牢牢地立足于社会现实。同他的文章一样，他的诗既可证史，同时也是其经世致用实学思想的反映。晚清，徐嘉为顾炎武诗作笺注，指出："其诗沉郁淡雅，副贰史乘"，"实为一代

---

① 顾炎武：《亭林文集》卷四，《答李子德书》。
② 顾炎武：《日知录》卷二十一，《诗体代降》。
③ 顾炎武：《亭林诗集》卷三，《秋雨》。
④ 同上书卷四，《夏日》。
⑤ 同上书卷五，《岁暮》。
⑥ 同上书卷二，《常熟县耿侯橘水利书》。

诗史，踵美少陵"①。这样的评价，还是比较中肯的。

（五）务实学风

17 世纪以来，在日趋高涨的经世思潮中，扭转空疏学风，是当时学术界所面临的一个迫切课题。在明亡前的三四十年间，经过学术界有识之士的共同努力，一时学风已开始向健实方向转化。顾炎武继起，以"博学于文""行己有耻"的为学主张和锲而不舍的学术实践，为转变明季空疏学风，开启清初实学先路，作出了积极贡献，使他成为清初务实学风的倡导者。

顾炎武学风的形成，经历了一个不断学习、努力实践、锲而不舍地长期探索的过程。其学风概言之，就是崇实致用。所谓崇实，就是摒弃"明心见性之空言"，代之以"修己治人之实学"，"鄙俗学而求《六经》"，"以务本原之学"。所谓致用，就是不唯学以修身，而且更要以之经世济民，探索"国家治乱之源，生民根本之计"。顾炎武以一生的学术实践表明，崇实不以致用为依归，难免流于迂阔；致用而不以崇实为根据，更会堕入空疏。用他的话来讲，这就叫作"博学于文""行己有耻"的"圣人之道"。

"博学于文""行己有耻"都是传统的儒家观点，是孔子在不同的场合答复门人问难时，所提出的为学为人主张，分别见于《论语·颜渊篇》和《子路篇》。然而，把这两个主张合而为一，则是顾炎武的创造，它从一个侧面反映了明清更迭的时代内容。针对王学末流"言心言性，舍多学而识，以求一贯之方，置四海之困穷不言，而终日讲危微精一之说"的空疏学风，顾炎武重申了"博学于文"的为学主张。他说："君子博学于文，自身而至于家国天下，制之为度数，发之为音容，莫

---

① 徐嘉：《顾亭林诗笺注》卷首，《序》，《凡例》。

非文也。"① 这里所说的文，绝不仅仅限于文字、文章之文，而是人文，是包含着广泛内容的社会知识。鉴于晚明士大夫的寡廉鲜耻，趋炎附势，当明清易代之时，"反颜事仇"②，顾炎武又把"博学于文"与"行己有耻"并提，以之为"圣人之道"来大力提倡。他说："愚所谓圣人之道如之何？曰'博学于文'，曰'行己有耻'。自一身以至于天下国家，皆学之事也；自子臣弟友以至出入、往来、辞受、取与之间，皆有耻之事也。耻之于人大矣！不耻恶衣恶食，而耻匹夫匹妇之不被其泽。故曰：'万物皆备于我，反身而诚。'呜呼！士而不先言耻，则为无本之人；非好古而多闻，则为空虚之学。以无本之人而讲空虚之学，吾见其日从事于圣人而去之弥远也。"③ 强调做讲求廉耻的有本之人，治好古多闻的务实之学，这就是顾炎武学风的出发点。

顾炎武一生为学，反对内向的主观学问，主张外向的务实学问。他说："自宋以下，一二贤智之徒，病汉人训诂之学，得其粗迹，务矫之以归于内，而'达道''达德''九经''三重'之事，置之不论。此真所谓'告子未尝知义'者也。"④ 又说："仁与礼，未有不学问而能明者也。"⑤ 顾炎武不唯主张读书，而且还提倡走出门户，到实践中去。他说："人之为学，不日进则日退。独学无友，则孤陋而难成；久处一方，则习染而不自觉。不幸而在穷僻之域，无车马之资，犹当博学审问，古人与稽，以求是非之所在，庶几可得十之五六。若既不出户，又不读书，则是面墙之士，虽子羔、原宪之贤，终无济于天下。"⑥ 崇尚实际，提倡外向的务实学问，成为顾炎武为学的一个突出特色。道光间，唐鉴著《清学案小识》，将顾炎武归入程朱理学的"翼道学案"，说："先生

---

① 顾炎武：《日知录》卷七，《博学于文》。
② 同上书卷十三，《降臣》。
③ 顾炎武：《亭林文集》卷三，《与友人论学书》。
④ 顾炎武：《日知录》卷七，《行吾敬故谓之内也》。
⑤ 同上书卷七，《求其放心》。
⑥ 顾炎武：《亭林文集》卷四，《与人书一》。

之为通儒，人人能言之，而不知先生之所以通，不在外而在内，不在制度典礼，而在学问思辨也。"①这样的论断，与顾炎武的为学风尚南辕而北辙，实在是强人就我的门户之见。事实上，顾炎武的崇实致用之学，断非汉学、宋学所可拘囿。同强他入汉学藩篱一样，把他强入宋学门墙也是不妥当的。

与崇尚实际，提倡外向的务实学问相一致，顾炎武的学术实践充满了求实的精神。以下，仅就他的史学方法论做一些探讨。

顾炎武认为，史籍的编纂，要能堪称信史而取信于后世，一个根本之点就在于征实去伪。他把"据事直书"视为"万世作史之准绳"，在《日知录》中论及明末《三朝要典》，于此有过集中阐述。他说："门户之人，其立言之指，各有所借，章奏之文，互有是非。作史者两收而并存之，则后之君子，如执镜以照物，无所逃其形矣。偏心之辈，谬加笔削，于此之党，则存其是者，去其非者；于彼之党，则存其非者，去其是者。于是言者之情隐，而单辞得以胜之。且如《要典》一书，其名未必尽非，而其意则有所为。继此之为书者犹是也。此国论之所以未平，而百世之下难乎其信史也。崇祯帝批讲官李明睿之疏曰：'纂修《实录》之法，惟在据事直书，则是非互见。'大哉王言，其万世作史之准绳乎！"②因此，顾炎武在治史过程中，极为重视史料的可靠性。即以他对于明史的研究而论，他就十分注意《实录》和《邸报》的史料价值。《日知录》曾大量地征引明历朝实录，与友朋论究史事曲直，也多以实录为据。作为明廷档案文献的《邸报》，顾炎武就更重视了。他长期究心明代史事，早年曾对万历四十八年（1620 年）至崇祯元年（1628 年）间的《邸报》，作过认真研究。因为《崇祯实录》的未及修纂，加以明清更迭所带来的若干避忌，顾炎武主张，撰写明末史事，尤其是崇祯

---

① 唐鉴：《国朝学案小识》卷三，《翼道学案》。
② 顾炎武：《日知录》卷十八，《三朝要典》。

朝的历史，"止可以《邸报》为本"①。对于《日知录》中所涉明季史事，他也表示："所谭兴革之故，须俟阅完《实录》，并崇祯《邸报》一看，然后古今之事，始大备而无憾也。"②

同强调史料的真实可靠性相一致，顾炎武高度评价了孔子治史的"多闻阙疑"精神。他说："孔子曰：'吾犹及史之阙文也。'史之阙文，圣人不敢益也。……子不云乎：'多闻阙疑，慎言其余。'岂特告子张乎？修《春秋》之法，亦不过此。"③由此出发，对明清之际改窜历史的恶劣行径，他严词予以斥责，指出："予尝亲见大臣之子，追改其父之疏草，而刻之以欺其人者。欲使盖棺之后，重为奋笔之文，诒遗议于后人，俵先见于前事。其为诬罔，甚于唐时。故志之于书，俾作史之君子，详察而严斥之也。"④因而他一再主张，撰修《明史》，应当"惟是章奏是非、同异之论，两造并存，而自外所闻，别用传疑之例"⑤。"一切存之，无轻删抹，而微其论断之辞，以待后人之自定。"⑥

顾炎武的务实学风，其落脚之点就是要经世致用。这正是他在致其弟子潘耒的书札中所说的"志"。他说："君子之为学也，非利己而已也。有明道淑人之心，有拨乱反正之事，知天下之势之何以流极而至于此，则思起而有以救之。……故先告之志，以立其本。"⑦顾炎武萃平生心力于《日知录》的结撰，只是为了"明学术，正人心，拨乱世以兴太平之事"⑧。之所以历时30余年，潜心研治古音学，其深层的目的乃在于"一道德而同风俗"⑨。他的究心经史，是因为在他看来，"孔子之删

①　顾炎武：《亭林文集》卷三，《与公肃甥书》。
②　顾炎武：《蒋山佣残稿》卷一，《答公肃甥》。
③　顾炎武：《日知录》卷四，《春秋阙疑之书》。
④　同上书卷十八，《密疏》。
⑤　顾炎武：《亭林文集》卷三，《与公肃甥书》。
⑥　同上书卷四，《与次耕书》。
⑦　顾炎武：《亭林余集·与潘次耕札》。
⑧　顾炎武：《亭林文集》卷二，《初刻日知录自序》。
⑨　顾炎武：《音学五书》卷首，《自序》。

述《六经》，即伊尹、太公救民于水火之心"，而儒家经典就是平实的史籍，无非"天下后世用以治人之书"①。他说："孟子曰'其文则史'。不独《春秋》也，虽六经皆然。今人以为圣人作书，必有惊世绝俗之见，此是以私心待圣人。"②能拨去罩在《六经》之上的"惊世绝俗"外衣，而还其以平实史籍的本来面目，这正是顾炎武作为一个杰出史学家的卓越之处。所以他的治经史之学，绝非远离世事，徒发思古之幽情。这恰如他所表述："夫史书之作，鉴往所以训今"③，"引古筹今，亦吾儒经世之用"④。

康熙三十四年（1695年），潘耒将《日知录》整理付刻，曾于卷首撰序写道："先生非一世之人，此书非一世之书也。魏司马朗复井田之议，至易代而后行，元虞集京东水利之策，至异世而见用。立言不为一时，录中固已言之矣。异日有整顿民物之责者，读是书而憬然觉悟，采用其说，见诸施行，于世道人心实非小补。如第以考据之精详，文辞之博辩，叹服而称述焉，则非先生所以著此书之意也。"⑤这是一段深得顾炎武实学思想实质的议论。至于乾隆间修《四库全书》，于潘说加以贬抑，认为："潘耒作是书序，乃盛称其经济，而以考据精详为末务，殆非笃论矣。"⑥实在是门户之见太深，大谬不然。事实上，考据之于顾炎武，无非治学的手段而已，目的还在于经世致用。《四库全书总目》本末倒置，舍其大而拾其小，无怪乎后世学者要讥之为"叶公之好龙""郑人之买椟"了⑦。

清朝260余年间，学风曾几经变化。其间尽管有汉宋学术的纷争，

---

① 顾炎武：《亭林文集》卷四，《与人书三》。
② 顾炎武：《日知录》卷三，《鲁颂商颂》。
③ 顾炎武：《亭林文集》卷六，《答徐甥公肃书》。
④ 同上书卷四，《与人书八》。
⑤ 潘耒：《遂初堂集》卷六，《日知录序》。
⑥ 《四库全书总目提要》卷一百一十九，《子部》二十九，《杂家类》三，《日知录》。
⑦ 朱一新：《无邪堂答问》卷五。

有经今古文学的颉颃，然而顾炎武务实学风的影响，却是始终有辙迹可寻的。清朝初年，是以顾炎武、黄宗羲、王夫之诸大师为代表的经世致用的健实学风。清初诸儒之学，以博大为其特色，一代学术门径，皆于此时奠定根基。然而就为学风尚的影响而言，还是当推顾炎武为最。王夫之的晚年，僻居穷乡，潜心编纂，其著述在他去世百余年后才得大行于世，这就极大地限制了他对清初学术界的影响。黄宗羲虽名重朝野，但其晚年也是局处故土，不敢渡江，这同样限制了他予当时学术界以更深刻的影响。顾炎武则不同。他自 45 岁起即弃家北游，迄于 70 岁逝世，一直辗转于中原大地。同现实生活的密切结合，使他的著述体现出强烈的时代感，《日知录》尚在结撰过程中，即"因友人多欲抄写，患不能给"①。其影响可见一斑。北游 20 余年间，与其交往者，除昔日南方学术界友好归庄、万寿祺、张弨、王锡阐等人外，还有名儒孙奇逢、傅山、李颙、朱彝尊、屈大均，以及阎若璩、张尔岐、吴任臣、李因笃、王弘撰、马骕，等等。与南北学者的广泛交游，不但加速了顾炎武学问的成熟过程，而且对他学风的传播，也是不无益处的。阎若璩虽号称"博极群书，睥睨一代"，而对顾炎武则依然有"读书种子"之称。在悼念黄宗羲的《南雷黄氏哀辞》中，阎若璩说："当发未燥时，即爱从海内读书者游。博而能精，上下五百年，纵横一万里，仅仅得三人焉：曰钱牧斋宗伯也，曰顾亭林处士也，及先生而三之。先生之亡，上距牧斋薨已三十有二年，即亭林殁亦且十四五年。盖至是而海内读书种子尽矣。"②如此肯定顾、黄二人在清初学术界的地位，无疑是实事求是的。

顾炎武暮年的经历，使他的学术风尚得以较黄、王二人要更深刻地影响于当世。他严谨健实的学风，经世致用的治学宗旨，朴实归纳的为学方法，诸多学术门径的开拓，以及对明季空疏学风斩钉截铁般的抨

---

① 顾炎武：《亭林文集》卷二，《初刻日知录自序》。
② 阎若璩：《潜丘札记》卷四，《南雷黄氏哀辞》。

击，与其傲岸的人格相辉映，同样使他对后世学风的影响要较黄、王二人深刻、广泛。而且清初政治局势的演变，也为此提供了客观的依据。康熙中叶以后，明末的空疏不学之风，经过清初诸儒的荡涤，已为历史的陈迹。健实的学风形成了，治学的门径辟启了，为学的方法开创了。与顾、黄、王同时而稍后的阎若璩、胡渭、毛奇龄等人，其为学汲汲于名物的考究，文字的训诂，典章制度的钩稽，依然走的是朴实的路子。可是，随着清廷封建文化专制的日益加剧，他们却也渐渐地把经世致用的思想撇开了。此时的学风，随着社会环境的变迁，已经在酝酿一个实质性的转变。雍乾两朝，封建文化专制尤为酷烈，文字冤狱遍于国中，社会的现实问题，成为知识界不得问津的禁地。清廷给他们提供的，就是埋头故纸、远离世事的唯一选择。乾嘉汉学家，无论是以汉《易》为家学的惠氏祖孙，还是继之以起的戴震、段玉裁、王念孙、王引之，他们皆继承了顾炎武"读九经自考文始，考文自知音始"的治经方法论，沿着他所开启的学术路径，做出了超迈前代的成就。然而，顾炎武为学的崇实致用之风，却为他们割裂为二，取其小而舍其大，把一时学风导向了纯考据的狭路。顾炎武经世致用的实学思想，至此烟消云散，继响无人，徒然留下了朴实考据的躯壳。是为清代学风之一变。

嘉道之世，汉学偏枯。为学问而学问，为考据而考据，烦琐饾饤，咕哦吟哔，实已濒临末路。在日益加剧的社会危机之中，文网无形松弛，今文经学若异军突起，代考据学而兴。庄存与、孔广森首倡于前，刘逢禄出为之一振，及至龚自珍、魏源而大盛。清代学风至此再变。同光两朝，《春秋》公羊学日渐深入朝野，康有为、梁启超等大张其帜，倡变法以图强，将其推向了高峰。在自清中叶崛起，直到戊戌变法失败而渐趋沉寂的清代今文经学盛衰史中，今文经学诸大师的为学风尚，虽然与顾炎武不尽相同，然而为学以经世这一精神却后先相承。正如身历其境的梁启超先生所论："最近数十年以经术而影响于政体，亦远绍炎武之精神。"① 清末，汉学于山穷水尽之中，得俞樾、孙诒让两大师坚守壁垒，居然又做出了值得称道的成就。尤其是章炳麟，重倡顾炎武经世致用之学，用以服务于反抗清廷的政治斗争，使炎武学风在晚清放出异样光彩。当然，如同顾炎武的思想和学风一样，章太炎先生的思想和学风也远非汉学所能拘囿。正当晚清学风再变之际，清廷的统治也在辛亥革命的硝烟之中寿终正寝了。

顾炎武的学风及其所体现的实学思想，同他的社会政治思想及经学、史学、文学等思想，皆有着明显的"法古"倾向。所以，他津津乐道其先祖遗训："著书不如钞书。凡今人之学，必不及古人，今人所见之书之博，必不及古人。"② 事实上，这与其说是顾炎武的家训，倒不如说就是他自己的主张。因为他一生的为学，从某种意义上说，也就是这种主张的实践。尽管这种主张是针对明末的空疏不学，有所为而发，自有其立论的依据，也有其补偏救弊的积极一面。然而，唯古唯是的倾向，却是不值得肯定的。后世乾嘉汉学的偏枯，也无论如何不能排除这一主张的消极影响。譬如，顾炎武著《音学五书》，试图"举今日之音而还之淳古"③，显然就是一种不切实际的泥古之见。乾隆初，古学复兴，惠栋著《易汉学》《九经古义》，唯汉是尊，唯古是信，无疑正是这种泥古倾向的膨胀。再如顾炎武晚年的"笃志经史"，固然是为了"引古筹今"，"鉴往所以训今"，与乾嘉学派的自考古始迄考古终大异其趣，然而也无可掩饰地含有保持晚节、全身远祸之意。乾嘉汉学家的远离世事，治经史以纾死，从顾炎武晚年的为学中，还是接受了消极影响的。

顾炎武的务实学风，尽管存在若干消极因素，有其明显的时代和阶级的局限性，但是其基本方面是值得肯定的，在整个清代是起了积极作

---

① 梁启超：《清代学术概论》，中华书局 1954 年版，第 22—23 页。
② 顾炎武：《亭林文集》卷二，《抄书自序》。
③ 顾炎武：《音学五书》卷首，《自序》。

用的。后世学者或是继承了他的为学方法，或是发扬了他的治学精神，沿着他所开辟的路径走去，不仅演成乾嘉学术的鼎盛局面，而且也取得了清代学术文化多方面的成果。作为一个开风气者，如同黄宗羲、王夫之诸大师一样，顾炎武的创辟之功是确然不拔的。

附录：关于《日知录集释》纂辑者的考察

清代道光间问世的《日知录集释》，是研究清初学者顾炎武所著《日知录》的一部集大成的著作。然而，关于该书的纂辑者，则执说不一，迄无定论。以下，拟就此做一些考察。

1. 问题的提出

《日知录集释》原署嘉定黄汝成辑。自本书行世，历咸同两朝，并无异议。光绪间，吴县藏书家朱记荣率先提出异说，断言《集释》并非黄汝成所辑，纂辑者应当是李兆洛[1]。宣统初，学者李详与之唱和，认为《集释》系李兆洛与吴育、毛岳生等人共撰，"借刻于黄氏"[2]。对朱、李二先生之说，尔后的《日知录》研究者虽多不以为然，但它毕竟以一家之言而存在于学术界，且未予以否定。尤其是迄今评介清代文献的一些有影响的论著，诸如张舜徽先生著《清人文集别录》、来新夏先生著《近三百年人物年谱知见录》等，都还给它留存一个席位。因此，把历史真相考察清楚，不仅有助于给《日知录集释》纂辑者所付出的艰辛劳作以公正的评价，而且也可以澄清历史文献研究中的一些错误认识。

实事求是地说，朱、李二先生之于历史文献学，都是曾经做出过贡献的人。对《日知录集释》的纂辑者，他们所提出的上述判断，也并非

---

① 朱记荣：《国朝未刊遗书志略跋》。
② 李详：《媿生丛录》卷二，《李申耆先生年谱》。

凭空杜撰。问题在于他们所据以做出判断的资料是否可靠，判断方法是否科学。关于资料来源问题，朱先生未予展开，而李先生在所著《媿生丛录》中，则陈述得很清楚。好在文字不算太长，为便于讨论，谨全文引述如后：

> 《李申耆先生年谱》三卷，附《小德录》一卷，排印本，阳湖弟子蒋彤编。中有二事，录以备考，是昔所未闻者。
>
> 一云："道光癸巳（十三年——引者）夏五月，始校刊顾氏《日知录》。先是嘉定钱大昕评释《日知录》百数十则，生甫（谱主友人毛岳生，字生甫——引者）录以示先生，乃谋推其义例，通为笺注，有资实学。嘉定黄潜夫汝成（原作诚，误——引者），肯任剞劂之费。既又得杨南屏（误，当作武屏——引者）诸家，皆尝用功于是书者，有可采录悉收之。山子（谱主友人兼姻亲吴育，字山子——引者）、生甫分司之，彤亦与校雠焉。"案今传《日知录集释》，题嘉定黄汝成名。
>
> 谱又云："十四年四月，刊《日知录》成。生甫又为《刊误》。"今黄氏《集释》亦附有《刊误》。是先生此书，与吴、毛诸君共撰，借刻于黄氏，此不可不知也。[①]

乍一看去，李详之说持之有据，言之成理，似乎《日知录集释》应为李兆洛主持纂辑，参预其事者为吴育、毛岳生、蒋彤，而黄汝成只不过提供了刻书经费而已。事实果真如此吗？不然。只要我们稍事搜寻，比照相关史料，即可看到，无论是蒋彤之所记，还是李详据以做出的判断，要用来否定黄汝成的纂辑地位，都是经受不住历史真实检验的。

2. 李兆洛与《日知录集释》

朱记荣、李详诸先生既然认定《日知录集释》的纂辑者为李兆洛，

---

① 李详：《媿生丛录》卷二，《李申耆先生年谱》。

那么我们就先来考察一下李兆洛与《日知录集释》的关系。

李兆洛，字绅琦，后更申耆，号养一，江苏阳湖（今常州市）人。生于乾隆三十四年（1769 年），卒于道光二十一年（1841 年），终年 73岁。早年从卢文弨问学于龙城书院，颇识考据门径。后受常州今文经学影响，超然汉宋门户，留意经世实学。他一生虽不以著述表见于世，但却以表彰先贤遗著，致力纂辑而著称。但是李兆洛之于《日知录》，似未做过专题研究。按其文集所载，凡由兆洛纂辑，或经他表彰的前哲著述，诸如《皇朝文典》《骈体文抄》及《邹道乡集》《瞿忠宣集》《绎志》《易论》，等等，他皆撰有序跋、题记一类文字，唯独就不见表彰《日知录》的记载。尤其不应忽视者，在其身后由他的弟子所辑 26 卷的《养一斋文集》及《续编》中，竟然没有一篇专门探讨顾炎武学行或《日知录》的文字。仅在《文集》卷四，《顾君墓志铭》（顾广圻 —— 引者）中，偶一提及"亭林先生罗列改书之弊"寥寥数字而已。这恐怕同《日知录集释》纂辑者的地位是不相称的。据查，李兆洛纂辑诸书，也并无《日知录集释》。相反，当他谈及《日知录集释》时，则明确无误地将自己排除在外，称其纂辑者为黄汝成。据云："潜夫（黄汝成之号 —— 引者）……所著书，惟成《日知录集释》三十二卷、《刊误》二卷、《袖海楼文稿》若干首。"①

还应当指出的是，在李、黄二人的生平友好中，凡论及《日知录集释》的纂辑，并无一人归诸李兆洛名下，众口一词，皆肯定为黄汝成之作。毛岳生为李、黄知交，据李兆洛称，他之所以了解黄汝成学行，便是由岳生首先介绍的。毛岳生所撰《黄潜夫墓志铭》，于死者著述情况有如下记录："潜夫著书，成者《日知录集释》《刊误》《古今岁朔实考校补》《文录》，凡四十四卷。未成者，《春秋外传正义》若干卷。"②

---

① 李兆洛：《养一斋文集续编》卷五，《黄潜夫家传》。
② 毛岳生：《休复居文集》卷五，《黄潜夫墓志铭》。

宋景昌是李兆洛的高足，以精于天文历算名世，黄汝成去世后，《古今岁朔实考校补》遗稿，便是经他审定刊行的。景昌在该书跋语中也说："潜夫笃志好古，博学明识如此。始潜夫既成《日知录集释》与此书，复欲撰《春秋外传正义》，未卒业遂殁。"① 在诸多例证中，最有说服力者，大概莫过于《李申耆先生年谱》的编者蒋彤之所记。蒋彤于黄汝成生前，曾经与之三次会晤。汝成去世后，他又为其文集撰序。序中述及《日知录集释》，谈得十分清楚："宝山毛先生数数为予言黄君潜夫之为人，……迨后，得观其所著顾氏《日知录集释》，叹其志古人之学而能先其大者。继得其《日知录刊误》及《续刊误》，尤服其大而能精，非徒闳博炫富而漫无黑白者。"②

事实上，蒋彤《李申耆先生年谱》所记校刊《日知录》一事，并不是指谱主主持纂辑《日知录集释》，而是应黄汝成之请，对汝成辑《日知录集释》稿进行审订。关于这一点，黄汝成的《显考损之府君行状》谈得很明白，他说："汝成素喜穷究顾氏《日知录》一书，后得钱少詹辛楣、沈鸿博果堂、杨大令简在三先生校本及顾氏原写本，条加注补，命就正于武进李申耆先生、毛君生甫。寻又得陈都宪宋斋先生校本，成《刊误》二卷。府君览之色喜。孰意校勘甫毕，而府君已弃养矣。"③ 这是黄汝成于道光十五年四月十七日，其嗣父故世不久撰写的文字。同样的记载，还见于他当年二月所成《日知录刊误序》。序中写道："曩为定本纂成《集释》，曾就正于武进李申耆、吴江吴山子、宝山毛生甫三先生。"④

至此，足见《日知录集释》的纂辑者并不是李兆洛，显然非黄汝成莫属了。

---

① 宋景昌：《古今岁朔实考校补跋》，载《袖海楼杂著》。
② 蒋彤：《丹棱文抄》卷二，《袖海楼文集序》。
③ 黄汝成：《袖海楼文录》卷五，《显考损之府君行状》。
④ 同上书卷二，《日知录刊误序》。

3. 黄汝成与《日知录集释》

较之于李兆洛的声望，黄汝成简直可以说是无法比拟。因为一个是名噪四方的文坛巨擘，一个则是闇然无闻的晚生后学。但是，《日知录集释》恰恰就出自这位勤奋的年轻人之手。

黄汝成，字庸玉，号潜夫，江苏嘉定（今属上海市）人。生于嘉庆四年（1799 年），卒于道光十七年（1837 年），得年不及 40 岁。他生在乾嘉著名考据大师钱大昕故里，其嗣父黄钟，即为大昕弟子。生父黄鉉，亦以善诗文而著称一方。汝成少承家学，又兄事大昕再传弟子毛岳生，颇得乡里前辈为学端绪。自十三四岁起，即已"熟习文史"，"博涉能文"。20 岁以后，成为县学廪膳生。后因久困场屋，不得入仕，遂肆力经史，博及天文历法、田赋河漕、职官选举、盐务钱法等，"综贯浩博，达于精邃"①。其所最为服膺者，则是顾炎武的《日知录》。正如他在给李兆洛的信中所述："自少至今，尤好顾氏《日知录》一书。"②

《日知录》之所以令黄汝成倾倒，并不在于文辞的博辩、考据的精详，乃是因为"其书于经术文史、渊微治忽，以及兵刑、赋税、田亩、职官、选举、钱币、盐铁、权量、河渠、漕运，与他事物繁赜者，皆具体要"③，是一部寄寓经世之志的"资治之书"。④ 因此，在毛岳生的辅导下，他长期致力于《日知录》研究。以阎若璩、沈彤、钱大昕、杨宁四家校本为主要依据，博采诸家疏说，对康熙三十四年潘耒刻本逐卷校释，终成《日知录集释》32 卷，于道光十四年五月刊行。书成之后，他又觅得《日知录》原写本，经与潘刻本详加比勘，辨其异同，正其疑似，共得 700 余条，成《日知录刊误》2 卷，于道光十五年二月刊行。之后，汝成再得嘉兴陆筠精校本，取与先前所纂《日知录集释》校雠，

---

① 李兆洛：《养一斋文集续编》卷五，《黄潜夫家传》。
② 黄汝成：《袖海楼文录》卷三，《答李先生申耆书》。
③ 同上。
④ 同上书卷二，《日知录集释序》。

成《日知录续刊误》2 卷，于道光十六年九月刊行。

黄汝成家素富厚，不唯刻书经费率由己出，而且还捐赀选授安徽泗州训导，只因其生母、嗣父相继去世，因而居丧在家，未能赴任。他秉性旷达，乐于周济友朋困乏，远近学者欣然结交。无奈身体过于肥胖，久为哮喘所苦，后竟因此而遽然去世，卒年仅 39 岁。他的生前友好至为悲恸，毛岳生、李兆洛、蒋彤、葛其仁等，纷纷撰文纪念。其生父哀其赍志而殁，遂委托毛岳生主持，对其遗文杂著加以收集整理，题为《袖海楼杂著》，于道光十八年九月结集刊行。其中包括《袖海楼文录》6 卷、《古今岁实考校补》1 卷、《古今朔实考校补》1 卷、《日知录刊误合刻》4 卷。汝成生前，在完成《日知录集释》并《刊误》之后，原拟续纂《春秋外传正义》，终因猝然病殁而成未竟之业，仅于《袖海楼文录》中留下数篇札记而已。

作为《日知录集释》的纂辑者，黄汝成于《袖海楼文录》中不仅再三重申对该书的纂辑地位，而且多载与友朋讨论《日知录》及顾炎武学行的文字，诸如《与吴淳伯书》《答李先生申耆书》《与毛生翁书》等。正是在与李兆洛的书札往复中，保存了兆洛对《日知录集释》的倾心推许："评骘考核，删削繁颣，使此书得成巨观，有益世道人心，真学者之幸也。"① 黄汝成学风笃实，凡四方友朋在《日知录集释》成书过程中所给予的帮助，诸如亲朋故旧的提供庋藏资料，李兆洛、吴育、毛岳生对书稿的审订，毛岳生对《刊误》《续刊误》的校核，同邑友好王浩自始至终的"勤佐探索"②，等等，感铭不忘，屡见表彰。所有这些记载，确然有据，诚笃可信，显然非剽窃作伪者之所能为。当初，倘若朱记荣、李详诸先生能不失之交臂，将《袖海楼文录》检阅一过，恐怕就不会仅据《李申耆先生年谱》中的含糊孤证而致误。

---

① 黄汝成：《袖海楼文录》卷三，《答李先生申耆书》。
② 同上书卷二，《日知录刊误序》。

综上所考，我们可以得到如下几点认识：

第一，《日知录集释》的纂辑者本来就是黄汝成，并不是李兆洛，李兆洛之于《日知录集释》，仅有"校雠之劳"[①]，而无纂辑之功。

第二，《李申耆先生年谱》所述校刊《日知录》一事，只是《日知录集释》纂辑过程中的一个局部阶段，远非全过程的实录。因此，李详诸先生据此不完整的孤证而否定黄汝成的纂辑地位，显然是不能成立的。

第三，对历史文献的研究，应当详尽地占有材料，进行实事求是的科学论证，信其所当信，疑其所当疑。

---

① 蒋彤：《丹稜文抄》卷三，《养一子述》。

五　王夫之的博大学术体系

在清初诸大师中，王夫之最为阒然不彰。他生当明清鼎革，入清以后，隐居不出，潜心著述，罕为世人所知。一时名流著作偶尔涉及者，仅见于钱澄之《田间诗集》、陆陇其《三鱼堂日记》等寥寥数例。康熙三十一年（1692 年），寓居江南的大兴（今北京）学者刘献廷漫游两湖，闻王夫之学行，始杂记为文，加以表彰。刘文指出："其学无所不窥，于六经皆有发明。洞庭之南，天地元气，圣贤学脉，仅此一线耳。"[①] 但由于仅凭传闻，所以当年正月王夫之已经故世，该文却称尚健在，年已 80，且把夫之仲兄参之误记为夫之弟。尔后，湖广学政潘宗洛虽撰为《船山先生传》再事表彰，同样因为未能把握王夫之学术要领，所以只是赞之为"我朝之贞士"[②] 而已。乾隆间，官修《四库全书》，一则因王夫之著述多未刊行，再则书局中人为一时考据学风所蔽，所以著录的王夫之著述，只是几部诂释经籍的作品。而且《四库总目》竟把他的籍贯误作"汉阳"[③]。直到道光中，王夫之遗著始辑为《船山遗书》初次刊行。同光两朝，续经增补重刊。后又得著名学者章炳麟、谭嗣同、梁启超等人广为宣传，王夫之学术日渐引起学术界重视。晚近以来，考论清代学术史者，遂将他与顾炎武、黄宗羲并提，而有清初三大师之称。

---

① 刘献廷：《广阳杂记》卷二。
② 潘宗洛：《船山先生传》，载《船山遗书》。
③ 《四库全书总目提要》卷六，《周易稗疏提要》。

（一）坎坷的一生

王夫之，字而农，号姜斋，因他晚年僻居湘西石船山，故学者又称船山先生。湖南衡阳人。生于明万历四十七年（1619 年），清康熙三十一年（1692 年）病逝，享年 74 岁。他一生刻苦力学，勤于著述，在众多的学术领域中取得了繁富的成就。

王夫之出身于一个业已败落的地主家庭。早年随父在家攻举子业，崇祯十五年（1642 年）举乡试。明亡，在清军铁骑扫荡江南的同时，两湖地区出现了农民军联明抗清的局面。顺治三年（1646 年）八月，南明隆武政权覆亡。十月，永历政权在广东肇庆继起。清军移师湖广，步步进逼。五年十月，王夫之在衡山举兵抗清。兵败，南下投奔永历政权。当时，一则永历政权党争正炽，一片混乱，再则各地以起义抗清为名谋求授官者比比皆是，他大失所望，遂谢绝出任翰林院庶吉士的推荐，潜回湖南。而此时的湖南，混乱亦如广东，驻扎于湘潭、衡阳间的南明军，"各恣焚杀，尸横五百里"①。王夫之虽避迹乡间，亦未能免遭抢劫。于是他被迫于顺治六年夏再度南下。七年三月，在广西梧州就任行人司行人。上任伊始，一个严峻的抉择置于眼前，究竟是依附奸党，苟且偷安，还是伸张正义，力挽颓局。王夫之毅然选择了后一条道路。他既非重臣，又非言官，本不可上疏言事，但他竟两度越权上疏。先是疏请应允大学士严起恒辞官，以免遭奸党陷害，继之则直斥奸党巨魁王化澄祸国罪行。后因此而险遭杀身之祸，幸得农民军领袖高一功搭救，得假谢病还乡。

顺治九年三月，大西军将领李定国东征湘桂。清定南王孔有德在桂林兵败自焚，敬谨亲王尼堪毙命衡州，湖南抗清局势出现转机。李定国攻取衡州后，曾派专人邀请王夫之出山。面对这一邀请，王夫之进退维

① 王夫之：《永历实录》卷九，《马进忠传》。

谷。一方面故乡确实藏身艰难，早生远走之想，另一方面李定国身后却又有挟持永历帝的悍帅孙可望，岂可忍辱受命？经过一番痛苦权衡，他终未接受出山之请，决意"退伏幽栖，俟曙而鸣"①。十年二月，李定国不堪孙可望掣肘，退离湖南。清军卷土重来，王夫之被迫在湘南零陵、郴州、耒阳、常宁一带四处转徙。然而正是在这苦难的岁月里，他用著述来总结明亡的历史教训，营建自己博大的学术体系，揭开了人生途程的新篇章。

顺治十二年春，王夫之着手撰写《周易外传》，借疏解《周易》来阐发自己的哲学思想。同年八月，《老子衍》初稿完成。这是一部衍释《老子》的哲学著作，对其辩证思维方法论进行了成功的批判和发挥。翌年三月，他的重要政论《黄书》脱稿。在这部书中，王夫之深刻地揭露了明末的社会积弊，提出了"惩墨吏，纾富民""移风振俗"②等改革主张。

顺治十四年，随着永历政权的退往云南，战场西移，一度兵荒马乱的湖南渐趋平定。于是王夫之结束在湘南的流亡，回到阔别多年的故里。由于有了一个相对安定的环境，在尔后的 10 余年间，王夫之完成了一系列重要论著。诸如《尚书引义》《读四书大全说》《春秋左氏传博议》《永历实录》《箨史》等，或系统阐发朴素辩证思想，或揭破宋明理学与佛学的理论渊源，或再现永历政权 15 年间的兴亡，皆成为他一生的代表作品。

正当王夫之谢绝世事，奋力著述的时候，一场巨大的历史变故把他推到了人生的歧路口。康熙十二年（1673 年），清平西王吴三桂封建割据势力恶性膨胀，于当年十一月在云南倡乱。一个月后，吴军横扫贵州，直驱湖南。十三年春，湖南全境皆落入吴三桂手。为笼络人心，吴

---

① 王夫之：《姜斋文集》卷八，《章灵赋》自注。
② 王夫之：《黄书·大正第六》。

军于所到之处，蓄发易衣冠，延聘明遗民。蕴藏在王夫之心灵深处的复明幻梦，同突如其来的时局变迁发生共振，他再次陷入歧路彷徨之中。经过三年多的实际观察和痛苦思索，康熙十六年，随着清、吴双方军事力量对比的变化，王夫之终于做出了最后的选择，即继续归隐，著述终老。正如他当年的《遣怀诗》所抒发："渔艇可容人钓雪，故乡还似客登楼。……天地龙蛇消一泪，河山乌鹊且孤翔。……匣有宝刀随老病，无劳堇土淬龙渊。"① 从这一年起，王夫之以"顽石"自况，屏居于石船山下湘西草堂中，重新展卷，潜心于《庄子》思想的研究。

康熙十七年闰三月，吴三桂穷途末路，在衡阳仓皇称帝。这一丑剧出台前，吴氏一幕客曾敦请王夫之撰写《劝进表》。对这样的绝望蠢举，他嗤之以鼻，断然拒绝道："某本亡国遗臣，扶倾无力，抱憾天壤。国破以来，苟且食息，偷活人间，不祥极矣。今汝亦安用此不祥之人为？"② 为了避免吴三桂的纠缠，他遁入深山，特地写了一篇《被襭赋》以吐胸臆。赋中写道："意不属兮情不生，予踌躇兮，倚空山而萧清。阒山中兮无人，蹇谁将兮望春。"③

晚年的王夫之，深居简出，专意著述，写下了数十种极具学术价值的作品。其中，诸如《思问录内外篇》《张子正蒙注》《庄子通》《噩梦》《读通鉴论》《宋论》等，无一不是展示他关于哲学、政治、史学等方面湛深思考的不朽之作。逝世前夕，王夫之自题墓石："抱刘越石之孤愤，而命无从致；希张横渠之正学，而力不能企。"④ 以东晋名将刘琨自励赍志而殁，以北宋学者张载为宗献身学术，这既是王夫之对毕生经历的总结，也是为当时及后世所能认同的盖棺定论。

---

① 王夫之：《姜斋诗集》六十自定稿，《遣怀》。
② 潘宗洛：《船山先生传》。
③ 王夫之：《姜斋文集》卷八，《被襭赋》。
④ 王夫之：《姜斋文集补遗·自题墓石》。

（二）对传统学术的批判继承

在清初诸儒中，王夫之学术体系缜密，最为博大。于经学，有诸经疏解，考异，多达 23 种，166 卷；于史学，既有著名的《读通鉴论》《宋论》，还有据事直书，堪称信史的《永历实录》《莲峰志》《箨史》；于哲学，有他的代表著述《张子正蒙注》《思问录内外篇》等 14 种，54卷；于文学，则有诗文杂著、《楚辞通释》及历代诗选等 30 种，72 卷。已故著名思想史家嵇文甫先生，把王夫之博大的学术体系比喻为"一座宝贵的矿藏"①，确实是恰如其分的。

王夫之博大学术体系的形成，是他对中国传统学术进行批判继承的结果。王夫之为学之始，以父兄为师，受乡先辈学风影响甚深。他的父亲王朝聘，早年从学于同里大儒伍定相。伍氏之学，"究极天性物理，斟酌古今"，凡"天人、理数、财赋、兵戎，罔不贯洽"②。潜移默化，通过王朝聘而影响王夫之，自是不言而喻。道光间，湖南学者邓显鹤论伍氏之学，认为："船山之学所由本也"③，不是没有道理的。王夫之从他父亲处接受的学术影响，除伍氏之学外，尚有阳明后学。江西王门健将邹德浦，与王朝聘有过师生之谊，王夫之对邹氏"以真知实践为学"的风尚，一直取肯定态度④。此外，影响青年时代王夫之学风的，还有东林后学高世泰。高氏于崇祯末任湖南学政，王夫之崇祯十五年考中举人，即出自高氏门下。他对此终身不忘，不仅尊高氏为"吾师"⑤，而且评东林学派为"当新学邪说横行之日"，挺而"卫道"的"砥柱狂澜"⑥。然而，无论是使"阳明之道赖以不坠"⑦的江西邹氏之学，还是主张调停

---

① 嵇文甫：《王船山学术论丛》卷首，《序言》。
② 王夫之：《姜斋文集》卷二，《显考武夷府君行状》。
③ 同上。
④ 邓显鹤：《沅湘耆旧传·伍先生定相》。
⑤ 王夫之：《莲峰志·名游门》。
⑥ 王夫之：《俟解》。
⑦ 黄宗羲：《明儒学案》卷十六，《江右王门学案》。

朱、王的东林学派，都未能束缚王夫之。在激烈动荡的社会现实的洗礼中，他以"学非有碍于思，而学愈博则思愈远；思正有功于学，而思之困则学必勤"①为出发点，通过对传统学术的批判继承，终于冲决了朱、王学术的网罗，找到了他的归宿。

王充的《论衡》，是中国古代思想史上的一部伟著。在这部富有批判精神的作品中，王充以"疾虚妄"的不妥协态度，全面批判了董仲舒的"天人感应"谬说。王夫之继承了这种批判精神，并使之成为他清理宋明学术以及传统儒学的思想武器。一如前述，王夫之直斥王学为"新学邪说"，采取的是否定态度。他甚至还偏激地把宋明两朝的灭亡归咎于陆九渊、王阳明之学，认为："人心之坏，世道之否，莫不由之。"②又说："王氏之学，一传而为王畿，再传而为李贽。无忌惮之教立，而廉耻丧、盗贼兴，皆惟怠于明伦察物而求逸获，故君父可以不恤，名义可以不顾。陆子静出而宋亡，其流祸一也。"③王夫之虽然否定了王学，但是他并没有步东林旧辙，走由王返朱的老路。通过对宋明学术的清理，王夫之认为朱熹所倡导的"格物穷理"，只能称得上"贤者之学"；二程之学，"自得后却落入空旷去，一传而后，遂有淫于佛老者"④。因此他不把程朱之学作为自己的宗尚。在王夫之看来，唯有张载之学"以博文之功，在能立之后"，最为雅正，无愧"作圣之功"⑤。于是他表彰张载学说，试图据以创辟一条学术新路。

在宋明理学史上，张载的《正蒙》，是理学形成时期一部独树一帜的重要著述。由于书中以"唯气论"与二程唱为别调，所以素不为正统派理学家所喜。王夫之则一反传统偏见，撰为《张子正蒙注》一书，对《正蒙》悉心注解，阐发精义，从宇宙观到方法论，凡张载与程朱两歧

---

① 王夫之：《四书训义》卷六。
② 王夫之：《礼记章句》卷三十一。
③ 王夫之：《张子正蒙注》卷九。
④ 王夫之：《读四书大全说》卷十。
⑤ 同上。

之处，皆为他一一揭出。在该书序论中，王夫之指出："张子之学，上承孔孟之志，下救来兹之失，如皎日丽天，无幽不烛。圣人复起，未有能易焉者也。"他甚至把张载与孟子并称，认为："孟子之功，不在禹下。张子之功，又岂非疏浚水之歧流，引万派而归墟，使斯人去昏涂而履平康之坦道哉！"① 至于他逝世前夕的自题墓石"希张横渠之正学，而力不能企"，就更明确地表示了自己一生的学术宗尚。当然，倘若王夫之对张载学说只是简单地引为宗师，那么势必失去其学术个性。十分可贵的是，他以自己毕生的学术实践，将张载的思想加以完善和发展，形成了以完整的元气本体论、"变化日新"的辩证思维和"理势合一"的历史观为核心的哲学体系。在这一博大的思想体系中，为王夫之所提出的"实有"② 范畴，大大地丰富了张载的"唯气论"，把中国古代思想家进步的宇宙观推向一个新的层次，从而成为中国近代实证科学的先导。为他所运用的"变化日新"③ 的辩证思维，则纠正了张载关于物质运动形式的形而上学，对晚清勃兴的近代思维同样起了不可忽视的启蒙作用。王夫之对于"在势之必然处见理"④ 的历史观的阐述，厚今博古，立足现实，既是对宋明数百年理学家向往的"三代之治"的否定，同时又以其对历史发展趋势的理论探索，为中国古代史学的发展作出了意义深远的贡献。正如著名的哲学史家任继愈先生所论，王夫之"发展了古代朴素唯物主义，并把它提高到新的水平。……经过'推故而别致其新'，显得更加绚丽多彩了"。⑤

作为一个杰出的思想家，王夫之的卓越之处，不仅在于他能吸取王充、张载等人的思想精华，并加以完善和发展，而且还因为他善于博采众长，包括对中国古代思想史上的所谓佛老异说的批判继承，从而去丰

---

① 王夫之：《张子正蒙注》卷首，《序论》。
② 王夫之：《尚书引义》卷三，《说命》上。
③ 王夫之：《张子正蒙注》卷一。
④ 王夫之：《读四书大全说》卷九。
⑤ 任继愈：《中国哲学史》第七篇第四章。

富自己的辩证思维。儒学之与佛老学说，在中国古代思想史上各有源流，自成体系，本无所谓正统、异端之分。但自西汉初罢黜百家、独尊儒术以后，由于历代封建统治者的提倡，儒学俨若正统，与之同样源远流长的道家、道教思想和传自印度而中国化的佛学，则渐成异端。宋明数百年间，理学家无不辟佛斥老。这样的传统偏见，根深蒂固，迄于清初，丝毫未改。由于历史的局限，如同张载一样，王夫之也以"辟佛老而正人心"为己任。然而他的具体做法则与张载有别。对佛老思想，王夫之不是采取简单的否定态度，而是入室操戈，"入其垒，袭其辎，暴其恃而见其瑕"①。所以他不仅独能潜心于佛家法相宗的研究，撰为《相宗络索》一书，而且还对老庄思想推演发明，化腐朽为神奇而融作己有，分别写成《老子衍》《庄子解》《庄子通》。唯其如此，王夫之吸取佛学关于"能"（主观）与"所"（客观）的认识范畴，提出了"能必副其所"②的正确命题，从而丰富了自己的认识论。也唯其如此，他在政治思想上抨击申韩的刻核暴戾，于老庄思想则有所节取。他认为"老庄之贱名法"，虽与孔孟之道有别，但无疑"愈于申韩远矣"③。王夫之一生光明磊落，大节不亏，始终不随俗沉浮，同样是与他对庄子"参万岁而成一纯"思想的积极变通分不开的。他曾就此指出："我生乎今日而将何如？岂在彼在此，遂可沉与俱沉，浮与俱浮耶？参之而成纯之一审矣。"④

同顾炎武、黄宗羲诸大师一样，王夫之的为学，其立足点也是要经世致用。他曾经说过："所贵乎史者，述往以为来者师也。为史者记载徒繁，而经世之大略不著，后人欲得其得失之枢机以效法无由也，则恶用史为？"⑤其实，这不仅是他的史学目的论，也是他全部为学的根本风格。王夫之博大学术体系的形成，正是这种把传统同现实相结合风

---

① 王夫之：《老子衍》卷首，《序》。
② 王夫之：《尚书引义》卷五，《召诰·无逸》。
③ 王夫之：《姜斋文集》卷一，《老庄申韩论》。
④ 王夫之：《俟解》。
⑤ 王夫之：《读通鉴论》卷六，《光武》十。

格的体现。如果说王夫之表彰王充、张载思想，是对传统成功的批判继承，那么他对同时学者方以智学风的赞许，则是将传统与现实相结合的向前看，其意义显然非继承本身所能比拟。方以智（1611—1671），字密之，号曼公，明亡，遁入空门，改字无可，号药地，一号墨历。安徽桐城人。方以智早年受西学影响，究心自然科学，并把它同中国传统的考据学相结合，撰成著名的《通雅》和《物理小识》。在《通雅》中，方以智指出："考究之门虽卑，然非比性命可自悟，常理可守经而已。必博学积久，待征乃决。"① 王夫之敏锐地看到"博学积久，待征乃决"学风的可贵，于是他对方以智父子讲求自然科学的务实风尚加以充分肯定。他说："密翁与其公子为质测之学，诚学思兼致之实功。盖格物者，即物以穷理，惟质测为得之。若邵康节、蔡西山，则立一理以穷物，非格物也。"② 这样的评价，不仅是对方以智学风的表彰，而且也是从方法论上对宋明理学的大胆否定。它与顾炎武以经学济理学之穷的倡导、李颙融理学于传统儒学的努力不谋而合，同样是清初务实学风不可分割的一个部分。然而由于时代的局限，王夫之向前看的务实主张，并没有能够逾越传统儒学的藩篱。他的呐喊被残酷的现实无情淹没，以致不能在当时学术界激起强烈反响。继之而起的乾嘉学者，从他走过的学术道路中所依稀看到的，只是强调"闻见之征"的考据之学罢了。这种对王夫之学术精华的无视和曲解，不是学术界对他不公正的待遇，而是时代所使然。它实质上正是整个清初学术的历史悲剧。

（三）《双鹤瑞舞赋》考证

在近年的王夫之研究中，《双鹤瑞舞赋》是一个颇有争议的焦点。

---

① 方以智：《通雅》卷首，《凡例》。
② 王夫之：《搔首问》。

这篇赋未录入《船山遗书》及《王船山诗文集》，是王夫之的一篇佚文。自 1982 年在《文物》第 6 期首次刊布以后，引起了王夫之研究者的广泛注意。据刊布这篇赋的同志撰文认定，该赋系为赠清廷平定三藩之乱将领尚善而作[①]。这样一个判定颇得一些同志赞成，于是有的同志据以为王夫之改制了年表，也有的同志进而对他晚年的民族观提出了新的评价。其实，这是一个很值得商量的问题，赋赠尚善说既缺乏基本的历史依据，又与赋文内容抵牾，是不能成立的揣测。其理由如次。

关于《双鹤瑞舞赋》的写作缘起，王夫之在赋首《序》中交代得很清楚。为省去读者检核之力，不妨照录如后：

> 盖闻天以德为胙，物以和为应，胙维馨香，应若笙磬，其理甚微，而传之甚显。是以禽鱼草木，皆足以扬榷休嘉，而咏歌之作所自昉也。维我大将军安远公义问淑昭，仁声洋溢，光赞兴王，胥匡中夏。师兴之日，鸾翔凤翥，既已洋洋吹感讫于南服矣。乃际诞辰，元戎宾佐，拜祝在廷。爰有双鹤，盘旋应节。和鸣中六律，回翔中九夏，乐作觞行，群心载喜。揆其所自，良有固然。慈恺之情，孚及羽族，则异品畋心，于旄奏凯之先几也。而且绎子和之占，既为孝德之征；推同声之吉，又著宾敬之范。昔史克致颂，上歌寿母，内赞令妻，化启闺庭。而大东开宇，淮夷献琛，成必然之券。不谓人心所灼见者，而鹤能传之也。岂但苏山仙返，缑岭笙来，为遐年之庆哉。夫之遥处岳阴，有迟瞻侍。闻祥内跃，忘其耄拙，辄以樵笛之音，次云韶之韵。望秀峰，梦漓水，不自知其未与于笙镛之侧也。亦以奖劝弘慈，式勤令业云尔。

可见，因为当时"大将军安远公"起兵，"光赞兴王，胥匡中夏"，并且遣员前来探问，来人告诉王夫之，兵兴之后，正值安远大将军诞辰，

---

① 史展：《王夫之〈双鹤瑞舞赋〉卷书后》，《文物》1982 年第 6 期。

出现了双鹤舞于庭的祥瑞。故而王夫之才"闻祥内跃，忘其耄拙"，写下了这篇赋。假赋双鹤瑞舞，以赞安远大将军兴师，正是王夫之写《双鹤瑞舞赋》的主旨所在。至于这篇赋的写作时间，赋中虽未注明，但据《姜斋诗集·编年稿》载，康熙十三年（1674 年）秋，王夫之撰有《安远公所遣都护刘君过寓庵问病歌以赠之》七古一首，《双鹤瑞舞赋》内容恰与七古吻合，所以当与之同时写成。

这里，有一个很关键的问题，就是安远大将军之所指。我们先按有同志说的尚善这个人来看一看，因为他在当时的封衔确实就是安远靖寇大将军。然而，如果说是尚善，那么《序》中的"光赞兴王，胥匡中夏"又当作何解释？据《晋书》称："刘、刁亮直，志奉兴王，奸回丑正，终致奔亡。"[1] 兴王之属，乃是东晋一朝开国皇帝司马睿。又据《隋书》引李德林上文帝《天命论》有云："皇帝载诞之初，神光满室，具兴王之表，韫大圣之能。"[2] 文中兴王，仍然是创辟隋朝的文帝杨坚。足见，兴王即为肇兴国家之王。对当时的清朝来说，当为已故清世祖福临，而派遣尚善南下平叛的圣祖玄烨，自然不应称作兴王。王夫之精于史学，谙熟历代典籍，对此当不致疏失。这一点，可以他的《读通鉴论》为证。在该书卷十五中论及明初耆儒宋濂时，王夫之有这么一句话："宋濂中华之士，与闻君子之教，佐兴王以复中华者也。"兴王之所指，昭然若揭，非朱元璋莫属。既然如此，《双鹤瑞舞赋》中的兴王，就显然不是清廷方面的帝王，而另有所指。而且，王夫之是把"光赞兴王"与"胥匡中夏"联在一起来谈的，这就更能说明问题了。

"严夷夏之防"，这是传统的儒家思想，由于清初特定的历史环境，这一思想在王夫之及其同时的一些思想家中，可谓根深蒂固。这就叫作存在决定意识，时代烙印不以人们的意志为转移。两千年来，迄于清

---

① 《晋书》卷六十九，《刘隗刁协传》赞。

② 《隋书》卷四十二，《李德林传》。

初，在中国历史上"夷""夏"这一概念的内涵，一直十分清楚，毋庸赘笔。"中夏"所指，历来就是汉族地主阶级的封建王朝。在王夫之一生的著述中，这一概念的使用，始终没有含糊。直到他逝世前夕写成的《读通鉴论》，依然大量地、准确地使用了"中夏""夷""夏"这一类概念，而且往往以"夷狄"同"中夏"对称。譬如卷五："夷狄之于中夏也"；卷七："万里之外，孱弱之夷"，"其叛也，不足以益匈奴之势；其服也，不足以立中夏之威"；卷十四："天下之大防有二：中国、夷狄也；君子、小人也。""夷狄之与华夏，其气异矣。"类似之例，不遑备举。这无疑应是王夫之"夷夏"观的晚年定论。正因为在他看来，明清的更迭，造成了"中夏"的颠覆，乱了"大防"，所以才谈得上"胥匡"。至于清廷方面，作为当时全国的统治者，纵然半壁河山已为三藩所踞，存在收复失地的问题，但是毕竟正朝未改，无所谓"胥匡"可言。遣派将领平定吴三桂叛乱，这只能称为"荡平乱贼"，与"胥匡中夏"南辕北辙，不能混为一谈。事实上，尚善于康熙十三年六月受命南征，就是要来"靖寇"[①]，而不是什么"胥匡"。试想，倘使《双鹤瑞舞赋》是写给尚善的，那么这篇鼓动"胥匡中夏"的祝词，简直不啻给清廷的檄文，岂不是要明火执仗颠覆清朝统治了吗？而赋文中"衣冠鹊起，旌旗虎视，梧云洗青，湘烟濯翠""喜文明之乍复，振冠珮之陆离"一类的赞许，就更显得不伦不类了。

　　《序》末有一句不可忽视的话，即"望秀峰，梦漓水，不自知其未与于笙镛之侧也"。推衍文意，笙镛齐鸣的盛况当在秀峰之麓、漓水之畔。秀峰，即独秀峰，又名独秀山。漓水，即漓江。山水皆在广西桂林，王夫之在这里显然是将其用作桂林的代称。早年他抗清失败，南仕永历王朝，曾居于桂林瞿式耜幕，故而才有如今的"望""梦"之感叹。尽管他"遥处岳阴"，未能故地重游，但是喜讯的突然传来，王夫之似

---

① 《清圣祖实录》卷四十八，康熙十三年六月丙午条。

乎已经身临其境。这就说明，双鹤瑞舞是出现在桂林，起兵"光赞兴王，胥匡中夏"的安远大将军，自然是在南方的桂林，而非洞庭以北的清军帷幄之中，更不是远在千里之外的北京。

王夫之在《双鹤瑞舞赋》中，写有这么一句话："矧令月之维嘉，晋寿觞而迎瑞。"也就是说，安远大将军的起兵和诞辰均在令月。令月为阴历二月，而康熙十三年二月，在广西桂林确有人起兵，恰恰也就称为安远大将军。不过这个"大将军"并非清廷的平叛将领，而是兴兵叛应吴三桂的孙延龄。据《清圣祖实录》卷四十六载，康熙十三年二月"辛酉（即二十七日 —— 引者），广东、广西总督金光祖疏报，广西将军孙延龄反，杀都统王永年、副都统孟一茂等，执广西巡抚马雄镇。"又据康熙间人刘健《庭闻录》载，康熙十三年二月，"广西抚蛮将军孙延龄反应三桂"[1]。孙延龄起兵反清的时间，官私史书所载如一，当可信据。《清圣祖实录》卷四十七又载，当年五月"辛未（即初八 —— 引者），平南王尚可喜疏报，孙延龄叛，自称安远大将军，移牒平乐、梧州诸府"。《清史稿》亦载，孙氏反后，"自称安远大将军，移牒平乐、梧州诸郡"[2]。这就是说，孙延龄自康熙十三年二月起兵反清，到五月初八尚可喜疏请"协力荡剿"[3]，他已自封安远大将军。

关于孙延龄起兵事，无名氏《四王合传·孔有德传》所载甚详。据云，此时孙延龄麾下都统王永年和副都统戴良臣、严朝纲，乘孙氏夫妇不合，窃取一军实权。"事无大小，皆擅自题请。广西一军，惟知有都统，不知有将军，并不知有格格（即孔有德女四贞 —— 引者）。四贞乃大恨，知为良臣所卖，仍与延龄和好。然大权旁落，不可复制。三都统益自专，延龄积不能平。""十二年癸丑，吴三桂反，以书招延龄。延龄遂召良臣等十三人议事，伏力士执盏为号，尽缚而斩之。即举兵

---

① 刘健：《庭闻录》卷五，《称兵灭族》。
② 《清史稿》卷四百七十四，《孙延龄传》。
③ 《清圣祖实录》卷四十七，康熙十三年五月辛未条。

应吴，进封为临江王。"昭梿《啸亭续录》亦载："十三年正月，吴三桂叛（时间有误，全篇多如此——引者）。延龄遂诱王、孟十二人至府，尽杀之，而遣人纳款于三桂。蓄发易衣冠，发兵反，囚人毅（应为文毅——引者），杀浔州知府刘浩、富川知县刘钦邻、平南知县周岱生等，以应三桂。"[1]又据《明清史料》载，康熙十三年六月，周襄绪等人奉清廷之命往福建招抚耿精忠，耿即威胁来人云："差往广西的人，孙延龄去请吴三桂示下，吴三桂吩咐，竟杀了罢，何必来问。"[2]

孙延龄是明末辽东将领孙龙之子。孙龙于天聪七年（1633 年）五月，随孔有德降清（当时尚称金——笔者），"隶汉军正红旗，授二等男爵。世祖章皇帝时，封有德定南王，镇广西，龙为部将"[3]。孙龙的这段经历，其细节王夫之或许无从得知，但是为明将而降清，这自然不会不知。因此，如今孙龙子延龄兴兵反清，王夫之赠以《双鹤瑞舞赋》，将复明的希望寄托于他，这也是不难理解的。

通过以上考证，我们可以得出两条结论：第一，《双赋》中的安远大将军应当是孙延龄，而不是尚善；第二，赋中的"兴王"所指，并非清廷帝王，而是吴三桂。

接下去，我们准备对康熙十三年前后尚善、王夫之二人的经历做一番考察，来看一看他们之间是否会发生如同某些同志所说的"往还"。

尚善是清皇室至亲，为清太祖努尔哈赤弟舒尔哈齐的后人，所以康熙皇帝才称之为"懿亲"[4]。据《八旗通志》载，其父芬古（《清史稿》作费扬武——笔者），崇德八年（1643 年）十二月卒前，为辅国公。顺治元年（1644 年）四月，尚善袭父爵，十月晋封贝子。尔后，随豫亲王多铎统军南下，先后至陕西及江苏各地，参与攻灭南明弘光政权。

---

[1]　昭梿：《啸亭续录》卷四，《记孙延龄事》。
[2]　《明清史料》丁编第九本，《工部郎中周襄绪等残奏本》。
[3]　《清史列传》卷八十，《逆臣传·孙延龄传》。
[4]　《清圣祖实录》卷五十九，康熙十五年二月甲戌条。

六年十月，晋封多罗贝勒。九年二月，管理藩院事。十月，为议政王，跻身清廷首脑机构①。三藩乱起，于康熙十三年（1674 年）三月，因病疏请辞宗人府右宗正职。六月，清军在长江中段受阻，吴三桂军于湖南岳州、澧州一线集结重兵，隔江对峙。四川吴之茂、广西孙延龄、福建耿精忠先后兴兵，叛应吴三桂。有鉴于此，清廷议政王大臣会议作出决议："令八旗每佐领拨骁旗二名，并派察哈尔护军骁骑一半，又蒙古四十九旗内与京师稍近者，如科尔沁十旗、敖汉一旗、奈曼一旗、克西克腾一旗、归化城十旗，共出兵万人。""以旗下兵之半及蒙古兵四千，以多罗贝勒尚善为安远靖寇大将军，同固山贝子章泰、镇国公兰布率往岳州。"② 八月初三，尚善在太和殿接受出征敕印，由安亲王岳乐等"送之出郊"③。

上述情况说明，尚善是康熙十三年秋天的八月初三离开北京的。在这以前，他当然不可能同远在湖南的王夫之发生什么"往还"。

恰好就在尚善离开北京的时候，王夫之已经抵达洞庭湖畔的青草湖。他为什么要到青草湖去？这是迄今尚无定论的问题。王夫之于康熙十三年初春离乡，北抵湘乡时，所作《上湘旅兴》诗有云："寒山犹半绿，浅日动浮光。习习江南暖，淫淫小雪长。"④ 这当然是一派宜人春景，春寒已过，诗人的心境也是暖融融的。有人说王夫之此行是出来"避乱"，试想，果真要避乱，为什么不由乡居西去遁入深山，却偏偏要北上，而且还来到要冲之地的湘乡呢？其实，我们只要过细地读一读这首诗，便可以看到，王夫之北上并非"避乱"，相反则是去"迎乱"。诗中写得很明白："山城犹百里，战伐不相知。""回念巴邱北，银涛卷绣旗。"山城、巴邱均指岳州，这就是说，此时的王夫之即已十分关注

① 《八旗通志》卷一百三十，《宗室王公传》。
② 《清圣祖实录》卷四十八，康熙十三年六月丙午条。
③ 同上书卷四十九，康熙十三年八月甲午条。
④ 王夫之：《姜斋诗集》六十自定稿，《上湘旅兴》。

岳州前线的战事。这究竟是为了什么？诗中也有交代："金丹及铁马，吾意定奚从。"很清楚，王夫之离乡北上，就是为了在继续隐遁还是投笔从戎间做出抉择。因为从当时整个湖南的情况看，王夫之早年为之奋斗的复明愿望，确乎存在变成现实的可能性。

此时的湖南，已全为吴三桂所踞，且"俱已留发"[①]。据《清圣祖实录》载，吴三桂军于康熙十二年底逼近湖南，二十九日陷沅州。十三年正月，清偏沅巡抚卢震弃职潜逃，所属州县望风崩溃。二月，常德、澧州、长沙、衡州等地相继落入吴军手。三月，岳州参将李国栋叛应吴三桂，湘北重镇岳州遂失。三桂遣其侄吴应麒率精兵倚险设防，以岳州为屏障延续六年之久的两军对峙，即自此时始。迄于六月，清军在东起岳州，西至彝陵的数百里战线上，为吴军牵制，不得越长江一步。七月二十五日，双方在洞庭湖的交锋，虽然清廷方面大肆吹擂，但是吴军未遭重创，吴三桂手中的岳州，依然固若金汤。王夫之就是在这样一个历史背景之下，为了作出自己晚年的重大抉择，于十三年秋抵达岳州前线青草湖的。

正当王夫之活动于青草湖畔之时，有一个被他称作"刘都护"的人，前来他寓居的僧舍探病，于是便产生出七古《安远公所遣都护刘君过寓庵问病歌以赠之》及《双鹤瑞舞赋》。从七古可以看出，王夫之此时并未改隐遁之志。诗中有云："渔蓑在背笠在顶，我生真与病为徒"；"长留病夫钓寒水，苍天茫茫吾老矣"；"归来一问寒溪叟，果尔挑灯话不忘"。稍后的五言近体《衡山晓发》也说得很明白："击汰迟枫浦，归心就翠微"；"渔樵知近远，目赏已从容"。

刘都护来自何方？清末王之春辑《船山公年谱》谓，康熙十三年秋，"阻风青草湖。公有疾，寓僧寺，安远靖寇大将军多罗贝勒公尚善遣都统刘公省问"。把王夫之与尚善连在一起，王之春可谓天下第一

---

① 中国第一历史档案馆藏《清三藩史料档·巡抚偏沅等处提督军务韩世琦启》。

人。他轻率地做出上述判断，其唯一的依据，就是王夫之的七古。其实，这首诗本身，就恰恰推翻了王之春的判断。

首先，刘某人是"都护"，并非"都统"。据考，清代官制并无"都护"其职。"都护"一官，始置于西汉宣帝之时，为护卫西域而设。迄于元代，仅存北庭都护府，至明初，即废置不设。清制，"都统"乃八旗驻防军高级将领，官阶为从一品。试问，清廷会派出如此高级的将领为细作，只身深入敌后吗？这简直是天方夜谭！我们只要翻检一下现存清廷档册，即可看到，当时交战双方派出的奸细都不过是一般兵丁而已。而且，迄于康熙十三年秋，清廷方面见于史册的岳州前线高级将领，除顺承郡王勒尔锦外，是贝勒察尼，将军尼雅翰，都统朱满、巴尔布，护军统领额司泰，并无刘姓都统。

其次，王夫之的七古有云："天涯相逢兴不孤。"可见，他与刘某人乃昔日相识。而尚善所率，全为满蒙旗军，其中自然不会有王夫之的故旧。由于阶级局限，王夫之平生不屑与农民起义将领往来，刘某人当为昔日南明永历政权中人。在南明永历王朝败亡过程中，所属文武官员，除瞿式耜、张同敞等壮烈捐躯；方以智、金堡等遁入空门；王夫之、蒙正发、黄奇遇、钱澄之等隐居僻处之外，一部分早年在广西、湖南投降了孔有德，另一部分则在云南投降了吴三桂。据王夫之《永历实录》卷一载，永历三年（1649 年）四月，"刘希尧、刘芳亮叛走郴、桂，降于清"。刘都护是否系此二人之一，无从得证。倘依王之春说，那么这位刘某人显然是投降了清朝才扶摇直上的，但是考诸载籍，亦寻不出依据来。

再次，刘都护在青草湖畔与王夫之相见，是康熙十三年秋天的事情，而此时尚善并未到达岳州前线。据《清三藩史料档》中的《湖广总督蔡毓荣为大将军贝勒驾临省会叩安启》及《偏沅巡抚韩世琦致多罗贝勒启》所载，尚善于当年九月廿八日始抵武昌。此时他已 74 岁高龄，经 50 余日长途行军，其疲惫当可想见，自然不可能马上赶赴岳州前线。无论从《清实录》，还是《清三藩史料档》来看，整个康熙十三年十月，都无从见到尚善与清廷间的任何公文往来。一直到十一月初四，才见到他奏请"遣荆州绿旗兵赴岳州"①。四日之后，又疏请"拨京口沙唬船五十艘并水手发往岳州"②。由此可见，康熙十三年十月下旬以前，尚善并没有抵达岳州前线实际担任军事指挥职务。所以，甚至到了当年十一月十九日，清廷给他的一份公文，也仍然是由偏沅巡抚转送的。这同时说明，康熙十三年初冬以前，尚善不可能派出奸细，何况是一个高级奸细到敌阵之后去探望王夫之。

应当指出，直至康熙十五年二月，尚善也还没有派出干员侦察敌情。这有当时康熙帝上谕为证，谕云："贝勒尚善等统率大兵，往驻岳州，将及二载，并未移师前进作攻城破贼之势。因循坐守，徒令师老财匮。"又说："尚善等并不思剿灭贼众，恢复地方，付朕委任之意。又不逼近侦探逆贼情形，度有机会，奋力前进。贼兵分遣各处，安坐罔闻。……贻误军机，莫此为甚。"③迄于康熙十七年八月卒于军前，尚善在整个岳州战事中，皆因之而屡遭清廷斥责。他死后，其贝勒封爵即以此被削夺。

上述三点足以证明，所谓"尚善遣都统刘公省问"王夫之，实在只是王之春的杜生撰文、郢书燕说。他以为如此去做，可以借光宗耀祖来往自己脸上贴金，殊不知却淆乱了历史真相，厚诬了他的先祖王船山！今人信其妄说，并据以讨论三藩之乱中王夫之与清廷的关系，势必就要以讹传讹，作出与历史实际大相径庭的错误判断。至于有同志认为，王夫之在《双鹤瑞舞赋》中所说："式武功之孔烈，奋腾跃之葳蕤，将以风行朔漠，翼覆蒸黎"，是"对清政府平定三藩叛乱，维护国家统一，即将远征朔漠，巩固北疆边防的积极支持态度"。这样的论断既显然缺乏基本的历史依据，又违背了实事求是的治史准则，实不可取。这一教训再次告诉我们，把思想史研究同社会史研究结合起来，是何等的必要！

---

① 《清圣祖实录》卷五十，康熙十三年十一月癸亥条。
② 同上书，十一月丙寅条。
③ 同上书卷五十九，康熙十五年二月甲戌条。

六　黄宗羲与浙东学术

　　乾嘉学者章学诚论清代浙东学术，推黄宗羲为不祧之祖。他认为梨洲黄氏之学，近承蕺山刘宗周，远宗余姚王阳明，而下开鄞县万斯大、万斯同兄弟经史之学，以至全祖望辈尚存其意，源远流长，自成一派。就清初浙东学术的主流而言，章学诚的看法提纲挈领，允当可信。其所云"史学所以经世"，"浙东之学，言性命者必究于史"[①]，尤深得黄学三昧。

（一）从党争健将到学术巨擘

　　黄宗羲，字太冲，号南雷，一号梨洲，学者尊为梨洲先生。浙江余姚人。生于明万历三十八年（1610年），卒于清康熙三十四年（1695年），享年86岁。他一生与明清更迭的大动荡相终始，走过了从党争健将到学术巨擘的人生道路。

　　黄宗羲出身官僚家庭。其父尊素，为明末东林名士，天启间，官至监察御史，后以弹劾阉党获罪，冤死狱中。黄宗羲从8岁起，即随父宦居宣城、京师等处。其父惨死，家道中落。崇祯帝即位，惩治阉党。崇祯元年（1628年）春，黄宗羲千里跋涉，赴京为父鸣冤，以铁锥刺杀阉党余孽，声震朝野，时年19岁。二年，他遵父遗命，师从浙江绍兴著名学者刘宗周。

　　绍兴素为人文渊薮，明中叶以后，王阳明之学盛极一时。及至明

――――――――――
　　① 章学诚：《文史通义》（大梁本）卷五，《浙东学术》。

末，王学末流援儒入释，致使禅学弥漫而与之颉颃。周汝登首倡于前，陶奭龄继起，与刘宗周各立讲坛，分庭抗礼，气焰颇为嚣张。黄宗羲年少气盛，邀约远近文士 60 余人，力辟陶氏之说，以壮宗周声势。当时，江南文人结社之风很盛，他为一时风气习染，未能潜心力学，常年往来于南京、苏州、常熟、安庆、杭州、绍兴间，俨若文社领袖。十一年，阉党企图死灰复燃，复社成员 140 人，在南京联名张贴《南都防乱公揭》，攻击阉党余孽阮大铖。黄宗羲与东林巨子顾宪成孙昊同名揭首。

　　明亡，南明弘光政权为奸相马士英一手遮天，阮大铖东山再起。马、阮狼狈为奸，重修旧怨，杀害《南都防乱公揭》主事者周镳。黄宗羲与顾昊皆被指名抓捕。幸而刑部掌院邹虎臣与顾昊为姻亲，蓄意拖延，二人始得脱逃。顺治二年（1645 年）四月，黄宗羲由南京仓皇取道浙江嘉兴，潜往定海。弘光政权灭亡后，清廷于当年六月再颁剃发令。大江南北，一时义师纷起，挺而抗争。黄宗羲亦与其弟宗炎、宗会在余姚黄竹浦召募义勇，时称"世忠营"。[1] 鲁王政权继起绍兴，他授官职方司主事，继任监察御史，所撰《监国鲁元年大统历》颁行。三年六月，清军渡钱塘江挺进浙东，鲁王政权败逃入海。黄宗羲收拾余部 500 余人，遁入四明山结寨固守。六年六月，他渡海追随鲁王，官至左副都御史。后见武将跋扈，志不得伸，遂于同年八月潜归故里。

　　返家以后，迄于顺治十六年，因与四明山及海上抗清武装的关系，黄宗羲屡遭清廷追捕。为避缉拿，他隐姓埋名，东徙西迁，辗转于绍兴、杭州间。十六年夏，郑成功、张煌言北伐兵败，他举家避居化安山。直到永历政权覆灭，郑成功东渡台湾以后，眼看复明希望已成海市蜃楼，他才于顺治十八年冬奉母返回故居。

　　经历近 20 年的颠沛流离，不觉"老冉冉其已至"[2]。以顺治十八年

---

① 全祖望：《鲒埼亭集》卷十一，《梨洲先生神道碑文》。
② 黄宗羲：《南雷文定》卷十一，《避地赋》。

至康熙二年（1663 年）间所陆续撰成的《易学象数论》《明夷待访录》为标志，黄宗羲满怀家国之痛，开始了他后半生的著述和讲学生涯。

康熙初，他先是北渡钱塘，在崇德执教于吕留良梅花阁。六年以后，辞去吕氏馆事，讲学绍兴。在绍兴，他与同门友好姜希辙恢复了早年刘宗周兴办的证人书院讲会。随即又创证人讲会于宁波。从此，黄宗羲致力于刘宗周遗书的整理，大张旗鼓地宣讲刘氏学术主张。在他的倡导和影响之下，陈赤衷等人闻风而起，在宁波创建讲经会。浙东各地，一时才人辈出，经史之学蔚为大盛。

晚年的黄宗羲，弟子林立，声名远播。他以其辛勤的劳动，为当时的知识界培养了像万斯大、万斯同这样的一些著名经史学家。康熙十六年，其弟子董允瑫由北京南返。临行，侍读学士叶方霭赋五古一首相赠，促其出山与清廷合作。黄宗羲接诗，次其韵作答，以明不仕清廷之志。该诗结句，一反叶氏原意，明确写道："勿令吾乡校，窃议东海滨。"[①]十七年，清廷诏举博学鸿儒，叶氏又以讲官之便，再荐黄宗羲名于康熙帝。他又托在京弟子陈锡嘏力辞以免。叶氏见黄宗羲执意不出，便于十八年与徐元文一道，以《明史》馆总裁身份，聘其弟子万斯同、万言入京。十九年，徐元文继叶方霭之后向黄宗羲发出修史聘请，他依然"以老病坚辞不行"[②]。后迫于徐氏再三请求，他始让其子百家北上修史。

黄宗羲之学，博大通达，凡史学、经学、天文历法、数学、律吕、舆地、诗文以及版本目录诸学，多所涉足，为后世留下了 50 余种、近千卷的著述。其为学之始，初从王守仁、刘宗周入。后经历明清易代，他将王、刘之学廓而大之，逾越心性之学樊篱，而立足于"天崩地解"的社会现实。他认为："儒者之学，经天纬地。"[③]主张合学问与事功为一，以期"救国家之急难"。[④]康熙中叶以后，随着社会环境的变迁，

---

① 黄宗羲：《南雷诗历》卷二，《次叶䚮庵太史韵》。
② 黄宗羲：《南雷文定三集》卷一，《与李郡侯辞乡饮酒大宾书》。
③ 黄宗羲：《南雷文定后集》卷三，《弁玉吴君墓志铭》。
④ 黄宗羲：《南雷文定》五集卷三，《姜定庵小传》。

他转而潜心治史，以对宋明学术史的总结，成为一代史学大师。其所著《明儒学案》和未完稿的《宋元学案》，以及所辑《明文海》等，皆是中国古代学术史上开风气的杰作。黄宗羲谙熟明代史事，他抱定"国可灭，史不可灭"①的宗旨，极意搜求明代，尤其是南明历朝史料。所著《行朝录》《海外恸哭记》《思旧录》等，足称南明实录。其他碑志传状，亦多涉一时史事，可补官修史书阙略。他虽未入《明史》馆，但史局大案，多所商榷。立《道学传》之议，即为他致书驳诘而中止②，《明史·历志》亦有他的审订之功③。黄宗羲以其历史编纂学和史料学的成就，为清代浙东史学的发展开启了先路。后经全祖望继承，至乾嘉间邵晋涵、章学诚崛起，遂成清代史学史上的一大流派。

（二）《避地赋》与东渡日本

东渡日本，是黄宗羲生平行事中一段不可忽略的经历。晚清，其裔孙黄炳垕辑《遗献梨洲公年谱》，即称之为宗羲生平三大案之一④。然而，由于在传世的黄宗羲遗著中，对这一段经历罕有涉及，以致引起后人争议，迄今悬而未决。在这个问题上，主要有两种看法。雍乾间学者全祖望认为，黄宗羲东渡日本在顺治六年冬，目的为向日本"乞师"⑤。此其一。其二，近世学者梁启超先生于此则持异议，他撰文驳全氏之说，考订黄宗羲东渡日本为顺治元年，目的在于"避仇亡命"⑥。一个是"避仇亡命"，一个是"乞师"邻邦，而且时间又相去五年之久，二者的距离显然是很大的。二说孰是，不可不辨。

---

① 《南雷文案》卷六，《次公董公墓志铭》。
② 同上书卷四，《移史馆论不宜立理学传书》。
③ 《南雷文定后集》卷一，《答万贞一论明史历志书》
④ 黄炳垕：《遗献梨洲公年谱》卷首，《叙》。
⑤ 全祖望：《鲒埼亭集》卷十一，《梨洲先生神道碑文》。
⑥ 梁启超：《饮冰室文集》之十四，《黄梨洲朱舜水乞师日本辩》。

黄宗羲于何时东渡日本？这是澄清问题的关键所在。全、梁二家立说的共同依据，都是黄宗羲所撰《避地赋》，因此我们的探讨即从该赋入手。

《避地赋》是研究黄宗羲生平行事的一篇重要文字，大致写于康熙十三、十四年间。当时，三藩乱起，波及浙江，为避兵祸，黄宗羲奉母寄居于浙东海滨。干戈扰攘，转徙不宁，抚今追昔而有《避地赋》之作。在这篇赋中，他对入清以后30余年间的避地生涯作了如实书写，行文间，就披露了东渡日本的经历。他写道：

> 当夫百妖露，天水同，群鱼飞雾，海市当空，帆俄顷而千里兮，浪百仞而万重。纵一泻之所如兮，何天地之不通？越长崎与萨斯玛兮，乃□□天□□。方销兵而忘战兮，粉饰乎隆平。招商人以书舶兮，七录辇于东京。金石古奇器兮，比户能辨其真赝。华堂隔以绫幔兮，月夜而筝琵笙管之齐鸣。余既恶其侈忕兮，日者亦言帝杀夫青龙（甲乙，帝杀青龙，不可东行。见《墨子》——原注）。返余旆而西行兮，胡为乎泥中。①

在黄宗羲现存遗著中，这段文字是述东渡日本事唯一涉及自我之处，弥足珍贵。但是毕竟是作赋，而非编写自传，因之东行时间未有明文交代，尚须过细考订。

就赋中所述避地次第而论，入清以后，黄宗羲先是"避地于昌国"，然后始有日本之行。昌国即今浙江定海。关于避地昌国的时间，赋中说得比较明白，是在他被斥为党人而遭名捕之时。一如前节所述，黄宗羲因党祸而遭指名抓捕，事当南明弘光政权尚存期间，祸起于阮大铖重修旧怨，追究明崇祯中《南都防乱公揭》事。弘光政权的历史极为短促，自顺治元年五月建立，迄顺治二年五月灭亡，仅仅一年。阮大铖

---

① 黄宗羲：《南雷文定》卷十一，《避地赋》。

的复起，诸书所记略同，皆为顺治元年八月。同月，弘光政权下令逮捕周镳，翌年四月，周在狱中遇害。五月，弘光政权为清军攻灭。因此，黄宗羲为避祸而逃往昌国，就应当是顺治二年四至五月的事情。事实上，周镳入狱时，黄宗羲尚在南京。对此他说得很清楚："仲驭（周镳字——引者）在狱，余欲入视之，而稽察甚严，徒以声相闻。负此良友，痛哉！"①而且第二年四月，他还在浙江嘉兴作过逗留，据云："乙酉（顺治二年——引者）四月，余过嘉兴，劝公（徐石麟）避地四明山。"②可见，直到顺治二年四月，黄宗羲亦尚未渡海至昌国。在这之前，当然就更不可能有东渡日本的事情了。

显然，黄宗羲的东渡日本，就不是如同梁启超先生所说的顺治元年。在这个问题上，梁先生致误的原因，就在于他把避地昌国与之后的东渡日本视为一事了。

以上，既然排除了黄宗羲在顺治元年东渡日本的可能性，那么《避地赋》所述东渡日本事又当在何时？是否如全祖望所记之顺治六年冬？我以为，对全祖望所提出的这个时间，也还可作进一步商量。

首先，据全祖望撰《梨洲先生神道碑文》称，黄宗羲因见鲁王政权为武将把持，无所作为，遂于顺治六年秋，以清廷要"录其家口"为由，愤然出走，自海上潜归余姚黄竹浦。既已作出这样的断然抉择，何以事隔不到两月，却又要返回舟山奉使日本？这在情理上恐怕说不过去。如此轻于去就，揆诸黄宗羲一生行事，也全然不符。其次，全祖望据以判定黄宗羲东渡时间的"冯京第两度乞师日本"之说，虽屡见于他的《梨洲先生神道碑文》《冯京第墓碑》及《浮光杯诗注》等文，但始终未见他指出立说的史料来源。而且，同样出自他手笔的《张苍水年谱》，述及冯京第东渡日本事，则仅顺治四年一次，并无六年二度乞

---

① 黄宗羲：《思旧录·周镳》。
② 黄宗羲：《南雷文定》卷五，《忠襄徐公神道碑铭》。

师之举①。这又是启人疑窦的地方。再次，黄宗羲所记冯京第东渡日本事，虽《行朝录》与《海外恸哭记》参差不一，前者作"戊子"，即顺治五年，后者作"丁亥"，即顺治四年，但都仅有一次。与之同时的高宇泰，记冯京第东行为顺治四年②，亦仅一次。稍后的史家邵廷采所记，冯京第东渡则为顺治五年，并无两度奉使之举③。黄、高、邵三人同冯京第一样，皆为浙东人，黄、高更与冯年辈相当，且同为出没抗清营垒的患难之交，因此，他们之所记应属可信。

关于黄宗羲的东渡时间，全祖望所提出的顺治六年冬既未可视为定论，那么究竟什么时间比较接近于历史实际？如果把《避地赋》所披露的东渡经历，与《行朝录》所记冯京第、黄孝卿使日细节相比照，我们便会看到，黄宗羲的东渡日本，同顺治五年的冯、黄奉使有许多相同之处。据《行朝录》载，冯、黄一行"至长崎岛，其王不听登陆"，即于舟中"朝服拜哭"。后"东京遣官行部，如中国巡方御史，秃顶坐蓝舆，京第因致其血书"，"撒斯玛王"始"闻长崎王之拒中国也"④。这一段记载，正与《避地赋》之"越长崎与萨斯玛"相吻合。《行朝录》又云："京第还。……孝卿假商船留长崎。长崎多官妓，皆居大宅，无壁落，以绫幔分为私室。每月夜，每室悬琉璃灯，诸妓各赛琵琶，中国之所未有。"⑤对长崎侈靡风习的如上叙述，又同《避地赋》中"恶其侈忕"的景况相符。二者间所出现的这些相同记载，恐怕不会是偶然的巧合。

此外，读黄宗羲的《行朝录》还会发现一个奇怪的现象。该书在记录南明政权于顺治二年至五年的四次遣使东渡中，对一、二、四次，多明载日月，而五年的冯京第、黄孝卿使日，则未书日月，仅作"戊子"二字。可是于冯、黄抵日后的活动细节，则独详于他次。而且同样为他

---

① 全祖望：《张苍水年谱》二十八岁、三十岁条。
② 高宇泰：《雪交亭正气录》卷七，《冯京第传》。
③ 邵廷采：《东南纪事》卷二，《鲁王以海》。
④ 黄宗羲：《行朝录》卷八，《日本乞师》。
⑤ 同上。

所修南明史书，《海外恸哭记》却将此次使日记作顺治四年。在记录冯京第、黄孝卿使日时间上出现的这种含混和错乱，恐怕还不能用黄宗羲的一时疏忽来解释。恰恰相反，它很有可能是作者出于某种避忌而作的讳饰。正如黄炳垕所揣测："抑其时忌讳甚严，欲使起军、从亡、乞师诸大案泯没其迹，以避无妄之灾耶？"[1]

至此，我们似可得出这样的认识，黄宗羲应是冯京第、黄孝卿使日的同行者。至于此次东行的确切日期，虽据黄宗羲的著述已无从考明，但参以他书，却也能略知一二。据与他同时的浙东人周容所撰《浮光杯记》云："戊子春，黄帅使人之徐市岛为楚申胥，以杯赘，岛主人却之。虽同袍不赋，而饷遗优渥，不啻百牢，且输洪武钱千万以返。"[2] 周容之所记，与黄宗羲《行朝录》略同，《行朝录》云："京第还，日本致中国洪武钱数十万。盖其国不善鼓铸，但用中国古钱。舟山之用洪武钱，自此始。"[3] 由此，我们又可进一步推知，黄宗羲的东渡，当在顺治五年春天。

由于东渡时间的澄清，黄宗羲赴日的目的，实际上已经迎刃而解。当他前往日本之时，明末党祸早已随弘光政权的灭亡而烟消云散，因而梁启超先生就此提出的"避仇亡命"说，显然就不能成立了。黄宗羲顺治五年春的东渡，正值南明鲁王政权风雨飘摇之际，身为从亡大臣，他的前往日本，显然不会是因一时游兴骤起而随乞师使者前往扶桑览胜，而为乞师事而漂洋过海，是确然无疑的。

（三）《明儒学案》与清初学术史的编纂

黄宗羲于清代学术的贡献，当首推史学，所著《明儒学案》则是一个杰出代表。全书 62 卷，综贯有明一代理学源流，上起吴与弼，下迄

---

① 黄炳垕：《遗献梨洲公年谱》卷首，《叙》。
② 周容：《浮光杯记》，载《冯侍郎遗书》附录卷一。
③ 黄宗羲：《行朝录》卷八，《日本乞师》。

刘宗周，以学术宗尚区分类聚，网罗理学家200余人，成为我国古代第一部系统的断代学术史专著。

就历史编纂学而言，学术史是一种后起的著述形式。其萌芽虽然早见于先秦诸子，诸如《庄子·天下篇》《荀子·非十二子篇》和《韩非子·显学篇》等，均述及上古学史，但庄、韩诸家毕竟不是史籍。之后，历代史籍中的《儒林传》《艺文志》，亦多言各时代学术源流。然而迄于唐宋，学术史尚属雏形，无非纪传体史籍的附庸而已。直到南宋大儒朱熹撰《伊洛渊源录》以明洛学源流，将先前史籍中的《儒林传》加以变通，合本传及相关资料为一体，始形成专门的学术史编纂体裁。明中叶以后，理学盛极而衰，步入批判与总结时期，于是周汝登《圣学宗传》出。由于周氏深受禅学影响，试图以史昌学，为表彰自身学术主张而不惜强人就我，所以颇招物议。黄宗羲即讥其书为"扰金银铜铁为一器，是海门一人之宗旨，非各家之宗旨也"[1]。入清，孙奇逢继周汝登之后著《理学宗传》，开清初学术界编纂学术史风气之先声。康熙五年，《理学宗传》成。七年之后，正值黄宗羲母八十寿辰，孙奇逢千里寄去寿诗一章，并《理学宗传》一部，以示庆贺。当时，黄宗羲尚潜心于卷帙浩繁的《明文案》编纂，未能与之南北呼应。后来，他撰《明儒学案》，虽将孙书与周汝登《圣学宗传》并讥，评为："钟元（奇逢字——引者）杂收，不复甄别，其批注所及，未必得其要领，而其闻见亦犹之海门（即周汝登——引者）也。"[2] 但是，《理学宗传》给黄宗羲的鼓舞和启示，则是显而易见的。所以，他依然如实地将孙奇逢著录于《明儒学案》，指出："《理学宗传》特表周元公、程纯公、程正公、张明公、邵康节、朱文公、陆文安、薛文清、王文成、罗文恭、顾端文十一子为宗，以嗣孟子。之后诸儒，别为考以次之。可谓别出手眼者

---

① 黄宗羲：《明儒学案》卷首，《发凡》。
② 同上。

矣。岁癸丑（康熙十二年——引者），作诗寄羲，勉以蕺山薪传，读而愧之。"[1]

以《理学宗传》为滥觞，魏裔介的《圣学知统录》、汤斌的《洛学编》、魏一鳌的《北学编》、费密的《中传正纪》、黄宗羲的《明儒学案》、张夏的《洛闽渊源录》、熊赐履的《学统》、范镐鼎的《理学备考》等接踵而起，形成兴盛一时的学术史编纂之风。不过，上述著作或如熊赐履《学统》的门户勃谿，重蹈周汝登"以史昌学"旧辙；或如范镐鼎《理学备考》的摭拾他人著述，体例参差驳杂，皆未能尽如人意。独有黄宗羲的《明儒学案》，体例严整，自成一家，堪称名副其实的"为学作史"[2]。

《明儒学案》卷首冠以《师说》，辑录刘宗周关于明代理学家的论述 20 余则，以示全书立论宗旨。以下，则"以有所授受者，分为各案。其特起者、后之学者、不甚著者，总列诸儒之案"[3]。凡立学案十七，依次为崇仁、白沙、河东、三原、姚江、浙中王门、江右王门、南中王门、楚中王门、北方王门、粤闽王门、止修、泰州、甘泉、诸儒、东林、蕺山。一如前述，黄宗羲之学，虽非王阳明、刘宗周学术所能拘囿，但他毕竟属王门后劲，历史的局限使之未能尽除门户积习。故而他以王学为一代理学大宗，认为："无姚江则古来之学脉绝矣。"[4]本此宗旨，全书极力表彰王学，王阳明及其后学竟占至三分之一以上篇幅。

黄宗羲论学，强调确立宗旨的必要，他说："大凡学有宗旨，是其人之得力处，亦是学者之入门处。天下之义理无穷，苟非定以一二字，如何约之使其在我。故讲学而无宗旨，即有嘉言，是无头绪之乱丝

---

① 黄宗羲：《明儒学案》卷五十七，《诸儒学案下五·征君孙钟元先生奇逢》。
② 梁启超：《中国近三百年学术史》十五，《清代学者整理旧学之总成绩（三）》。
③ 黄宗羲：《明儒学案》卷首，《发凡》。
④ 同上。

也。"① 因此本书于各学案前，均有作者绪论一段，提纲挈领，介绍案主学术宗旨。之后为案主本传，记其一生学行。文集、语录等资料选辑，则自案主全集纂要钩玄，置于卷末。这样一个三段式的编纂体例，结构严整，首尾一贯，显示出作者深厚的历史编纂学素养。

作为学术史，如果说朱熹的《伊洛渊源录》草创伊始，尚未尽脱旧史书列传体裁的格局，那么经孙奇逢《理学宗传》的发展，以眉批、总评综论各家学术宗旨，至黄宗羲的《明儒学案》，则集先前学案体学术史之大成，使之臻于完善和定型。之后，无论是雍乾间全祖望承黄宗羲未竟之志续编的《宋元学案》，还是近人徐世昌主持纂辑的《清儒学案》，尽管对学案体史籍的编纂都作了不同程度的发展，但是黄宗羲所厘定的规制，则始终为他们所承袭。直到梁启超融会中西史学，以专题论述的章节体撰《中国近三百年学术史》，学术史的编纂始翻过学案体的一页，迈入崭新的天地。

《明儒学案》在历史学、哲学和文献学上都具有重要的研究价值，有许多问题尚待深入探讨。从文献学的角度来说，对该书成书时间的考订，就是一个不可忽视的问题。然而，自清末黄炳垕辑成《遗献梨洲公年谱》，明确判定成书于康熙十五年以来，人们对这个结论一直没有提出过怀疑。其实，过细地检核《明儒学案》及有关故实，即可发现康熙十五年成书说的若干疑点。以下，谨就此谈一些不成熟的想法，供大家批评。

1. 如何理解黄宗羲说的"书成于丙辰之后"

黄炳垕之所以判定《明儒学案》成于康熙十五年，其立说依据虽未提出来，但从他当时所能见到的材料而言，由于黄宗羲的自编年谱早已毁于水火，因而无非就是《明儒学案》历次刻本卷首的序言，以及录入

---

① 黄宗羲：《明儒学案》卷十，《姚江学案》。

黄宗羲文集的《明儒学案序》。黄宗羲在《明儒学案序》中的确说过："书成于丙辰之后。"① 丙辰，即康熙十五年，问题在于如何理解这句话。我们认为，"书成于丙辰之后"，并不等于"书成于丙辰"。按照我国的语言文字习惯，作为一个时间概念，"某某之后"这样一种表达方式，既包括某某本身，也包括其后的一段邻近时间。这一点是不难理解的，譬如我们今天常常说的"开工之后""开学之后"，等等，人们当然不会把它仅仅理解为开工、开学的那一个时刻，或者是那一天。同样的道理，"书成于丙辰之后"，既有可能是指丙辰这一年，也有可能是指其后的一段时间，而且后一种可能性还要更大一些。否则黄宗羲当年为什么不直接说"书成于丙辰"呢？因此，黄炳垕提出康熙十五年成书说，没有把"丙辰之后"作为一个语言整体来考虑，就是欠妥当的。

2. 关于《明儒学案》的几篇序

以黄宗羲署名的《明儒学案序》，今天所能看到的，一共是文字略有异同的四篇，即《南雷文定四集》卷一的《明儒学案序》，《南雷文定五集》卷一的改本《明儒学案于序》，以及康熙间贾润父子刻本《明儒学案》卷首《明儒学案序》和雍正间贾氏后人刻本《明儒学案》卷首《黄梨洲先生原序》。两次贾刻本于黄序皆以己意作了文字上的增损，雍正本的妄加改窜，尤为大乖原意。黄宗羲原序云："书成于丙辰之后，许酉山刻数卷而止，万贞一又刻之而未毕。然抄本流传，陈介眉以谨守之学，读之而转手。汤潜庵谓余曰：'《学案》宗旨杂越，苟善读之，未始非一贯也。'"而雍正贾氏本则改作："书成于丙辰之后，中州许酉山及万贞一各刻数卷，而未竣其事。然抄本流传，颇为好学者所识。往时汤公潜庵有云：'《学案》宗旨杂越，苟善读之，未始非一贯。'此陈介眉所传述语也。"在"抄本流传"之前的改动，属于文字上的归纳，

---

① 黄宗羲：《南雷文定》四集卷一，《明儒学案序》。

尚无大谬。可是之后的改动，则把基本故实也弄乱了。"陈介眉以谨守之学，读之而转手"被全文删去；汤斌关于《明儒学案》的评语，分明是对黄宗羲亲口所述，也变成了为陈锡嘏"所传述"。这一删一增，把判定《明儒学案》成书时间的重要节目弄得面目全非！每当读至此处，不禁令人生发出"尽信书不如无书"之叹。

3. 黄宗羲与汤斌

黄宗羲与汤斌，这是一个大题目，非三言两语所能谈清楚。在这里，仅就他们之间同《明儒学案》成书有关的往还做一些董理。一如前述，根据黄宗羲写的《明儒学案序》，汤斌关于《明儒学案》的评价，是亲口对他所说，而并非由他人转告。据考，黄、汤之间会晤，平生只有一次，地点在江苏苏州。黄炳垕把这次会晤系于康熙二十七年五月[1]。实际上，之前的康熙二十六年十月，汤斌即已故世，因此二十七年会晤说自属误记。据晚清学者萧穆考订，此次晤面应为康熙二十四年[2]。从汤斌的仕历看，康熙二十三年九月至二十五年三月间，他正在江苏巡抚任上，之前和尔后则均在北京[3]。因而萧穆的考订应当是可信的。汤斌对黄宗羲谈及《明儒学案》，显然就只可能在这一次会晤中。这也就是说，《明儒学案》至迟在康熙二十四年已经完稿，不然汤斌就无从对全书进行评价了。换言之，黄宗羲所说的"书成于丙辰之后"，这个"之后"的下限，至迟可以断在康熙二十四年。

《明儒学案》的成书时间是否还可以再往上推？从康熙二十四年以前黄宗羲与汤斌的书札往复中，这个问题是很难得到解答的。现存黄、汤之间的书札一共仅三篇，而且全是汤斌写给黄宗羲的，两封载于《汤子遗书》，一封附录于《南雷文定》。康熙二十年，汤斌奉命主持浙江

---

① 黄炳垕：《遗献梨洲公年谱》七十九岁条。
② 萧穆：《敬孚类稿》卷五，《跋黄梨洲先生年谱》。
③ 杨椿：《汤文正公年谱》。

乡试，黄宗羲让他的儿子黄百家专程到杭州拜望，并带去书札一封，请汤斌为其所辑《蕺山学案》撰写序言。公务结束，行期迫促，汤斌未及把这篇序写好，便匆匆启程。后来，还是在返京途中，于船上把稿子拟就，寄给黄宗羲的。汤斌在寄送序稿的信中写道："承命作《蕺山学案》序，自顾疏陋，何能为役？然私淑之久，不敢固辞。目下匆匆起行，不敢率尔命笔。舟中无事，勉拟一稿请教，得附名简末，遂数十年景仰之私，为幸多矣。"^①这一封信说明，迄于康熙二十年，在黄宗羲与汤斌的交往中，并无《明儒学案》这个议题，当时他们之间所讨论的，只是《蕺山学案》。第二年，汤斌又从京中致书黄宗羲，据云："去岁承乏贵乡，未得一瞻光霁，幸与长公晤对，沉思静气，具见家学有本，为之一慰。《蕺山先生文录》承命作序，某学识疏陋，何能仰测高深？……某生也晚，私淑之诚，积有岁年，但识既污下，笔复庸俗，不能称述万一。惟望芟其芜秽，正其讹谬，不至大有乖误，受赐多矣。……《文录》《学案》何时可公海内？早惠后学，幸甚幸甚！"^②这就是说，汤斌不仅给《蕺山学案》写了序，而且还给《蕺山先生文录》写了序。由这封信又可以说明，直到康熙二十一年，汤斌只知道有《蕺山学案》，却并不知道有《明儒学案》。

那么，在康熙二十一年至二十四年间，汤斌又是否有可能从陈锡嘏那里见到《明儒学案》抄本，并通过陈把对该书的意见转告黄宗羲呢？这是我们接下去要弄清楚的又一个关键问题。

4."陈介眉传述"说纯属臆断

陈介眉，即黄宗羲弟子陈锡嘏，字介眉，号怡庭，浙江宁波人，康熙十五年进士。生于明崇祯七年（1634 年），卒于清康熙二十六年

---

① 汤斌：《汤子遗书》卷五，《答黄太冲》。
② 同上书卷五，《与黄太冲书》。

（1687 年），终年 54 岁。锡嘏故世后，黄宗羲曾为他撰写了一篇《墓志铭》。文中说得很明白，陈锡嘏于康熙十八年即已"告假送亲"返乡，从此"里居五年，遂膺末疾，不能出户，又三年而卒"①。可见，在康熙二十一年至二十四年间，陈锡嘏既没有，也不可能离甬北上，去同汤斌晤面。而且，据黄宗羲所撰《墓志铭》载，《明儒学案》的抄本，陈锡嘏是在病逝前不久才见到的。因此，贾氏改窜《明儒学案序》，所谓汤斌对《明儒学案》的评价，是由"陈介眉所传述"云云，就纯属臆断。

为什么会出现这样的错误？平心而论，或许并不是贾氏祖孙有意杜撰，很有可能是误会了黄宗羲在《明儒学案序》中的如下一句话："抄本流传，陈介眉以谨守之学，读之而转手。汤潜庵谓余曰……"此处所谓"转手"，指的是陈锡嘏所"谨守"的为学路径的转变，而丝毫没有将《明儒学案》抄本转交他人的意思。这可以黄宗羲为陈锡嘏所撰《墓志铭》为证。黄宗羲说："君从事于格物致知之学，于人情事势、物理上功夫，不敢放过，而气禀羸弱。……凡君之所以病，病之所以不起者，虽其天性，亦其为学有以致之也。……故阳明学之而致病，君学之而致死，皆为格物之说所误也。"这就是说，陈锡嘏早年虽从学于黄宗羲，但他的为学路径却与师门宗尚不一致，既没有师法王阳明的"致良知"，也没有继承刘蕺山的"慎独"说，走的是程朱所提倡的由"格物"而"致知"一路。所以，黄宗羲才说他是为"格物"说所误而"致死"。就在这篇《墓志铭》中，黄宗羲接着又指出："《明儒学案》成，君读之，以为镛笙磬管，合发并奏，五声十二律截然不乱者，考之中声也。君从此殆将转手，天不假之以年，惜哉！"这段话清楚地表明，陈锡嘏临死前曾经读到《明儒学案》抄本，而且决意转变早先的为学趋向，可惜天不遂人愿，赍志而殁。足见，把《明儒学案序》同《怡庭陈君墓志铭》校读，"转手"之所指，昭然若揭。

---

① 黄宗羲：《南雷文定》后集卷三，《怡庭陈君墓志铭》。

《怡庭陈君墓志铭》，是判断《明儒学案》成书时间的一篇关键文字。文成于康熙二十六年三月陈锡嘏病逝后不久，翌年十月《南雷文定后集》刊行，即著录于该书卷三。在黄宗羲的现存著述中，除《明儒学案序》之外，直接谈到《明儒学案》成书的，就是这一篇文章。而且这篇文章还先成于《明儒学案序》一年左右的时间。从行文次第看，"天不假之以年，惜哉"之后，紧接着就是"乙丑岁暮，余过甬问病，君以千秋相托"。乙丑，即康熙二十四年，为陈锡嘏逝世前两年。看来，很可能就是在此次东行中，黄宗羲带去了《明儒学案》抄本，陈锡嘏读后，虽决意转变为学趋向，但无奈病势已深，不得不"以千秋相托"于黄宗羲。翌年，陈锡嘏病情略有起色，曾经致书黄宗羲，大概就是在那封信中表示了转变为学趋向的愿望，所以黄宗羲才会"为之狂喜"，锡嘏病逝，他也才会发出"天不假之以年，惜哉"的喟叹。如果这一揣测能够成立，那么又印证了我们在前面所作的完稿时间至迟在康熙二十四年的判断。

5.《明儒学案》能否在康熙十五年成书

以上，通过对同《明儒学案》成书有关故实的考订，我们认为，它的完稿不应该早于康熙二十三、二十四年间。接下去，准备讨论一下该书能否在康熙十五年成书的问题。

首先，康熙十四年七月，黄宗羲才把《明文案》编成，这部卷帙长达 207 卷的书，耗去了他 8 年的时间。既无三头六臂，要在此后短短一年的时间里，又接着去完成一部 62 卷的《明儒学案》，恐怕是不大可能的。何况当时又正值三藩为祸，烽烟四起，动乱的时局也不允许他有安宁的境遇去潜心著述。事实上，从康熙十五年至十九年间，黄宗羲为生计所迫，就一直在浙西同海宁知县许三礼周旋。寄人篱下，岂能随心所欲？

其次，《明儒学案》卷六十一，"东林学案四·吴钟峦"条有云：

"某别先生，行三十里，先生复棹三板追送，其语痛绝。……今抄先生学案，去之三十年，严毅之气，尚浮动目中也。"据考，吴钟峦为黄宗羲早年在南明鲁王政权中的同僚，黄、吴在舟山作别，时当顺治六年（1649 年）秋，[①]"去之三十年"，则已是康熙十八年。由此至少可以说明，迄于康熙十八年，《明儒学案》中的《东林学案》并未完稿。

再次，《明儒学案》卷六十二《蕺山学案》卷首，黄宗羲解释了他早先之所以不为同门友人恽日初所辑《刘子节要》作序的道理，末了他说："惜当时不及细论，负此良友。"黄宗羲在这里所用的"负此良友"四字，一如他在《思旧录》中所惯用的那样，是对已故友人负疚心理的一种抒发。这就说明，当黄宗羲纂辑《蕺山学案》时，恽日初已经故世。据考，恽日初，字仲升，号逊庵，江苏常州人，康熙十七年病逝，终年 78 岁[②]。噩耗传至浙江，时间当更在其后。可见，《明儒学案》中的《蕺山学案》，也并非康熙十五年竣稿，至少此后两年，它还在编写之中。

最后，《明儒学案》不可能成书于康熙十五年，还可以黄宗羲同时学者陆陇其《三鱼堂日记》为证。据称，康熙二十年"五月初一，仇沧柱（名兆鳌，黄宗羲弟子 —— 引者）以黄太冲《学案》首六卷见赠。其书序述有明一代之儒者，可谓有功，而议论不无偏僻。盖执蕺山一家之言而断诸儒之同异，自然如此"[③]。参以前引汤斌书札，此处所称《学案》，当即《蕺山学案》无疑。可见，迄于康熙二十年五月，《蕺山学案》并未完稿，只是以前六卷在学者中流传。至于陆陇其故世后，其弟子吴光酉辑《陆稼书先生年谱定本》所记，康熙十七年十月，谱主曾在京中听翰林院学士叶方蔼"言黄太冲《学案》，嫌其论吴康斋附石

---

① 全祖望：《鲒埼亭集》卷十一，《梨洲先生神道碑文》。
② 恽珠：《恽逊庵先生家传》，载《恽逊庵先生文集》卷首。
③ 陆陇其：《三鱼堂日记》卷七。

亨事，不辨其诬，而以为妙用，不可训"①。当亦系就此六卷未完本加以评论。

综上所述，《明儒学案》成于康熙十五年一说，显然是不能作为定论的。我们罗列诸多依据，所提出的完稿于康熙二十三、二十四年间的看法，严格地说来，也还包含若干推测成分。不过，有一点则可以明确，《明儒学案》初名《蕺山学案》，直到康熙二十年亦未竣稿，仅以前六卷流传。至于改题今名，已是康熙二十四至二十六年间的事情。

（四）《留书》与《明夷待访录》

在清代学术史上，黄宗羲成就宏富，贡献甚多。作为一个杰出的思想家，他的理论贡献突出地表现为对于君主专制政权体制的系统批判。中国古代的君主专制，至明代空前强化，经济、政治、军事、学术文化，所有的社会生活领域无不为这一政权体制严重桎梏。明末的启祯两朝，可谓登峰造极。始而宦官祸国，熹宗甘为傀儡。继之毅宗朝纲独揽，凡事钦承宸断，内阁重臣动辄得咎，宛若走马灯倏起倏落。至此，这一政权体制的黑暗暴露无遗，最终导致明王朝的覆灭。入清以后，基于总结明亡历史教训的需要，黄宗羲率先提出了对君主专制政权体制的评价问题，并进而规划出内容广泛的变革方案。

早在顺治十年秋，他即撰为《留书》一部。全书分《文质》《封建》《卫所》《朋党》《史》《田赋》《制科》《将》等八篇。关于中国古代政权形式的演变，历代兵制，尤其是明代卫所制度的得失，以及晚明的党争等问题，都已成为黄宗羲的研究对象。至于这部书的撰述缘起，黄宗羲于序言中有明确交代，他说："古之君子著书，不惟其言之，惟其行之也。仆生尘冥之中，治乱之故，观之也熟，农琐余隙，条其大者，为书

① 吴光酉：《陆稼书先生年谱定本》卷上，四十九岁条。

八篇。仰瞻宇宙，抱策焉往，则亦留之空言而已。……吾之言非一人之私言也，后之人苟有因吾言而行之者，又何异乎吾之自行其言乎？是故其书不可不留也。"[①] 这就是说，《留书》是一部探讨"治乱之故"的著述，著者空怀经世之志而用武无地，于是唯有见之著述，留俟代清而兴者采纳以见诸实行。由于当时复明的愿望尚存于胸，因此黄宗羲在书中称明朝为"本朝"，斥清朝为"伪朝"，"戎狄"与"中国"的畛域之分，贯穿首尾，偏见显然。他倡言："自三代以后，乱天下者无如夷狄矣。"[②] 又说："中国之与夷狄，内外之辨也。以中国治中国，以夷狄治夷狄，犹人不可杂于兽，兽不可杂于人也。"[③] 他甚至主张："改撰《宋史》，置辽、金、元于四夷列传，以正中国之统。"[④] 类似的见解，偏激迂腐，实不可取。在清初的历史条件下，也是无法公之于世的。因此该书脱稿后，黄宗羲一直把它留存箧中，未予刊布。

康熙元年，南明永历政权崩溃，复明化为泡影，黄宗羲转而走向以著述救世的道路。于是他将先前在《留书》中的理论探讨加以深化，于翌年完成了他的不朽名著《明夷待访录》。

《明夷待访录》不分卷，包括《原君》《原臣》《原法》《置相》《学校》《取士》《建都》《方镇》《田制》《兵制》《财计》《胥吏》《奄宦》等13篇。如果说《留书》的撰写，抨击弊端，旨在复明，那么《明夷待访录》的成书，则已逾出"一姓之兴亡"，成为对君主专制政权体制的系统批判。其主要之点在于，首先，是明确君臣职分，论证在同样致力于天下万民忧乐的前提下，君臣二者"名异而实同"的道理。黄宗羲以秦为界，把中国古代历史划为两截，他称秦以前的时代为"古"，尔后的历代王朝皆为"今"。他认为："古者以天下为主，君为客，凡君之

---

① 黄宗羲：《留书》卷首，《题辞》，载《文献》1985 年第 4 期。
② 同上书《封建》。
③ 同上书《史》。
④ 同上书《史》。

所毕世而经营者，为天下也。"所以，"天下之人爱戴其君，比之如父，拟之如天，诚不为过。"然而"今也以君为主，天下为客，凡天下之无地而得安宁者，为君也"。由于主客关系的颠倒，因之造成人君的专擅独裁，以致"天下之人怨恶其君，视之如寇仇，名之为独夫"。于是他据此提出了"为天下之大害者，君而已矣"的激进见解。黄宗羲虽然如此猛烈地抨击秦以后的历代君主，但是他并不是要否定君主制度。他憧憬"三代之治"的恢复，期待圣明君主的出世。在他的心目中，做人君的标准只有一条，那就是"不以一己之利为利，而使天下受其利；不以一己之害为害，而使天下释其害"。用他的话来说，这就叫作"为君之职分"①。既然职分已明，那么数千年来"臣为君而设"的传统偏见，就理所当然应予否定。于是黄宗羲随之阐明了他的君臣观。在他看来，同人君一样，臣工的出仕，目的也只有一条，就是："为天下，非为君也；为万民，非为一姓也。"因而他认为，一个人如果不出仕，则与人君形同路人；倘若出仕，则不能做人君的"仆妾"，应当是人君的"师友"。正是以"为天下""为万民"为前提，黄宗羲响亮地提出了"天下之治乱，不在一姓之兴亡，而在万民之忧乐"的主张。也正是由此出发，他否定了明代废宰相不设的举措，把朝廷官员称为"分身之君"②，试图以宰相去限制君权。同时，他进而指出，君臣之间并不存在不可逾越的鸿沟，"非独至于天子遂截然无等级"③，从而完成了他的"臣之与君，名异而实同"④的理论论证。

其次，是关于"有治法而后有治人"的法治主张的提出。一个国家应当依靠法治，还是依靠人治？这在中国古代一度展开过论争。西汉武帝时，随着儒家学说的崇奖，靠所谓"君子"治国的人治思想确立。从

---

① 黄宗羲：《明夷待记录·原君》。
② 同上书《置相》。
③ 同上。
④ 同上书《原臣》。

此，"有治人而后有治法"的教条风行，成为历代王朝治国的一条基本纲领。黄宗羲思想的卓越之处，在这个问题上集中表现为对传统偏见的大胆否定。如同对君臣职分的论证一样，黄宗羲也把中国历史上的法律分为两种。他认为秦以前的法律并非"为一己而立"，因而是"天下之法"，又叫"无法之法"。而秦以后的法律，其出发点则是维护一家一姓的私利，力图以之去"思患于未然"，因此是"一家之法"，又称"非法之法"。在他看来，正是因为秦以后的法律步入歧途，因而尽管历代都制定了严密的法度，但是"天下之乱即生于法之中"，以致形成"天下之治乱不系于法之存亡"的怪现象。于是黄宗羲挣脱传统思想的约束，大胆地提出了"有治法而后有治人"的主张，断言："三代以上有法，三代以下无法。"[①] 为了遏制人君的践踏法律，他还主张极大地提高学校和学官的地位，发出了"公其是非于学校"的呐喊。他指出："天子之所是未必是，天子之所非未必非，天子亦遂不敢自为是非，而公其是非于学校。"[②]

再次，是以"富民"为宗旨的经济思想的阐述。"藏富于民"，这是中国古代思想家的传统经济主张。黄宗羲从明末经济崩溃的严酷现实出发，总结历代经济政策的成败利弊，就土地制度、赋役承担、商业活动、钱法钞法等封建国家基本经济问题，系统地阐述了自己的意见，发展了前人的"富民"思想。黄宗羲看到，明朝的灭亡既有政治方面的原因，也有经济方面的根源。他把后者归结为两点，一是"夺田"，二是"暴税"。针对土地兼并，他主张恢复三代的井田制，"授田以养民"。为杜绝苛捐杂税的横征暴敛，他提出了"重定天下之赋"的主张，集中到一点就是："授田于民，以什一为则。未授之田，以二十一为则。其户口则以为出兵养兵之赋。"至于赋税的具体缴纳方式，黄宗羲主张

---

① 黄宗羲：《明夷待访录·原法》。
② 同上书《学校》。

"任土所宜"，反对征银而强民之所难。他认为："出百谷者赋百谷，出桑麻者赋布帛，以至杂物皆赋其所出，斯民庶不至困瘁尔。"① 与之相一致，黄宗羲对货币制度进行了集中探讨。鉴于明代钱法、钞法的败坏，"但讲造之之法，不讲行之之法"的积弊，他一方面主张："废金银，使货物之衡尽归于钱"，以畅流通渠道，"使封域之内，常有千万财用流转无穷"②。另一方面则从移风易俗的根本之点入手，致力于培养去奢从俭的良好社会风尚。尤为可贵者，还在于黄宗羲的"富民"思想一反轻视工商活动的传统偏见，对"崇本抑末"的封建国家经济政策作出了新的解释。他认为，除"为巫而货"和"为奇技淫巧而货"之外，其他正常的工商活动都不应视为经济末务。黄宗羲从是否"切于民用"的立场出发，论证了正常的工商活动在封建国家经济生活中的根本地位。他正确地指出："世儒不察，以工商为末，妄议抑之。夫工固圣王之所欲来，商又使其愿出于途者，盖皆本也。"③

《明夷待访录》在清初不胫而走，曾引起思想界的共鸣。康熙十五年，顾炎武就此致书黄宗羲，称道有了此书，"百王之敝可以复起，而三代之盛可以徐还"④。后来，这部书虽在乾隆间遭清廷禁毁，但是到清末复出，对维新思潮的兴起，还产生过积极的推动作用。梁启超先生等视之为"刺激青年最有力之兴奋剂"，把它"作为宣传民主主义的工具"⑤，不是没有道理的。

① 黄宗羲：《明夷待访录·田制三》。
② 黄宗羲：《明夷待访录·财计二》。
③ 黄宗羲：《明夷待访录·财计三》。
④ 顾炎武：《亭林佚文辑补·与黄太冲书》。
⑤ 梁启超：《中国近三百年学术史》五，《阳明学派之余波及其修正》。

七 吕留良与浙西学术

清初浙学，大致以钱塘江为界，有东西两部之分。两浙学术同出刘宗周，亦同以经世为目的，后随社会环境变迁而渐趋分化。章学诚把这种分化归纳为"浙西尚博雅，浙东贵专家"[1]，不失为一家之言。然而就学术宗尚而言，两浙之学可谓壁垒分明，形同敌国。浙东以黄宗羲为巨擘，在护卫王阳明学说之中将其扩而大之，治史以经世。浙西则自张履祥发端，吕留良大张其帜，抨击陆王学术，表彰朱熹学术，尊朱以经世。

（一）吕留良学术溯源

吕留良，一名光轮，字用晦，又字庄生，号晚村，暮年削发为僧，名耐可，字不昧，号何求老人。浙江崇德（今桐乡）人。生于明崇祯二年（1629年），卒于清康熙二十二年（1683年），终年55岁。他生前以评选时文，倡导朱熹学说著称于世。故世后，于雍正间为文字冤狱祸及，被清世宗斥为"名教中之罪魁"[2]，惨遭剖棺戮尸，直到清亡，冤狱始得昭雪。

吕留良出生在一个世代为官的家庭。其祖父熿，于明嘉靖间娶江西淮庄王女为妻，荣耀一时。其父元学，做过安徽繁昌知县。崇祯十一年（1638年），他的三兄愿良集合浙中文士千余人结为澄社，与应社、

---

① 章学诚：《文史通义》（大梁本）卷五，《浙东学术》。
② 《清世宗实录》卷八十一，雍正七年五月乙丑条。

复社、几社后先接武，遥相呼应。吕留良自幼养于三兄，敬之"如严父"①，亲承謦欬，受到以文会友风气的影响。三年后，崇德名士孙爽结征书社于乡里，孙爽见吕留良文，惊为畏友，欣然邀留良与其侄宣忠入社。留良时年仅13岁。自此，叔侄二人追随孙爽"论列古今及当世擘画"②，结为忘年之交。留良与宣忠虽为叔侄，但他却少侄儿4岁，学文习武，形影不离。吕宣忠从13岁起，即"窃习骑射，审究兵法"③。吕留良亦步亦趋，年少翩翩也能"弯五石弧，射辄命中"④。

　　在明清更迭的大动荡年代里，吕留良一家被卷入了历史的旋涡。三兄愿良，于顺治元年五月南明弘光政权建立后，随史可法镇守扬州，任军前赞画推官。二年五月，弘光政权灭亡，清军挥戈入浙，吕留良与宣忠投笔从戎。他"散万金之家以结客"⑤，召募义勇，起而抗清。他们与浙东鲁王政权暗通声气，宣忠被任命为总兵都督佥事，挂扶义将军印。在与清军的连年对抗中，吕留良出没于浙西铜炉、石镜诸山中，"窜伏林莽"，艰苦备尝⑥。他的左股即在此时中箭负伤。兵败，吕宣忠于顺治四年被捕入狱，后以"号众为叛"处死。临刑，留良冒险相送，叔侄二人"谈笑如常时，究无一语及家事"⑦。

　　吕宣忠的蒙难，对吕留良是一个沉重的打击。顺治五年，他结束在山中的流亡，返回家园。这时的吕氏家族，迭遭打击，已经失去了先前的显贵。继吕宣忠死难之后，吕留良的三兄、四兄先后去世，尤其是顺治八年挚友孙爽的病逝，使他越发"落魄不自振"，不禁发出了"生才少壮成孤影，哭向乾坤剩两眸"⑧的哀号。孤独无友，举目茫茫，而

①　吕葆中：《行略》，载《吕晚村先生文集》卷末附录。
②　吕留良：《吕晚村先生文集》卷七，《孙子度墓志铭》。
③　查继佐：《国寿录》卷三，《诸生挂扶义将军印吕子传》。
④　吕葆中：《行略》，载《吕晚村先生文集》卷末附录。
⑤　张符骧：《依归草》二刻卷下，《吕晚村先生事状》。
⑥　章炳麟：《太炎文录续编》卷六，《书吕用晦事》。
⑦　查继佐：《国寿录》卷三，《诸生挂扶义将军印吕子传》。
⑧　吕留良：《吕晚村诗集·伥伥集》，《余姚黄晦木见赠诗次韵奉答》。

仇家又抓住他早先的抗清经历，落井下石，"猰叫不已"①。为免遭陷害，吕留良被迫于顺治十年改名光轮，出应科举考试，时年25岁。

自从进入科场之后，违心地去为功名角逐，使他苦闷已极。由于百无聊赖，顺治十二年冬，吕留良应友人陆文霖之请，结伴到苏州，租得小屋一间，做起评选时文的事情来。直到十七年，清廷严禁文士结社，他才在家园"梅花阁"专意教授子侄。此时，他结识了黄宗羲、宗炎兄弟和鄞县隐士高斗魁。黄、高早年皆出没于抗清营垒，兵败，抱定不仕清廷之志，执意不入科场。歧路彷徨中的吕留良，如饥渴而得饮食，同他们一见如故。在与黄宗羲等人的交往中，他对"失脚俗尘"②的往事痛自反省，决意离开科场，归隐南村。在康熙四年所作《耦耕诗》中，他写道："谁叫失脚下渔矶，心迹年年处处违。雅集图中衣帽改，党人碑里姓名非。苟全始信谈何易，饿死今知事最微。醒便行吟埋亦可，无惭尺布裹头归。"③吕留良以此抒发误入科场的怅恨，道出了他不与清廷合作的决心。翌年，正值府学例考，他向学官出示前诗，扬长而去。

自康熙五年（1666年）离开科场后，吕留良转而致力于"治乱之原"的探讨，把自己的后半生推向一个新的阶段。这时，吕留良已届中年。在此后的岁月里，他主要做了三件事：一是提囊行医，以医为隐；二是重操旧业，评选时文；三是与桐乡学者张履祥等人结为同志，刻印书籍，表彰朱熹学说。

吕留良之学，受张履祥影响极深。清初浙西诸儒，以表彰朱学而足以同浙东王学大儒黄宗羲相颉颃者，当首推张履祥。张履祥，字考夫，号念芝，学者尊为杨园先生，浙江桐乡人。生于明万历三十九年（1611年），卒于清康熙十三年（1674年），终年64岁。他早年服膺王守仁、王畿之说，也是王学营垒中人。崇祯十七年二月，师从刘宗周，

---

①　张符骧：《依归草》二刻卷下，《吕晚村先生事状》。

②　吕留良：《吕晚村先生文集》卷一，《与张考夫书》。

③　吕留良：《吕晚村诗集·侐侐集》，《耦耕诗》。

讲求"慎独"之学，依然未脱王学藩篱。经历明清更迭的大动荡，严酷的现实迫使张履祥去进行反思。于是他从读朱熹所辑《小学》《近思录》入手，自顺治七年以后，修正师说，进而向王学反戈一击。刘宗周之学以"慎独"为宗旨，鉴于王学末流的狂禅习气，他力倡"学以诚意为极则"，因此课徒授业，始终"以诚意为教"。张履祥则认为："诚意二字，意字不必讲，只当讲诚字。"①　他说："己丑、庚寅（顺治六年、七年——引者）之间，友人有谓予忠信者。颜雪癯恶我者也，应之曰：'不明乎善，不诚乎身，忠信安得而称之！'季心爱我者也，规予曰：'欲诚其意，先致其知，当努力于格物功夫。'予思之，深中予病，并佩服之。"②　从此，他深信"《大学》之道，格物而已矣"③，由刘宗周的"慎独""诚意"，转向了朱熹的"格物穷理"。为了表彰朱学，张履祥向王学发起猛攻，他说："姚江以异端害正道，正有朱紫苗莠之别，其弊至于荡灭礼教。今日之祸，益其烈也。"④　他还将王学与禅学并提，断言："姚江之教，较之释氏，又所谓弥近理而大乱真也。"⑤　到他晚年应聘执教于吕留良家塾时，遂以恪守朱学深刻影响吕氏父子与浙西诸儒。这样，由张履祥首倡，经吕留良大张其帜，浙西朱学便与浙东王学若双峰峙立，雄视一方。

由于对朱熹学说的极力表彰，晚年的吕留良，"身益隐，名益高"⑥。康熙十七年，清廷诏举博学鸿儒，浙江地方当局意欲将他列名荐牍。吕留良以死拒荐，总算把风波躲过。一年后，嘉兴知府又拟以"隐逸"荐其出仕。消息传来，吕留良索性"剃发入山"⑦，结茅庐"风雨

---

① 张履祥：《杨园先生全集》卷二十，《书某友心意十问后》。
② 同上书卷三十九，《备忘录一》。
③ 同上书卷三十七，《初学备忘下》。
④ 同上书卷四，《答沈德孚》。
⑤ 同上书卷三十九，《备忘录一》。
⑥ 吕葆中：《行略》。
⑦ 吕留良：《吕晚村先生文集》卷四，《复苗采山刘素冶书》。

庵"于埭溪妙山。从此"屏绝礼数，病不见客"①，最终实现了"醒便行吟埋亦可，无惭尺布裹头归"的夙愿。他死后 40 余年，由于曾静反清案的牵连，于雍正十年（1732 年）被"戮尸枭示"②，子孙及门人等，或同遭戮尸，或惨死屠刀，或流徙东北为奴，罹难之酷烈，在清代历史上实属罕见。

吕留良工于诗文，所写各体诗 400 余首，曾于晚年自行删定，以《何求老人残稿》抄藏于家。其他序跋传状、论学书札及短篇杂著，则于故世后，以《文集》《续集》刊行。他通晓医道，行医心得除散见于论医诸书札外，还有《赵氏医贯评》问世。他一生于《四书》用力最勤，平日与子侄及门人的授书记录和关于《四书》的评语等，在康熙二十三年以后，由其门人周在延、陈錝、车鼎丰分别以《四书语录》、《四书讲义》和《吕子评语》陆续印行。乾隆间，吕留良著述及各种时文选本，虽屡经禁毁，焚弃殆尽，但民间仍有收藏。晚清，文网松弛，纷纷复出。光绪间，《吕晚村先生文集》重为刊行。民国初，《吕晚村诗集》也得以刊布于世。

（二）吕留良思想研究中的几个问题

由于历史的原因，吕留良思想的研究直到清亡才有人去做。就所涉及者而言，或如徐世昌先生《清儒学案》的略而不论，或如梁启超先生《中国近三百年学术史》的语焉未详，起步伊始，研究尚浮在表层。后来，钱穆先生著《中国近三百年学术史》，掩徐、梁二家而上，把这方面的研究导向了深入。今天，我们有梁先生，尤其是钱先生的研究为基础，至少以下几个问题可以得到共识。

①　吕留良：《吕晚村先生文集》卷八，《癸亥初夏书风雨庵》。
②　《清世宗实录》卷一百二十六，雍正十年十二月乙丑条。

1. 吕留良并非"时文选家"

考察吕留良一生的学术活动，我们可以看到，从顺治十二年起，他便开始从事时文评选，此后虽曾一度中断，但自康熙五年后，这方面的兴趣益趋浓厚，直到康熙十二年以后，才最终结束选文生涯。其间，经他评选结集的时文本子，竟多至20余种，"风行海内，远而且久"①。这样一来，吕留良之学遂为时文评选所掩，以致有"时文选家"之称。

八股时文的评选，是为了供科举士子考试之用，明清之际，风行一时。吕留良为什么要花20余年的精力去做这样的事情？要回答这个问题，我们以为宜以康熙五年为界，将吕留良的时文评选分作前后两个阶段来进行评价。

第一阶段，即顺治十二年至康熙五年，吕留良之所以从事于时文评选，首先是当时文人结社之风所使然。据黄宗羲说："集士子私试之经文而刻之，名之曰社。"②可见，结社与选刻文字密不可分。吕留良也说过"凡社必选刻文字以为囮媒"，"选与社例相为表里"③的话。他自13岁便入征书社，翌年，社中即有"行书临云"之选。入清以后，迄于顺治末，结社之风不息，吕留良于顺治十四年就曾在崇德重兴社事。既然"选与社例相为表里"，因此他在这一时期的从事选文，便是文人结社之风盛行的必然结果。

其次，这也同吕留良此时的歧路彷徨分不开。在《庚子程墨序》中，他曾直言不讳地写道："乙未（顺治十二年 —— 引者，下同）之冬，燕坐元览楼，群居块然，无所用其心，因与雯若同事房选。"接着又指出："酉、戌（顺治十四、十五年）以来，类皆分阅而互参，凡有

---

① 王应奎：《柳南续笔》卷二，《时文选家》。
② 黄宗羲：《南雷余集·钱孝直墓志铭》。
③ 吕留良：《吕晚村先生文集》卷五，《东皋遗选序》。

事一选，辄屏弃他业，汲汲顾影，以徇贾人之志。"① 这就是说，吕留良此时的从事时文评选，一方面是为了寄托"无所用其心"的精神空虚，另一方面则无非是一种谋生手段。因此，这一阶段吕留良的时文评选，并无多大历史价值可言，甚至消极影响或许比积极因素更多一些。因为这样的时文选本风行的结果，并不是引导知识界关注社会现实，而是沉溺于举业功名。这一点是无须讳言的。

如果吕留良的学术活动仅仅局限于此，那么他确实至多只能算是一个"时文选家"。然而康熙五年以后，情况就大不一样了。当时，文人结社已为清廷严禁，评选时文再也不是例行事情。可是，吕留良却依然把它继续下来。他之所以要这样做，则另有目的。他说："某跧伏荒塍，日趋耸固，偶于时艺，寄发狂言，如病者之呻吟，亦其痛痒中自出之声。"② 这就是说，他是要借时文评选来抒发胸中的郁积。吕留良胸中的郁积是什么？他的儿子吕葆中为其所写《行略》，于此有过阐述，文中写道："于是归卧南阳村，向时诗文友皆散去。乃摒挡一切，与桐乡张考夫、盐官何商隐、吴江张佩葱诸先生及同志数人，共力发明洛闽之学，大声疾呼，不顾世所讳忌。穷乡晚进有志之士，闻而兴起者甚众。"③ 郁积于胸而为世所忌讳的议论，在当时的历史条件下，不外乎就是两个方面，其一为有触清廷禁忌的政治主张，其二则是对盛行于浙东的王阳明心学的抨击。吕留良故世后，他的弟子车鼎丰辑《吕子评语》刊行，曾在卷首指出："此编自成吕子明道救时之书，与从来讲章本头丝毫不相比附。时下动将吕子之说，夹和蒙、存等说数，一例编纂混看，此种冤苦，直是无处申诉。"车鼎丰特别强调："吕子评刻时文，不过借为致其说于天下之具耳。"④ 后来，湖南人曾静正是读了吕留良评选

---

① 吕留良：《吕晚村先生文集》卷五，《庚子程墨序》。
② 同上书卷一，《与施愚山书》。
③ 吕葆中：《行略》。
④ 车鼎丰：《吕子评语正编》卷首，《凡例》。

的时文，才走上反清道路的。雍正初，曾静反清案败露，在清廷审讯时，曾氏供称："生长山僻，素无师友，因应试州城，得见吕留良评选时文，内有妄论'夷夏之防'，及'井田''封建'等语，遂被鼓惑。"[1]

足见，康熙五年以后吕留良的时文评选，已经与前一阶段不可同日而语。此时的选文，不过是借以阐发其政治主张和学术见解的手段，有着比较鲜明的"经世致用"色彩。这也就是他的学生车鼎丰所说的"明道救时"。吕留良于康熙五年的断然离开科场，这件事本身就不仅是他不仕清廷之志的表现，而且也显示了他对八股时文的蔑弃。因此，笼统地去谈吕留良的时文评选，甚至武断地把他视为"时文选家"，是不妥当的。事实上，吕留良对此早有澄清，他说："某喜论《四书》章句，因从时文中辨其是非离合，友人辄怂恿批点，人遂以某为宗宋诗、嗜时文，其实皆非本意也。"[2] 他尤其憎恶"时文选家"之称，指出："某僻劣无似，于选家二字，素所愧耻。"[3] 又说："选手二字，某所深耻而痛恨者。"[4] 何以要耻为"选家"？吕留良认为："近世人品文章，皆为选手所坏。"他说："目未识贵人，辄呼其字，甫若旧知深好。名未通一刺，已谱叙交契，攀搭线索，谓某某手授邮寄。士林廉耻之道，至此扫地尽矣。"[5] 为了表明不与时文选家为伍的志向，他于康熙十二年以后断然结束了选文生涯。

从此，吕留良便倾注全力于朱熹学说的表彰，成为清初倡导朱学的先行者之一。吕留良的学术活动，在康熙初叶的学术界，一度引起南北学者的重视。同时学者王弘撰，把吕留良对朱学的崇尚，同顾炎武之于经史、毛奇龄之于音韵、梅文鼎之于历数、顾祖禹之于地理并提，指

---

[1]　《清世宗实录》卷八十一，雍正七年五月乙丑条。

[2]　吕留良：《吕晚村先生文集》卷一，《答张菊人书》。

[3]　同上书卷二，《答许力臣书》。

[4]　同上书卷二，《答赵湛卿书》。

[5]　同上。

出："近时崇正学，尊先儒，有功于世道人心者，吕晚村也。"① 阎若璩更因之把吕留良评为清初"十二圣人"之一。② 清代第一个从祀孔庙的理学名臣陆陇其，在康熙十一、十二年间，访吕留良于嘉兴。事后，陆陇其不胜怀念地追述道："陇其不敏，四十以前，亦尝反复于程、朱之书，粗知其梗概。继而纵观诸家语录，糠秕杂陈，珷玞并列，反生淆惑。壬子、癸丑，始遇先生，从容指示，我志始坚，不可复变。"③ 稍后的著名文学家戴名世，在谈及吕留良的学术贡献时，也作了充分的肯定。他说："吾读吕氏之书，而叹其维挽风气，力砥狂澜，其功有不没也。……二十余年以来，家诵程、朱之书，人知伪体之辨，实自吕氏倡之。"④

吕留良在清初学术史上的地位，以"时文选家"四字显然是不足以赅括的。然而，由于他在文字冤狱中罹难，清代雍正中叶以后的学者，对其学术地位或噤若寒蝉，不置一词，或人云亦云，以讹传讹，贬之为"时文选家"。这是极不公正的，也违背了历史的真实。我们理应拨去这一层人为的迷雾，还其以历史的本来面目。

2."尊朱辟王"论的实质

在清初学术界，吕留良以坚定的"尊朱辟王"面貌出现。他不仅大量印行程朱遗著，而且反复重申对朱熹学说的笃信和尊崇，他说："某平生无他识，自初读书即笃信朱子之说。"⑤ 又说："凡朱子之书，有大醇而无小疵，当笃信死守，而不可妄置疑凿于其间。"⑥ 因此，为了维护和表彰朱学，他指责王学为"阳儒阴释"的禅学，主张："今日辟邪，

---

① 王弘撰：《山志》二集卷五，《著述》。
② 阎若璩：《潜丘札记》卷五。
③ 陆陇其：《三鱼堂文集》卷十二，《祭吕晚村先生文》。
④ 戴名世：《戴名世集》卷四，《九科大题文序》。
⑤ 吕留良：《吕晚村先生文集》卷一，《答吴晴岩书》。
⑥ 同上书卷一，《与张考夫书》。

当先正姚江之非。"①甚至断言："陈献章、王守仁，皆朱子之罪人，孔子之贼也。"②吕留良对王学的抨击，并不比同时朱学中人张烈、陆陇其等和缓，对朱学的表彰，也不比熊赐履、李光地辈逊色。但是，能否因此就把吕留良的"尊朱辟王"同上述诸人相提并论？他为什么对王学如此深恶痛绝？他尊崇朱学的目的又在哪里？这正是把握吕留良思想的实质所必须解决的问题。

吕留良为什么要抨击王学？前人曾经有过这样一种看法，认为这是吕留良因怨愤而蓄意与黄宗羲立异。此说肇自黄宗羲的弟子万言及后学全祖望。万言说："晚村攻阳明，即所以攻梨洲。"③全祖望则说："岂知其滥觞之始，特因澹生堂数种而起。"④万、全二人挟门户之私，为个人恩怨所局限，以致曲解吕留良的学术主张，显然不足为据。不过，在吕留良痛斥王学的时候，他的一些友人也的确担心他陷入门户纷争的泥淖。吕留良曾经对此再三加以解释，他说："弟之痛恨阳明，正为其自以为良知已致，不复求义理之归。非其所当是，是其所当非，颠倒戾妄，悍然信心，自足陷人于禽兽非类，而不知其可悲。乃所谓不致知之害，而弟所欲痛哭流涕，为天下后世争之者也。"⑤这就是说，吕留良之所以抨击王学，并非出于个人恩怨，也非门户之争，而是因为王阳明的"致良知"说"陷人于禽兽非类"，所以他才要"痛哭流涕，为天下后世争"。

何谓"陷人于禽兽非类"，以致使吕留良为之"痛哭流涕"？说得直接一些，就是明朝灭亡，清朝入主。因此，吕留良进而指出："道之不明也，几五百年矣。正、嘉以来，邪说横流，生心害政，至于陆沉，

---

① 吕留良：《吕晚村先生文集》卷二，《复高汇游》。
② 同上书卷一，《答吴晴岩书》。
③ 吴光酉：《陆稼书先生年谱定本》卷下，五十四岁条。
④ 全祖望：《鲒埼亭集外编》卷十七，《小山堂祁氏遗书记》。
⑤ 吕留良：《吕晚村先生文集》卷二，《与某书》。

此生民祸乱之原，非仅争儒林之门户也。"①这一段话，把吕留良憎恶王学的根源和盘托出，那就是因为王学的泛滥，酿成了明朝的覆亡。在他看来，对王学采取一个什么样的态度，不只是为了争儒林的门户，而且是关系到天下治乱的大是大非问题。因此他说："所论者道，非论人也。论人，则可节取恕收，在阳明不无足法之善；论道，必须直穷到底，不容包罗和会。一著含糊，即是自见不的。"②这样，吕留良便把他的"尊朱辟王"，同"今日之所以无人，以士无志也"的历史反思融为一体了。他说："今日之所以无人，以士无志也。志之不立，则歧路多也。而歧路莫甚于禅，禅何始乎？始于晋。今中国士夫方以晋人为佳，而效之恐不及，又孰知有痛乎！"③吕留良在这里所说的"痛"，指的显然是国家和民族的存亡。然而，由于历史和阶级的局限，他无法准确地去把握治乱兴亡的根源，只是片面地将其归结为禅学。因此，他便将西晋的嵇康、阮籍，北宋的王安石、苏轼，南宋的陆九渊以及明朝的王守仁、李贽，一概斥为以禅学导致"乾坤反覆"的罪人。他指出："吾侪身受其祸，谓宜谈虎色变矣，而犹多浸淫游戏于其中，其于治乱之原，殆有所未审耳。"④

固然，把明朝的灭亡归咎于王学，这与历史实际相去甚远，将王安石等人斥为罪人，更淆乱了历史的是非，同样都不能为我们所赞成。但是，作为一个学者和思想家，吕留良对明朝灭亡原因的沉痛探索，并进而总结中国历史上清谈误国的教训，则是应当予以肯定的。试图使清初知识界从王学末流的玄谈中猛醒，转向治乱之原的探讨，这无疑是具有历史进步意义的，它也正是吕留良学术思想的可贵之处。

在清初的历史条件下，吕留良虽然否定了王学，但是沉重的历史

---

① 吕留良：《吕晚村先生文集》卷一，《复高汇旃书》。
② 同上书卷一，《与施愚山书》。
③ 同上书卷一，《答张菊人书》。
④ 同上。

桎梏障蔽了他的学术视野。面临以什么学说去取代王学的抉择，他提不出，也无法提出更新一些的主张来。于是，吕留良只好回到传统的儒家学说中去寻找依据。他认为"宋人之学，自有轶汉唐而直接三代者"①，而朱熹又是集宋学之成的大师，因而他主张："救正之道，必从朱子。"②

吕留良的尊朱辟王，是否可以简单地视为向朱学回归呢？答案是否定的。他的尊崇朱学，只是借用这一学术形式，充实进新的时代内容，来进行自己经世致用的呐喊罢了。这就是为他所大声疾呼的："欲正姚江之非，当真得紫阳之是。"③吕留良表彰和提倡朱熹学说的过程，也就是他孜孜以求"紫阳之是"的过程。

什么是朱熹学说的"真"和"是"？在吕留良看来，既不是"性与天道"的论究，也不是"居敬穷理"的讲求，他尖锐地指出："从来尊信朱子者，徒以其名，而未得其真。"④对宋元之际的朱门后学吴澄、许衡，吕留良尤为不满，他认为吴、许身为宋人，却出仕元朝，大节有亏，影响极坏。他说："所谓朱子之徒，如仲平（许衡——引者）、幼清（吴澄——引者），辱身枉己，而犹哆然以道自任，天下不以为非。此义不明，使德祐以迄洪武，其间诸儒失足不少。"⑤因而他得出了如下的结论："紫阳之学，自吴、许以下，已失其传，不足为法。"⑥这样的结论姑不论其正确与否，但其魄力却甚大，它不仅是对数百年来朱学传衍历史的否定，而且向当时的知识界提出了对朱熹学说进行再认识的课题。

吕留良上述认识课题的提出，正是他对明清更迭的现实进行历史反思的一个重要构成部分。他就此阐述道："德祐以后，天地一变，亘

---

① 吕留良：《吕晚村先生文集》卷一，《答张菊人书》。
② 同上书卷一，《与张考夫书》。
③ 同上书卷一，《复高汇旃书》。
④ 同上。
⑤ 同上。
⑥ 同上。

古所未经。先儒不曾讲究到此，时中之义，别须严辨，方好下手入德耳。"① 德祐为南宋末恭宗赵显年号，元兵破临安，恭宗被掳北去，南宋灭亡。吕留良在这里回顾往事，当然不是徒发思古之幽情，而是要以德祐覆亡，借喻明清更迭。至此，他所谓"先儒不曾讲究到"的"紫阳之是"，呼之欲出，那便是为他所一贯坚持和表彰的民族气节。所以，吕留良主张："今示学者，似当从出处、去就、辞受交接处画定界限，扎定脚根，而后讲致知、主敬工夫，乃足破良知之黠术，穷陆派之狐禅。"② 这样的朱学观，不仅前无古人，而且同清初陆陇其、张烈、熊赐履、李光地等御用理学家的尊朱辟王殊若霄壤，不可同日而语。

正因为如此，所以吕留良虽然主张笃信朱学，但是对理气、心性、道器、知行这一类理学范畴，他始终未予论列，而是牢牢地立足于正人心、救风俗的现实课题的探讨。他曾经做过这样的自我解剖："于世所谓理学、讲道，则概乎未有闻也。"③ 就其一生为学经历而言，这并非谦辞，而是事实。清初，理学已成强弩之末，理学界更是一片混乱。这不仅是理学的危机，而且也是传统儒家学说的危机。所以吕留良一再地发出："吾道日衰，正人代谢"④；"世教日敝，学统几绝"⑤ 一类的喟叹。他指出："今时讲学之徒，开口高谈性命，率遇小事便不能办。"⑥ 在吕留良看来，"今不特儒者绝于天下，即文章训诂皆不可名学，独存者异端耳"。⑦ 他把这样的局面称为"理学惑乱"，认为导致其形成的根源，"则从轻看经义，不信章句、传注焉始"⑧。因此，吕留良将"通经博古"与"明理学"视为同等重要的事情，重申："不学六经，不足通一经"，主

① 吕留良：《吕晚村先生文集》卷一，《复高汇旃书》。
② 同上。
③ 同上书卷二，《复王山史书》。
④ 同上书卷一，《与叶静远书》。
⑤ 同上书卷一，《复张考夫书》。
⑥ 车鼎丰：《吕子评语正编》附录，《亲炙录》。
⑦ 吕留良：《东皋遗选》附录。
⑧ 吕留良：《吕晚村先生文集》卷一，《答叶静远书》。

张："学宫士必通经博古，明理学为尚。"①

从宏观上看，以经学济理学之穷，直至掩理学而上，这是清初学术发展的大势。吕留良置身于学术风气转换的历史时期，他意识到了理学的深刻危机，试图以阐发朱学的"真"和"是"来探求学术发展的新路。尽管由于历史的局限，这种探求不可能走得更远，依然只能从传统的儒家学说中去找依据，但是，为吕留良所提出的"通经博古"主张，显然顺应了清初学术发展的趋势。因此，就如同把吕留良评价为"时文选家"是不妥当的一样，将他视为一个进行门户勃谿的理学家也值得商量。我们认为，吕留良是一个以天下为己任，穷探治乱之源，以达于经世致用的有作为的学者和思想家，在清代学术史上，理应给他以恰当的地位。

3. 吕留良思想的时代特征

明清之际，是一个大动荡的时代。深重的社会危机，曾经激励许多有作为的知识分子，使他们把自己的命运同国家和民族的存亡紧紧联系起来。他们批判旧世界，呼唤新时代，在历史舞台上演出了一幕有声有色的活剧，从而推动了我国17世纪中叶实学思潮的高涨。吕留良也为这一巨大的历史潮流卷至浪端，登高呐喊，留下了他的鲜明足迹。

吕留良生当明清更迭，他不愿意接受清朝入主中原的现实，在毅然弃绝科举帖括之学后，便把探寻"治乱之原"作为自己的为学宗旨，去对明清更迭的现实进行沉痛的历史反思。如同那个时代的著名思想家黄宗羲、顾炎武等人一样，吕留良惊呼明清更迭的历史变迁为"陆沉"。作为一个对社会负责任的思想家，当他对这一严峻的现实进行历史反思的时候，其根本目的就在于试图挽狂澜于既倒。因此，吕留良把唤起知识界的觉醒视为义不容辞的责任，他大声疾呼："今日之所以无人，以

---

① 吕留良：《吕晚村先生文集》卷五，《戊戌房书序》。

士无志也。"① 吕留良在这里所说的"志",有着鲜明的时代内涵,它不仅是一般的忧国忧民的抱负,而且包括不可须臾丧失的民族气节。在他看来,当时的中国大地,没有胜任挽狂澜于既倒的人。而酿成这一局面的症结,就在于知识界没有确立他所说的志节。因而面对巨大的历史变迁,在这支队伍中,什么样的丑恶行径都可能产生。

　　针对当时知识界中人寡廉鲜耻的现状,吕留良尖锐地指出:"今日文字之坏,不在文字也,其坏在人心风俗。"② 对那些空谈心性,无视国家和民族存亡的"庸腐之儒",他进行了猛烈的抨击。他说:"今天下有坏人心、乱教化者若干人,去之可以强国,而奸民窃盗不与焉;天下有损事业、耗衣食者若干人,去之可以富国,而冗兵滥员不与焉,则庸腐之儒是也。"③ 为了廓清"庸腐之儒"的危害,救正人心风俗,吕留良孜孜努力于知识界正气的培养,尤其注意激发起人们的民族气节。他强调:"辞受取予,立身之根本"④,主张:"程子曰:'洒扫、应对、进退,造之便至圣人。'今日为学,正当以此为第一事,能文其次也。"⑤

　　如果说吕留良在这里对所谓"第一事"还没有说得十分明白的话,那么后来在讲评《论语·宪问篇》时,"第一事"之所指就再明白不过了。他借解释该篇"微管仲,吾其被发左衽矣"一句,发挥道:"看'微管仲'句,一部《春秋》大义,尤有大于君臣之伦,为域中第一事者。故管仲可以不死耳,原是论节义之大小,不是重功名也。"⑥ 管仲,春秋时代齐国人。当时,齐国的公子纠与公子小白争夺王位,后小白胜立为国君,史称齐桓公。管仲先事公子纠,桓公立,杀公子纠,管仲被囚禁,后为桓公所用,"任政相齐",辅佐齐桓公"九合诸侯,一匡天

---

① 吕留良:《吕晚村先生文集》卷一,《答张菊人书》。
② 同上书卷五,《今集附旧序》。
③ 同上书卷五,《戊戌房书序》。
④ 同上书卷四,《与董方白书》。
⑤ 同上书卷八,《梅花阁斋规》。
⑥ 吕留良:《吕晚村先生四书讲义》卷十七,《论语·宪问》。

下"，成为一代"贤臣"①。对于管仲的评价，作为儒家经典的《论语》，保留了当时孔子及其弟子间的一场讨论。子路认为管仲不随公子纠死，是不仁。孔予则反驳道："桓公九合诸侯，不以兵车，管仲之力也。如其仁！如其仁！"孔子的另一弟子子贡提出疑问，管仲不唯不死，反而为齐桓公所用，这难道能说是仁吗？孔子向他解答说："管仲相桓公，霸诸侯，一匡天下，民到于今受其赐。微管仲，吾其被发左衽矣。"②后来，朱熹在给孔子的这段话作注时指出："被发左衽，夷狄之俗也。"他认为，管仲"尊周室，攘夷狄，皆所以正天下也"③。吕留良正是着眼于管仲的"尊周室，攘夷狄"，强调孔子的结论"原是论节义之大小，不是重功名"，从而把民族气节视为"域中第一事"。

　　"今日之所以无人，以士无志也。"这既是吕留良进行历史反思的沉痛结论，也是严酷的社会现实在思想家脑海中激起的必然反映。这就叫作存在决定意识，历史的实际不以人的主观意志为转移。这样的认识一旦形成，吕留良则以之去立身，去待人，成为他全部思想的出发点。由于历史的局限，清中叶以后的一些学者，有意无意地忽略了这一个基本点，因而对吕留良的评价往往不得要领。关于吕留良生平的某些足以体现其思想特征的活动，他们也每每轻描淡写，甚至曲解。譬如吕留良与黄宗羲感情的破裂，即为一例。以下，我们准备把吕、黄关系的发展过程作为一个典型事例来进行剖析。通过这一解剖，看一看吕留良是如何以他所强调的民族气节，去作为处理人际关系准则的。

（三）吕留良与黄宗羲

　　吕留良与黄宗羲的关系，这是研究两家学行者所共同注意的课题。

---

① 司马迁：《史记》卷六十二，《管晏列传》。

② 《论语·宪问》。

③ 朱熹：《四书章句集注·论语集注》。

他们之间始而一见如故，继之分道扬镳，最后则反唇相向，以致终身不复往来。为什么会形成这样的结局？这个问题迄今仍然悬而未决。

吕留良、黄宗羲同是浙江人，一个在钱塘江以北的崇德，一个在钱塘江以南的余姚。虽然从年龄上看，吕留良较黄宗羲年少20岁，明崇祯元年，黄宗羲千里赴京，为父鸣冤而声震朝野，一年后吕留良才出世，应当说他该是黄宗羲的后生晚辈。但是在历史的长河中，20年弹指一挥，简直可以忽略不计。明清之际的社会大动荡，把他们作为历史的同龄人卷到了一起。

吕留良结识黄宗羲，始于顺治十七年（1660年），这年秋天，他们在杭州孤山相会，二人一见如故。吕留良嗜砚成癖，黄宗羲从其所好，赠以八角砚一方。这方砚台颇有来历，据黄宗羲诗云："一砚龙尾从西士，传之朗三传之我。燕台澒洞风尘中，留之文虎亦姑且。十年流转归雪交，治乱存亡泪堪把。"[1]一砚而牵动治乱存亡，历经抗清志士之手转赠吕留良，可见黄吕之交非同寻常。吕留良蒙此厚爱，振奋不已，于是欣然赋诗相赠："山烟海雾事何成，头白归来气未平。党籍还憎吾子在，诗文偏喜外人争。乱云瀑布寻书院，细雨轻帆过旧京。此去茅檐休冻死，留将笔舌扫妖枪。"[2]对故国的眷恋，于同志的期许，若涌泉喷然而出。

康熙二年（1663年）春，黄宗羲应邀渡江北来，执教于吕氏家园梅花阁。此后，直至康熙五年，黄宗羲每年均往返于余姚、崇德间。起初，每当宗羲南归，吕留良总要远送至杭州。就是短暂的作别，他们之间亦不时诗文酬答，以寄怀念之情。黄宗羲曾为吕留良的《友砚堂记》作跋，跋中有云："用晦之友即吾友，用晦之砚即吾砚。"[3]情同手

---

[1]　黄宗羲：《八角砚》。此诗《南雷诗历》不载，见吕留良《友砚堂记》。

[2]　吕留良：《吕晚村诗集·倀倀集》，《赠余姚黄太冲》。

[3]　黄宗羲：《友砚堂记跋》。此文不载《南雷文定》《文案》《文约》诸书，唯见吕留良《友砚堂记》附录。

足，可见一斑。吕留良亦为黄宗羲所撰《八哀诗》作跋相答，同哭已故友人。其后，随着时间的推移，这种关系却逐渐冷淡下来。早在康熙三年，吕留良便开始另觅家庭教师，向桐乡学者张履祥发出了邀请。

康熙五年，吕留良毅然离开科场，决意归隐南山。就在此前后，他与黄宗羲之间出现了明显的裂痕。黄宗羲于此时所写《过孙子度殡宫》一诗有云："一自九原人去后，语溪风景不堪怀。"① 孙子度即孙爽，语溪为吕留良故里，黄宗羲在这里虽是凭吊孙爽，然而不愿意再在崇德逗留下去的决心，显然已经下定。吕留良于同年所写《后耦耕诗》亦云："便无真耦也归去，顶笠腰镰占晚村。"② 这就是说，即使无法觅得志同道合的友人，然而归隐之志已决，不可动摇。

自康熙六年起，黄宗羲辞去吕氏馆事，不复再到崇德。这以后，吕、黄之间虽未决裂，但已是貌合神离，鸿沟难以弥缝。康熙八年末，他们的分歧表面化而演为争端。翌年冬，为安葬友人高斗魁，他们在鄞县不期而遇。结果，又因黄宗羲为高斗魁所写墓志铭引起异议，弄得不欢而散。十四年十月，吕留良南下杭州，黄宗羲闻讯，让其子百家送去书信一封、诗扇三首，希望吕留良和诗作答。吕留良虽有和诗，但却令黄宗羲大失所望。吕诗写道："惭愧赏音重鼓动，枯桐久已断声闻。……知君自定千年业，那许余人妄勘磨。"③ 这样的答复，不啻给了黄宗羲重归于好的努力以闭门之羹。

康熙十九年，黄宗羲的文集《南雷文案》刊行，吕留良大不以为然，评为："议论乖角，心术锲薄。"他指斥黄宗羲："当道朱门，枉辞贡谀，纨袴铜臭，极口推尊；余至幺魔鬼琐，莫不为之灭瘢刮垢，粉饰标题。"④ 黄宗羲亦反唇相向，在他的诗文集中，虽不见对吕留良指名道

---

① 黄宗羲：《南雷诗历》卷二，《过孙子度殡宫》。
② 吕留良：《吕晚村诗集·梦觉集》，《后耦耕诗》。
③ 吕留良：《吕晚村诗集·零星稿》，《黄太冲书来三诗见怀依韵答之》。
④ 吕留良：《吕晚村先生文集》卷二，《与魏方公书》。

姓的谴责，但是凡"时文选手""纸尾之学""墨守章句"一类贬斥，实则多是暗喻吕留良。黄宗羲诸弟子，亦以吕留良"为异己之罪人，鸣镝所注，万矢恐后"①。这样，直到康熙二十二年吕留良逝世，他们之间便不复再有往来。

关于吕留良与黄宗羲的决裂，其原因众说不一。吕留良之子葆中认为，是"因争高旦中之《墓志》起"②，雍乾间学者全祖望则归结为购书纠纷。据称，吕、黄二人合资购祁氏澹生堂书，"交易既毕，用晦之使者中途窃南雷所取卫湜《礼记集说》、王偁《东都事略》以去"，宗羲激怒，遂与留良绝交③。吕葆中之说虽言之有据，但倒果为因，并未把问题说清楚。全祖望的看法，偏袒黄宗羲，未为公允，且不识根据何在。因为同样谈及购书事，与吕留良同时的陆陇其，所述则迥异于全说。据《三鱼堂日记》载："晋州陈祖法言，梨洲居乡甚不满于众口。尝为东庄（即吕留良——引者）买旧书于绍兴，多以善本自与。"④

由于二说皆不能视为定论，客观的历史条件又不允许再作考索，这个问题遂长期搁置下来。直到 20 世纪 30 年代初，钱穆先生撰《中国近三百年学术史》，才重新提起。钱先生另辟蹊径，从吕黄二家学术主张的分歧上去找原因，认为："梨洲以王、刘学统自承，而晚村则一意程、朱，两人讲学宗旨渐不合，而卒致于隙末焉。"⑤ 这一见解，对于问题的解决，无疑是一个很有价值的贡献。不过，我们认为，学术主张的不合，虽是一个重要原因，但是立身旨趣的歧异，恐怕更不可忽略。

吕留良、黄宗羲都是亲身经历明清更迭的人，也都同样参加过抗清斗争。明清更迭，沧海桑田。入清，一些故明封建士大夫，心怀家国之痛，高蹈不仕。他们或埋首土室，或遁迹空门，或潜心著述、课徒授

---

① 吕留良：《吕晚村先生文集》卷二，《答万祖纯书》。
② 吴光酉：《陆稼书先生年谱定本》卷下，六十岁条。
③ 全祖望：《鲒埼亭集外编》卷十七，《小山堂祁氏遗书记》。
④ 陆陇其：《三鱼堂日记》卷十。
⑤ 钱穆：《中国近三百年学术史》第二章，《黄梨洲》。

业，或寄影山林、汗漫远游，对清廷采取了不合作的态度。这样的人史称"明遗民"。但"明遗民"也并非一成不变，在绵延近 20 年的大规模抗清斗争失败，复明希望业已破灭，清廷统治趋于稳固之后，这支队伍也不可避免地要发生分化。其中固然不乏志节耿耿之士，但是也确有不少晚节不终者。吕、黄二人身历社会环境的变迁，以及随之而来的"明遗民"的分化，尽管没有改形换骨，做到了终身不仕清廷，但是究竟应当怎么立身处世，他们之间却存在较大的分歧。

黄宗羲认为："亡国之戚，何代无之？使过宗周而不悯黍离，陟北山而不忧父母，感阴雨而不念故夫，闻山阳笛而不怀旧友，是无人心矣。故遗民者，天地之元气也。然士各有分，朝不坐，宴不与，士之分亦止于不仕而已。"[①] 他肯定了"遗民"是天地的元气，在他看来，当明清易代之后，作为一个知识分子，只要不到清廷做官，就可以无愧于"遗民"之称了。黄宗羲有意识地大量搜求"明遗民"的材料，表彰他们不仕清廷的志节，称赞杨时俨为"得遗民之正"[②]，王鸿业为"衣冠之准的"[③]，汪沨"如食金刚，终意不销"[④]，等等，道理就在于此。他这么做虽是在推许他人，实则已无异于彰明己志。正是抱着这样的立身旨趣，他在其晚年选取了潜心著述和讲学的学者生涯。其间，在不违背这一宗旨的前提下，他又不时同清廷官员相周旋。譬如康熙六年，执教于历任顺治间兵科都给事中、奉天督学的姜希辙家，并与之重举绍兴证人书院讲会；康熙十五年，应海宁知县许三礼之请，在当地公开讲学；以及为顺治末兵部尚书李祖荫、通议大夫靳弼等人作传，凡此种种，不一而足。因之也在同时和后世留下诸多余议。

吕留良从"今日之所以无人，以士无志也"的结论出发，用他所坚

---

① 黄宗羲：《南雷文定》后集卷二，《谢时符先生墓志铭》。
② 同上书四集卷三，《杨士衡先生墓志铭》。
③ 同上书三集卷二，《千秋王府君墓志铭》。
④ 同上书三集卷七，《汪魏美先生墓志铭》。

持的民族气节去观察和要求黄宗羲，自然是凿枘不合，鸿沟难以弥缝。对黄宗羲与清廷官员往来，吕留良一直嗤之以鼻，讥为："满握炉钳老阿师，琅琅幕府进弹词。"①康熙六年，当他获悉黄宗羲执教于姜希辙家时，愤然写下《问燕》《燕答》二诗，以趋炎附势，舍穷檐而居雕梁的燕子，隐喻黄宗羲。《燕答》诗有云："昨夜侯家歌吹发，先放双飞入珠幕。贵人头上坐听看，羡杀笼鹦与屏雀。"又云："新巢喜得依王谢，千门万户终不贫。"②吕留良同时所写诗文，多有讥刺黄宗羲语。他曾以五古《管襄指示近作有梦伯夷求太公书荐子仕周诗戏和之》，来贬责黄宗羲请求姜希辙推荐其子到户部右侍郎周亮工家任教。诗中写道："顿首复顿首，尻高肩压肘。俯问此何人？墨胎孤竹后。"又云："明夷有纲宗，寒室别传受。公当嗣大法，细子能札授。"③揶揄嘲讽，无以复加。后来，《南雷文案》刊行，吕留良也是由此出发而加以否定的。

　　面对吕留良的訾议，黄宗羲曾经剖白道："名节之谈，孰肯多让？而身非道开，难吞白石；体类王微，常须药裹；许迈虽逝，犹动定省；伯鸾虽简，尚存室家。生此天地之间，不能不与之相干涉，有干涉则有往来。陶靖节不肯屈身异代，而江州之酒，始安之钱，不能拒也。"④固然，黄宗羲与清廷官员的往还，并非苟且偷生，自有其全身远祸的苦衷，因而吕留良的指责不无过苛之处。但是，黄宗羲在自己的文章中，把清朝称为"国朝"⑤，把清军称为"王师"⑥，誉康熙帝为"圣天子"⑦，甚至希望"同学之士，共起讲堂，以赞右文之治"⑧，白纸黑字，实难辩

①　吕留良：《吕晚村诗集·梦觉集》，《与旦中夜话次所示姚江诗韵》。
②　同上书，《燕答》。
③　吕留良：《吕晚村诗集·管襄指示近作有梦伯夷求太公书荐子仕周诗戏和之》。
④　黄宗羲：《南雷文定》卷六，《余若水周唯一两先生墓志铭》。
⑤　黄宗羲：《南雷文定》后集卷四，《太垣靳公传》。
⑥　同上书三集卷二，《兵部尚书李公传》。
⑦　同上书三集卷一，《与李郡侯辞乡饮酒大宾书》。
⑧　同上书三集卷二，《董在中墓志铭》。

解。这同吕留良直呼清朝为"清"、为"燕中"①，相去就太远了。一个因要谋求生存而不在乎与清廷官员"干涉""往来"，一个则固守"遗民"矩矱，不惜削发为僧。由于立身旨趣的不同，吕留良同黄宗羲的分手，当然就成为不可避免的事情了。

---

① 吕留良：《吕晚村手书家训·与大火书》。

八 李颙与关学

　　清初学术界，一如其所据以立足的社会，诸说比肩，云蒸霞蔚。在南北并起的众多学者中，李颙揭橥"悔过自新"说，以"明体适用"的为学主张和"道学即儒学"的倡导，卓然自立，领袖关中，成为一时学术界的佼佼者。

（一）生平及为学趋向

　　李颙，字中孚，号二曲，一号惭夫，又自署二曲土室病夫，学者称二曲先生，陕西盩厔人。生于明天启七年（1627年），卒于清康熙四十四年（1705年），终年79岁。

　　李颙自幼家贫失学。崇祯十四年（1641年），其父应征从军，翌年二月，在同农民军的对抗中，于河南襄城丧身。李颙母子茹苦含辛，备受煎熬。然而就是在这样的情况下，他踏上了发奋自学的路程。明亡，清军于顺治二年（1645年）正月攻占西安。当时，盩厔的一所道观住进一个自称"祝遗民"，以"云霞"为号的隐士。这位隐士"孤栖斗室，罕与物接。宴息之余，玩《易》洗心，群经百氏，靡不流览，覃精五千言，有独契"[1]。李颙与之频繁接触，对其遗民气节尤为敬重。他说："余年未弱冠，即重其幽贞。自是每游楼观，必造其室。相与静对，和风拂坐，清气洗人，语及明末甲申三月十九日之变，不觉泫然。"[2]

---

[1]　李颙：《二曲集》卷二十，《云霞逸人传》。
[2]　同上。

同年夏，李颙借到江南名士周钟的一部时文选本，对其中"言及忠孝节义则慷慨悲壮"的议论产生共鸣。后来，由于了解到周钟曾经投降农民政权，他认为这是"失节不终"，遂将摹仿周氏文笔所写的文章尽行焚毁。"自是绝口不道文艺，人有勉以应试者，笑而不答。"[①] 这年冬天，农民军贺珍部兵围盩厔，县学教谕左之宜避兵乡间。在兵荒马乱中，李颙的矢志求学，引起左氏的注意，不禁惊叹道："天下有不从帖括而竟为迈俗之文若此乎！"[②] 这时，李颙年方19岁，左之宜劝他出应科举考试，为他所拒绝。尔后数年间，由于同县一藏书家的支持，李颙得以泛观博览，不唯遍读经史，而且"上自天文河图、九流百技，下至稗官野史、壬奇遁甲，靡不研极"[③]，打下了深厚的学术基础。

李颙为学之始，即非以仕进为意。面对动荡的社会现实，他志存经世，"甫弱冠，即以康济为心"[④]。这以后，他开始著书立说，以期"开物成务，康济时艰"。他说："天地民物，本吾一体，痛痒不容不关，故学须开物成务，康济时艰。"[⑤] 他先后撰成《十三经注疏纠谬》《廿一史纠谬》和《经世蠡测》《时务急著》等，"凡政体所关，靡不规画"[⑥]。顺治十三年，又因陕西兵事迭起，他还一度究心兵法。尔后，随着清廷统治的趋于稳定，就在研究兵法的同时，李颙的为学已经在酝酿一个重大的变化。他提出了"悔过自新"的学术主张，试图由此寻找一条"救世济时"的途径。

30岁以后的李颙，致力于"切己自反"的明性之学的探讨，或课徒乡里，或外出讲学，不断完善他的"悔过自新"学说。以康熙八年（1669年）讲学同州，《体用全学》《读书次第》的刊行为标志，李颙在

① 惠霝嗣：《历年纪略》。
② 龚百药：《盩厔李氏家传》。
③ 同上。
④ 骆锺麟：《匡时要务序》。
⑤ 惠霝嗣：《历年纪略》。
⑥ 骆锺麟：《匡时要务序》。

"悔过自新"学说的基础之上，开始了"明体适用"学说的建设。这以后，他针对当时学术界"所习惟在于词章，所志惟在于名利"的积弊，慨然以"明学术，正人心"为己任，为之进行了长期不懈的努力。他四处讲学，足迹遍布关内，远涉中州、江南。尤其是康熙九年末、十年初的讲学常州，使江南知识界为之倾倒，"诧为江左百年来未有之盛事"①。

由于讲学南北，李颙声名大起。康熙十二年、十七年，他两度为陕西地方当局荐举，强迫出应博学鸿儒考试。就连起兵反清的吴三桂乱军，也慕名而试图拉拢他。对清廷的征召，李颙执意不从，绝食相抗，"情急势迫，几至自刭"②。对吴三桂乱军的拉拢，他以迁居数百里外的富平县来表示断不同流合污。经历荐举风波的冲击，李颙深以不能藏身敛迹为悔。于是康熙十八年由富平返乡后，他便营建垩室一处，荆扉反锁，杜门不出。

晚年的李颙，力脱名网，一意务实，"虽居恒绝口弗及世事，而世道人心未尝一日忘怀"③。他说："吾辈须为天地立心，为生民立命，穷则阐往圣之绝诣以正人心，达则开万世之太平以泽斯世，岂可自私自隘其襟期。"④康熙四十二年，清圣祖西巡，指名召见。李颙一如既往，以老病为由拒不出门。两年后，即在他的垩室中悄然辞世。

李颙"坚苦力学，无师而成"⑤。他一生为学，虽自谓"兼采众长，未尝专主一家"，走的是通学一路，但实则渊源有自，受明代王阳明及其后学之说影响甚深。李颙之学，乃是以王阳明"致良知"说为主干，会通朱陆，自成一家。因此，他承陆王遗风，无意著述，专以讲学是务。他说："人生吃紧要务，全在明己心，见己性，了切己大事。诚了

---

① 李颙：《二曲集》卷十，《南行述》。
② 同上书卷十七，《又答秦灯岩》。
③ 同上书卷二十八，《司牧宝鉴小引》。
④ 王心敬：《司牧宝鉴序》。
⑤ 顾炎武：《亭林文集》卷六，《广师》。

大事，焉用著述！如其未也，何贵著述！口头圣贤，纸上道学，乃学人通病。"[1] 正是基于这样的指导思想，所以他中年以后尽行焚毁了早年的著述。到其晚年，更是不近笔砚，"誓于此生断不操笔"[2]。这样，他为学一生，所留下的著述便仅有《二曲集》《四书反身录》二种。而其中，绝大部分又非出自李颙手笔，多系友人或弟子对其讲学问答及生平学行的记录。以讲学语录入集，宋明以来已然成风，无可非议。然而为取盈卷帙而混入他人文字，确实有乖著书体例，无怪乎乾隆间修《四库全书》，要讥之为"殊为疣赘"[3] 了。近世更有甚者，将《二曲集》《四书反身录》合而为一，兼以之前未结集刊行的《垩室录感》《司牧宝鉴》，并及李颙门人所辑《历年纪略》《潜确录》，统名之曰《二曲集》。这固然有便读者检核，但主从不分，实不足取。

（二）"悔过自新"说剖析

"悔过自新"说，是李颙于 30 岁时提出的立身学说。以此为标志，他深化了先前对经世时务的讲求，转而致力于"切己自反"的明性之学的探讨。因此，我们说这是李颙一生为学的一个重大转折。在李颙的思想发展中，为什么会出现这样一个转折？"悔过自新"说包含哪些基本内容？对于它在李颙全部思想中的地位应当如何评价？这些都是值得探讨的问题。

1. 提出"悔过自新"说的历史依据

在清初的历史条件下，"悔过自新"说的提出，绝非一个偶然的学术现象，它有其形成的必然依据。

---

[1]　李颙：《二曲集》卷十六，《答徐斗一第二书》。
[2]　同上书卷十九，《自矢》。
[3]　《四库全书总目提要》卷一百八十一，《集部·别集类存目》八。

首先，"悔过自新"说是对明清更迭进行历史反思的产物。明清更迭，是一场社会大动荡。当明亡已经无可挽回，清朝统治趋于稳定之后，对明亡的历史教训进行沉痛反思，成为当时思想界的一个共同课题。作为对社会负责任的学者和思想家，李颙从当时知识界的现状出发，也把自己的思索集中到这一课题上来。"悔过自新"说的提出，就是他进行这种历史反思的最早尝试。他说："若夫今日，吾人通病在于昧义命，鲜羞恶，而礼义廉耻之大闲多荡而不可问。苟有真正大君子，深心世道，志切拯救者，所宜力扶义命，力振廉耻，使义命明而廉耻兴，则大闲借以不逾，纲常赖以不毁，乃所以救世而济时也。当务之急，莫切于此。"①针对知识界的寡廉鲜耻，试图通过"力扶义命，力振廉耻"的途径，来达到"救世济时"的目的，这便是产生李颙"悔过自新"说的社会依据。正如这一思想提出后，他的友人樊崇所评："余知李子者，必不以一己之过为过，一己之新为新，悔过自新之时义大矣哉！"②

其次，"悔过自新"说的提出，也是对儒家传统思想进行批判继承的结果。思想史的发展过程，是一个推陈出新的过程。在这一过程中，任何一种具有个性的学说的提出，都离不开对先前思想材料的继承。"悔过自新"说的形成，同样也不例外。它并不像李颙所表述的那样无所依傍，似乎在困苦穷愁中，靠"苦搜精研"即可悟出。事实上，它的理论渊源，也是有辙迹可循的。李颙在其所著《悔过自新说》中，开宗明义即指出，人性"本至善无恶，至粹无瑕"，虽因外界条件的影响而"旋失厥初"，但"其本性之与天地合德，日月合明者，固未始不廓然朗然而常在也"③。这样的性论，显然是自孟子以来，儒家传统的性善说。然而李颙学说之可取处，则在于他并没有停留在简单复述的起点

①　李颙：《二曲集》卷十，《南行述》。
②　樊崇：《悔过自新说序》。
③　李颙：《二曲集》卷一，《悔过自新说》。

上，而是立足于社会现实，对宋明以来关于道德修持的各种主张进行批判继承。正是以此为基础，形成了他的通过恢复人性的本然来"倡道救世"的新学说。他说："古今名儒倡道救世者非一，或以'主敬穷理'标宗，或以'先立乎大'标宗，……或以'致良知'标宗……虽各家宗旨不同，要之总不出'悔过自新'四字，总是开人以'悔过自新'的门路。但不曾揭出此四字，所以当时讲学费许多辞说。愚谓不若直提'悔过自新'四字为说，庶当下便有依据。"①

2. "悔过自新"说的主要内容

何谓"悔过自新"？顾名思义，"过"当为身心过失。但是，李颙的立说并未局限于此，他是力图在心灵深处筑起悔过的堤防。因此，在他看来，"检身心过失"，那只是对于"未尝学问之人"的要求。至于志存经世的学者，他则认为："必须于起心动念处，潜体密诣，苟有一念未纯于理，即是过，即当悔而去之。"②李颙在这里所说的"理"，如果说在提出"悔过自新"说之初，尚未做出明确表述的话，那么10余年后他的讲学常州，便是对这个"理"字的极好注脚。他说："义命廉耻，此四字乃吾人立身之基，一有缺焉则基倾矣。在今日，不必谈玄说妙，只要于此著脚，便是孔孟门下人。否则万语千言，字字足以成经而传世，吾不欲观之矣。"③这就是说，李颙借以构筑心灵堤防的"理"，绝非明末以来理学家的"谈玄说妙"，而是"义命廉耻"这一"立身之基"。在他看来，只有确立了这样的"立身之基"，在心灵中筑起"礼义廉耻之大闲"，才称得上是恢复了人"至善无恶"的本性。所以，李颙把"悔过自新"的"新"字，解释为"复性"。他说："新者，复其

---

① 李颙：《二曲集》卷一，《悔过自新说》。
② 同上。
③ 同上书卷十，《南行述》。

故之谓也。"①

如何去确立"义命廉耻"的"立身之基"呢？李颙反对"闭门安坐，盘桓不行"，他主张："最上道理，只在最大修能。不必骛高远，说精微，谈道学，论性命，但就日用常行、纲常伦理极浅极近处做起。"② 这样的主张，摒弃了数百年来理学家沉溺于"性与天道"论究的积习，对明末的空谈心性之风，更是一个有力的否定。李颙试图通过他的"悔过自新"学说，号召全社会的人们去虚就实，从自身的"极浅极近处做起"，以道德上的"最大修能"，去讲求现实生活中的"最上道理"。他在这里所说的"最上道理"，在清初的历史条件下，莫过于国破家亡。可见，为李颙所提出的"悔过自新"学说，并不是狭隘的个人修持道德论，而是立足现实的"倡道救世"的学说。

3."悔过自新"说的演变

"悔过自新"说提出后，在李颙尔后的为学过程中，随着社会环境和学术环境的变迁，这一学说经历了一个不断深化的演变过程。这个过程在"志存经世"的同一方向上，沿着两条不同的路，时分时合，交错而去。

其中第一条道路，便是从专意讲求"反己自认"的"自新之功"，最终走向"存心复性"。李颙说："学非辞章记诵之谓也，所以存心复性，以尽乎人道之当然也。"③ 他把这种"存心复性"之学又称作"着里之学"，主张"为学所以自尽其心，自复其性"④。李颙固守"着里之学"的壁垒，后来顾炎武与之论学而提出异议，他曾致书驳诘道："鞭辟近里一言，实吾人顶门针，对症药。此则必不可讳，不惟不可讳，且宜揭

---

① 李颙：《二曲集》卷一，《悔过自新说》。
② 同上书卷六，《传心录》。
③ 同上书卷十一，《东林书院会语》。
④ 同上书卷六，《传心录》。

之座右，出入观省，书之于绅，触目警心。"①

从"悔过自新"到"存心复性"，标志着李颙的"悔过自新"说已经走到了尽头。"悔过自新"说的提出，虽旨在"倡道救世"，但在"存心复性"中去寻觅救世的途径，却又是行不通的。其结果，只能是缘木求鱼，丝毫无助于民族觉醒的唤起。事实上，"鞭辟近里"之功越深，离开现实世界只会越远，充其量无非独善其身而已。这就暴露了"悔过自新"说的严重局限。为什么会导致这样的结局？我们认为，根源就在于李颙对理学批判态度的极不彻底。

在从"悔过自新"向"存心复性"演变的过程中，始终笼罩着陆九渊、王阳明的"先立乎其大"和"致良知"认识路线的阴影。当李颙于42岁讲学江南以后，他一改先前闪烁其词的态度，公开表彰王阳明的"致良知"说为"千载绝学"，指出："人若无良知，则满身成僵尸，安能视听言动？"②又说："阳明出而横发直指，一洗相沿之陋，士始知鞭辟着里。"③据此出发，李颙提出了"学贵敦本"的主张。"本"之所指，他说得很清楚："即各人心中知是知非，一念之灵明是也。"④与之相一致，他反对"舍本趋末"，认为："能先立乎其大，学问方有血脉，方是大本领。若舍本趋末，靠耳目外索，支离葛藤，惟训诂是耽，学无所本，便是无本领。即自谓学尚实践，非托空言，然实践而不先立乎其大者，则其践为践迹，为义袭，譬诸土木被文秀，血脉安在！"⑤

"悔过自新"说的这一条演变途径，显然是对陆九渊、王阳明主观唯心主义认识论的还原。无论从理论上，还是从实践上看，这样一种还原都不能说是前进。就其实质而言，它应当说是对李颙早年经世思想的否定。

---

① 李颙：《二曲集》卷十六，《答顾宁人第二书》。
② 同上书卷三，《两庠汇语》。
③ 同上书卷十六，《答张敦庵》。
④ 同上书卷四，《靖江语要》。
⑤ 李颙：《四书反身录》卷七，《孟子下·告子》。

一个有作为的思想家，当然不会就此止步。李颙的卓越处就在于，当他的"悔过自新"说深陷泥淖之时，他却在另一条道路上开始了谋求其实学思想发展的努力。这就是把"悔过自新"同经世时务的讲求合而为一，提出"明体适用"的为学主张，从而赋予他的实学思想以新的生命力。这样，"悔过自新"说作为李颙全部思想的一个组成部分，便显示了它不可或缺的中间环节的重要地位。

（三）"明体适用"说的历史价值

在李颙的全部思想中，"明体适用"说是最为成熟的形态，也是最有价值的部分。弄清楚这一学说的形成过程，剖析它的主要构成部分，进而对其历史价值做出实事求是的评定，这不仅对于探讨这一学说本身，而且对于全面评价李颙的思想体系都是有意义的。

1."明体适用"说的形成

研究李颙的"明体适用"思想，首先就会碰到这样一个问题，那就是这一学说的提出始于何时？从《二曲集》中所保留的材料来看，似以《盩厔答问》为最先涉及。因为张密为该答问写的《小引》，所署时间即先于他书，为顺治丙申，即顺治十三年（1656 年）。也就是说，在提出"悔过自新"说的同时，李颙还提出了"明体适用"的思想。近人吴怀清辑《李二曲先生年谱》，遂据以编定李颙当年学行。由此，便自然引出如下的结论，即"明体适用"说先于"悔过自新"说成熟。因为在《盩厔答问》中，李颙关于"明体适用"学说的论述，不唯要比涉及同一问题的其他著述系统、完整，而且也比《悔过自新说》所阐述的问题广泛得多，深刻得多。其实，这是一个不可忽视的错误，应予澄清。

考明《盩厔答问》卷首《小引》所署时间的舛误，是澄清问题的关键所在。《小引》称："先生尝谓：'天下之治乱由人才之盛衰，人才之盛衰由学术之明晦'，故是录一主于明学术。"据考，"明学术，正人心"的思想，在李颙的思想发展中，是中年以后才逐渐形成的，以"明学术"为己任，也是他中年以后才确立的志向。而顺治十三年，他30岁时，其为学趋向转变伊始，这样的思想尚未萌发，"明学术"的志向更无从确立。而且，迄于10余年后，他于康熙七年至八年间讲学同州时，"天下之治乱由人才之盛衰，人才之盛衰由学术之明晦"这样的命题也并未提出来。事实上，这个命题的首次提出，已在李颙讲学江南的康熙九年末、十年初。这方面的材料，屡见于《两庠汇语》《靖江语要》《锡山语要》《匡时要务》等，所在多有，不遑备举。《小引》又说："先生平日启迪后学不倦，士之承謦咳者，与述录之以自益，随问辄答，随答辄录，总计不下数千纸。"在李颙一生的学术活动中，"启迪后学""随问辄答"，所录"不下数千纸"云云，显然全是他40岁以后的事情。

由上述二点可以判定，张密所写《盩厔答问小引》，不会早于康熙十年，更不会是顺治十三年。

再以《盩厔答问》卷末所附《盩厔答问跋》为证。跋中写道："天下之患，莫大于学术不明。近世士风所以多谬者，未必皆士之罪，亦学术不明有以陷之也。先生深悼乎此，故其与士友讲切，直就共迷共惑者为之发明。士人乍闻其说，始而哗，既而疑。久之，疑者释，哗者服，戚戚然有动于中，自谓如大寐之得醒，而且恨其知学之晚。自关中、河南以及江右、两浙，其间兴起者渐众。学之大明，端有待于今矣。"① 这段文字清楚地表明，李颙的这次答问，是在他结束江南讲学，返归盩厔以后进行的。跋文的作者，正是记录《盩厔答问》的李颙门人王所锡、刘鑛，作为当事人，他们的所记，自然是足以信据的。据惠霭嗣《历年纪略》载，李颙自江南返乡，在康熙十年四月。那么，他在盩厔答复门

---

① 王所锡、刘鑛：《盩厔答问跋》，载《二曲集》卷十四。

人的问题，就应当是这以后的事情。

又从《二曲集》的编辑次第来看，李颙门人王心敬是将《盩厔答问》置于《关中书院会约》和《富平答问》之间。这样的编排意味着王所锡、刘鑛的这次问学，发生在李颙主持关中书院讲席和避地富平之间。据考，前者乃康熙十二年五月事，后者则在康熙十四年八月至十八年八月。因此，刘鑛、王所锡自河南前来盩厔问学，只可能是康熙十二年五月到十四年八月间的事情。刘、王问学结束，返回河南，再整理记录，筹资刊刻，自然就更在其后了。

综上所考，《盩厔答问》卷首《小引》的署年是错误的，丙申当为丙辰之误。也就是说，《盩厔答问》的刊行不是顺治十三年丙申（1656年），而应当是其后二十年的康熙十五年丙辰（1676年）。

我们既已判定《盩厔答问》的刊行应为康熙十五年，那么李颙提出"明体适用"学说的时间，实际上已经迎刃而解。就涉及这一学说的有关著述而论，显然是康熙八年他讲学同州时的事情。这时，李颙的"悔过自新"说业已成熟而趋于演变。一如前述，演变之大端，其一是走向"存心复性"的死胡同，其二便是从学术史的角度出发进行历史反思，针对重体轻用的积弊，而形成"明体适用"的学说。

2."明体适用"学说的主要内容

"明体适用"学说，是积极的经世学说。李颙认为，它是儒学的传统，他说："儒者之学，明体适用之学也。"① 又说："《六经》《四书》，儒者明体适用之学也。"② 然而，李颙又同时指出，秦汉以来，这样的传统已经遭到破坏。沿及清初，文人学士"所习惟在于词章，所志惟在于名利，其源已非，流弊又何所底止"③。他对这样的局面深感忧虑，喟叹

---

① 李颙：《二曲集》卷十四，《盩厔答问》。
② 同上书卷十五，《富平答问》。
③ 同上书卷十二，《匡时要务》。

道："噫！圣贤立言觉世之苦心，支离于繁说，埋没于训诂，其来非一日矣。是《六经》《四书》，不厄于嬴秦之烈火，实厄于俗学之口耳。"①因此，为了拨乱反正，他指出："抱隐忧者，宜清源端本，潜体密诣，务期以身发明。正不必徒解徒训，愈增葛藤，以资唇吻而已也。"②李颙的"明体适用"学说，就是这样的试图"清源端本"的经世学说。

何谓"明体适用"？李颙就此解释道："穷理致知，反之于内，则识心悟性，实修实证；达之于外，则开物成务，康济群生，夫是之谓明体适用。"③这段话赅括了"明体适用"学说的基本内容，可以说是这一学说的一个总纲。它表明"明体适用"学说由两个方面构成，一个是"识心悟性，实证实修"以明体，一个是"开物成务，康济群生"以适用。李颙认为，这两个方面浑然一体，不可分割。他说："明体而不适于用，便是腐儒；适用而不本于明体，便是霸儒；既不明体，又不适用，徒汩没于辞章记诵之末，便是俗儒。"④既然"明体"与"适用"二者乃一统一整体，偏执一端，便背离了儒学正轨，弃置不讲，更沦为无所作为的俗学，因此李颙认为，必须"体用兼赅，斯不愧须眉"。他主张："勇猛振奋，自拔习俗，勇为体用之学。潜心返观，深造默成以立体；通达治理，酌古准今以致用。"⑤

如何去讲求"明体适用"之学呢？李颙认为应当从读"明体适用"之书始。他说："体非书无以明，用非书无以适，欲为明体适用之学，须读明体适用之书。否则纵诚笃虚明，终不济事。"⑥为此，他规定了由学礼入门，依次读经、读史、读文的读书次第。他说："经、史、文，乃学人之急务。一有余力，则老、庄、管、韩、檀子、鸿烈等集，或

①　李颙：《二曲集》卷十五，《富平答问》。
②　同上。
③　同上书卷十四，《盩厔答问》。
④　李颙：《四书反身录》卷一，《大学》。
⑤　同上。
⑥　李颙：《二曲集》卷十六，《答王天如》。

间一披览，以广其识可也。"① 同时，李颙还开列了一份"明体适用"的书目，他以明体和适用为类，将所列书目一分为二。在明体类书目中，第一部便是陆九渊的《象山集》，他说："先生在宋儒中，横发直指，一洗诸儒之陋，议论剀爽，令人当下心豁目明，简易直捷，孟氏之后仅见。"② 对陆九渊可谓推崇备至。《象山集》之后，即为王守仁《阳明集》。李颙奉王阳明之说为圭臬，他说："其书……句句痛快，字字感发，当视如食饮、裘葛、规矩、准绳可也。"③ 王守仁的"致良知"说，更被他推为"千载不传之秘"。他说："象山虽云单传直指，然于本体犹引而不发，至先生始拈'致良知'三字，以泄千载不传之秘。一言之下，令人洞彻本面，愚夫愚妇，咸可循之以入道，此万世功也。"④

　　李颙对陆王学说的倾心赞美，是他的学说植根于王学所使然，不足为怪。正是出自同样的原因，所以继陆王之后，他所依次罗列的明体类著述，便是王畿的《龙溪集》、罗汝芳的《近溪集》、杨简的《慈湖集》和陈献章的《白沙集》。而且，他还特别注明，上述著述为"明体中之明体"书。随后，又才是从二程、朱熹、薛瑄、吴与弼，一直到吕柟、冯从吾等程朱派学者的著述。这些著述则为他归入"明体中之功夫"类。这样的划分，虽然旨在推尊陆王，但也并无贬抑程朱之意。所以，在评《二程全书》时，李颙明确写道："二程中兴吾道，其功不在禹下。其书订于朱子之手，最为精密，此孔孟正派也。"⑤ 在《朱子语类大全》的题语中，他同样指出："订偏厘弊，折衷百氏，巨细精粗无一或遗，集诸儒之大成，为万世之宗师。"⑥ 这表明李颙走的是以陆王为本体，程朱为功夫，会通朱陆而自成一家的为学蹊径。正如他在对明体

---

① 李颙：《二曲集》卷八，《读书次第》。
② 同上书卷七，《体用全学》。
③ 同上。
④ 同上。
⑤ 同上。
⑥ 同上。

类书目所作案语中写的："自象山以至慈湖之书，阐明心性，和盘倾出，熟读之则可以洞斯道之大源。夫然后日阅程朱诸录及康斋、敬轩等集，以尽下学之功。收摄保任，由功夫以合本体，由现在以全源头，下学上达，内外本末一以贯之，始成实际。"①

在李颙所开具的适用类书目中，他以"道不虚谈，学贵实效"为宗旨，选录了《大学衍义》《文献通考》《实政录》《武备志》《农政全书》《泰西水法》等10余种书籍。由于这些著述在他早年，或刻意精读，或泛观博览，因而不唯从书目本身可以看出他的见识，而且每种书后的简要案语，无不显示了他讲求经世实学的趋向。李颙十分推崇明人吕坤的《实政录》，他认为该书所探讨的"经济实学"，"在世儒中最为适用"，因而"学人无志于用世则已，苟有志于用世，则此书必不可一日无"②。他不赞成"兵非儒者所事"的偏见，并以诸葛亮和王守仁为例，论证"经世之法，莫难于用兵"。认为："学者于此苟能深讨细究而有得焉，则异日当机应变，作用必有可观。"③

李颙主张读书，但他强调"读书易，变通难"，反对作"古板书生"。在对适用类书目的总结中，他写道："以上数种，咸经济所关，宜一一潜心。然读书易，变通难，赵括能读父书，究竟何补实际？神而明之，存乎其人，识时务者在于俊杰，夫岂古板书生所能办乎？"④这就是说，既要精于读书，更要善于变通，只有如此，才能达到"开物成务，康济时艰"的目的。这里的所谓变通，用李颙的话来说，就叫作"通达治理，酌古准今"。因此，他主张把数千年来儒家所讲求的德业、功业合而为一。他说："立身要有德业，用世要有功业。德业须如颜、曾、思、孟、周、程、张、朱，功业须如伊、傅、周、召、诸葛、阳

---

① 李颙：《二曲集》卷七，《体用全学》。
② 同上。
③ 同上。
④ 同上。

明，方有体有用，不堕一偏。"① 合程、朱、陆、王为一堂，融德业、功业于一炉，以期"为天地立心，为生民立命，为往圣继绝学，为天下后世开太平"，便成为李颙"明体适用"说的基本特征。

3."明体适用"说的历史价值

"明体适用"说，在李颙的思想发展中，是从"悔过自新"说演变而来的。作为一种立身学说，"悔过自新"说讲的主要是道德修持、立身旨趣。它虽然在实质上是明清之际动荡现实的折射，其归宿也在于"倡道救世"，但是从形式上看，则是游离于社会现实的。而"明体适用"说，则立足于动荡的社会现实，合德业与功业为一体，具有鲜明的经世色彩。李颙把"悔过自新"同"康济时艰"相沟通，赋予他的实学主张以积极的社会意义，从而将其实学思想推向了新的、更深刻的层次。所以我们说，"明体适用"说是李颙实学思想的成熟形态，是他的全部实学体系中最有价值的部分。

"明体适用"说的历史价值首先在于，它力图恢复儒学的经世传统。李颙指出："吾儒之教，原以经世为宗。自宗传晦而邪说横，于是一变而为功利之习，再变而为训诂之习，浸假至今，则又以善笔札、工讲诵为儒当然。愈趋愈下，而儒之所以为儒，名存而实亡矣。"② 他之所以提出"明体适用"说，正是为了恢复儒学经世的传统。因此，李颙对"儒"之所指，做了明确规定，他说："德合三才之谓儒。天之德主于发育万物，地之德主于资生万物，士顶天履地而为人，贵有以经纶万物。果能明体适用而经纶万物，则与天地化育之德合矣，命之曰儒不亦宜乎。"③ 明清之际，社会的大动荡所提出的诸多问题，亟待知识界去做出解答。历史的进程表明，单靠理学家的道德说教，已经无济于事，知识

---

① 李颙：《二曲集》卷十五，《授受纪要》。
② 同上书卷十四，《鳌屋答问》。
③ 同上。

界面临一个何去何从的严峻抉择。李颙正是顺应这种历史的要求，揭橥"明体适用"学说，以之作为儒学的本来面目，去引导知识界面对现实，从门户纷争中摆脱出来。无疑这是一种具有进步意义的学说。

其次，"明体适用"说以其"体用兼该"的主张，对宋明以来理学家重体轻用，乃至空谈性与天道，无视国计民生的积习，进行了鞭挞。在还原儒学经世传统的努力中，李颙进而提出"道学即儒学"的见解。他说："道学即儒学也，非于儒学之外，别有所谓道学也。"① 这就是说，道学并非性理空谈，其本来面目应当是平实的儒学，是"明体适用"之学。这一见解同顾炎武"理学，经学也"② 的主张相呼应，对清初学术趋向的转变，产生了深远的影响。这样，李颙便通过对理学的积极修正和"道学即儒学"的倡导，使他的学说同清初批判理学的思潮合流，从而迈入历史潮流的前列。

再次，"明体适用"学说自读"明体适用"之书始，"识心悟性，实证实修"，讲求"经济实学"，最终达到"开物成务，康济群生"。这样一个有机的为学系列，始终贯穿着李颙崇尚"力行"的务实学风。它对明末以来，"束书不观，游谈无根"的空疏学风，是一个有力的否定，对清初健实学风的形成，也起了积极的推动作用。

从"悔过自新"到"明体适用"，李颙完成了他的实学体系的构筑。从此，"明学术，正人心"便成为他执着追求的志向。

（四）"明学术，正人心"的执着追求

李颙是一个志存经世的学者。明清之际的社会大动荡，深刻地映入他的脑海，这使他为学之始，即以讲求经世实学起步。尔后，随着社

---

① 李颙：《二曲集》卷十四，《鳌屋答问》。
② 顾炎武：《亭林文集》卷三，《与施愚山书》。

会环境的变迁，他转而致力于探究酿成社会动荡的根源。然而，由于清初经济发展水平，及为其所决定的自然科学和理论思维水平的限制，他不可能从社会经济和生产关系方面去准确地把握这样一个重大的历史课题。经过 20 余年的痛苦摸索，李颙于康熙十年（1671 年）45 岁时，第一次提出了自己对这个问题不科学、但有一定深度的见解。他说："天下之治乱由人心之邪正，人心之邪正由学术之明晦。"① 又说："大丈夫无心于斯世则已，苟有心斯世，须从大根本、大肯綮处下手，则事半而功倍，不劳而易举。夫天下之大根本，莫过于人心，天下之大肯綮，莫过于提醒天下之人心。然欲醒人心，惟在明学术。此在今日，为匡时第一要务。"② 从此，他便以"明学术，正人心"作为其"明体适用"学说的具体实践，在他的后半生，进行了执着的追求。

李颙对"明学术，正人心"的讲求，可以归纳为如下几个主要方面：

首先，是对儒学和俗学的严格区分。一如前述，李颙认为，儒学是"以经世为宗"的"明体适用"之学，不讲"明体适用"，沉溺于词章、名利，则是俗学。他说："能经纶万物而参天地，谓之儒，务经纶之业而欲与天地参，谓之学。儒而不如此，便是俗儒，学而不如此，便是俗学。俗儒、俗学，君子深耻焉。"③ 李颙把这样的俗儒、俗学斥之为儒学异端，他说："既不明体，又不适用，徒灭裂于口耳伎俩之末，便是异端。"④ 在他看来，儒学中的"异端"，"徇华废实"，为害最深。他指出："徇华废实，吾教中之异端也。教外之异端其害浅，教内之异端其害深。"⑤ 可见，李颙评判儒学分野的标准很清楚，那就是务实与否。

李颙认为，清初学术界，俗学充斥，他一再强调："今学术不明，

---

① 李颙：《二曲集》卷十二，《匡时要务》。
② 同上。
③ 同上书卷十四，《鳌峰答问》。
④ 同上。
⑤ 同上。

士自词章记诵外，茫不知学问为何事。"① 他对这样的现状深恶痛绝，斥为以学术杀天下后世的洪水猛兽。他指出："所习惟在于词章，所志惟在于名利，其源已非，流弊又何所底止！此其以学术杀天下后世尤酷，比之洪水猛兽尤为何如也。"② 李颙一面痛斥俗学的贻害天下，一面则对讲明儒学的重要性进行论证。他说："儒学明晦，不止系士风盛衰，实关系生民休戚、世运否泰。儒学明，则士之所习者明体适用之正业，处也有守，出也有为，生民蒙其利济，而世运宁有不泰？儒学晦，则士之所攻者辞章记诵之末技，处也无守，出也无为，生民毫无所赖，而世运宁有不否？"③ 既然讲明学术是如此的重要，它不仅关系到知识界本身风气的盛衰，而且与全社会的利益，乃至国家治乱息息相关，因而理所当然必须把它作为"今日急务"来对待。李颙的结论是："治乱生于人心，人心不正，则致治无由；学术不明，则人心不正。故今日急务，莫先于明学术，以提醒天下之人心。"④

其次，是辨明博学和杂学的界限。李颙主张："君子为学，贵博不贵杂。"⑤ 何谓博学？他阐述道："洞修己治人之机，达开物成务之略，如古之伊、傅、周、召，宋之韩、范、富、马。推其有，足以辅世而泽民，而其流风余韵，犹师范来哲于无穷，此博学也。"⑥ 而杂学则与之迥异其趣，他说："名物象数，无赜不探，典故源流，纤微必察，如晋之张华、陆澄，明之升庵、弇山。扣之而不竭，测之而益深，见闻虽富，致远则乖，此杂学也。"⑦ 李颙把他所主张的博学，又称为"大人之学"，他说："君子于学也，隐而幽独危微之介，显而人伦日用之常，以至古

---

① 李颙：《二曲集》卷十六，《答魏环溪先生》。
② 同上书卷十二，《匡时要务》。
③ 同上书卷十四，《鳌屋答问》。
④ 惠靇嗣：《历年纪略》。
⑤ 李颙：《二曲集》卷十五，《富平答问》。
⑥ 同上。
⑦ 同上。

今致治机猷，君子小人情伪，及礼乐、兵刑、农屯，皆当一一穷极，而可效诸用，夫是之谓大人之学。"①

在李颙看来，博学与杂学淆而不分，正是清初学术存在的弊病之一。他就此指出："自博杂之辨不明，士之翻故纸、泛穷索者，便俨然以博学自命，人亦翕然以博学归之。殊不知役有用之精神，亲无用之琐务，内不足以明道存心，外不足以经世宰物，亦只见其徒劳而已矣。"②李颙把这种"翻故纸、泛穷索"的杂学，斥为"玩物丧志"，呼吁学术界予以深切重视。他说："格物穷理，贵有补于修齐治平。否则夸多斗富，徒雄见闻，若张茂先之该博，陶弘景之以一事不知为耻，是名玩物。如是则丧志愈甚，去道愈远矣。此等驳杂之弊，学人所当深戒。"③

针对一时学术界的弊病，李颙倡导"戒空谈，敦实行"④的务实学风，重申："今为学亦不在多言，亦顾力行何如耳。"⑤他以"敛华就实，一味闇修，步步脚踏实地"告诫后学，指出："我这里重实行，不重见闻，论人品，不论材艺。夫君子多识前言往行，原为畜德，多材多艺，贵推己及人，有补于世。若多闻多识，不见之实行以畜德，人品不足而材艺过人，徒擅美炫长，无补于世。以之夸闾里而骄流俗可也，乌足齿于士君子之林乎！"⑥

再次，是会通朱陆学术，平息门户纷争的努力。宋明理学中的朱陆之争，绵延数百年而莫衷一是。及至明清之际，理学深陷危机，朱陆后学入主出奴，门户勃谿空前加剧，积重难返。面对这样的积弊，李颙一再痛下针砭，指出："辨朱辨陆，论同论异，皆是替古人耽忧。"⑦他殚

---

① 李颙：《二曲集》卷五，《锡山语要》。
② 同上书卷十五，《富平答问》。
③ 同上书卷五，《锡山语要》。
④ 李颙：《四书反身录》卷四，《论语上·述而》。
⑤ 李颙：《二曲集》卷三，《两庠汇语》。
⑥ 同上书卷十五，《授受纪要》。
⑦ 同上书卷四，《靖江语要》。

心竭虑，力图去平息这场旷日持久的门户纷争。

李颙认为，朱陆学术各有所长，不应当"抑彼取此"。他说："陆之教人，一洗支离锢蔽之陋，在儒中最为徹切，令人于言下爽畅醒豁，有以自得。朱之教人，循循有序，恪守洙泗家法，中正平实，极便初学。要之，二先生均大有功于世教人心，不可以轻低昂者也。"[①] 因此，他不赞成当时方兴未艾的"辟陆尊朱"之风，认为："今人亦知辟象山，尊朱子，及考其所谓尊，不过训诂而已矣，文义而已矣。其于朱子内外本末之兼诣，主敬提躬之实修，吾不知其何如也。"[②] 为了使知识界从门户纷争中摆脱出来，李颙一反宋明以来理学中人的"道统"成见，以一个学术史家的历史眼光，对宋明儒学的演变，做了快刀斩乱麻似的勾勒。他写道："孟氏而后，学术堕于训诂词章，故宋儒出而救之以主敬穷理。晦庵之后，又堕于支离葛藤，故阳明出而救之以致良知，令人当下有得。及其久也易，至于谈本体而略工夫，于是东林顾、高诸公及关中冯少墟出而救之以敬修止善。"[③] 这样的叙述，虽然因欲简明而失之漏略，但是李颙把由朱学到王学的递嬗，视为一个学术史的演进过程，无疑是正确的，是他的卓识，这也正是为一时门户勃谿者所不可望其项背的。后来，李颙又就明清之际的学术史评论道："姚江当学术支离蔽锢之余，倡致良知，……大有功于世教。而末流多玩，实致者鲜，往往舍下学而希上达。其弊不失之空疏杜撰，鲜实用，则失之恍惚虚寂，杂于禅，故须救之以考亭。然世之从考亭者，多辟姚江而竟至讳言上达，惟以闻见渊博，辨订精密为学问之极，则又矫枉失直。劳罔一生而究无关乎性灵，亦非所以善学考亭也。"[④]

综观李颙的上述见解，可以说明两点，其一是朱陆学术皆系儒学，

---

① 李颙：《二曲集》卷四，《靖江语要》。
② 同上书卷十五，《富平答问》。
③ 同上书卷十，《南行述》。
④ 同上书卷十五，《富平答问》。

未可轩轾；其二是由朱学到王学，再到李颙的"明体适用"之学，乃一必然的演进过程。正是基于这样的认识，李颙进行了会通朱陆学术的努力。他把朱陆学术的分野，形象地比喻为同一车辆的左右二轮，他说："学术之有程朱，有陆王，犹车之有左轮，有右轮，缺一不可。尊一辟一，皆偏也。"① 李颙还以学术史上儒学及禅学中的两派并立为例，论证了"合并归一，学斯无偏"的道理。他指出："吾儒学术之有此两派，犹异端禅家之有南能北秀，各有所见，各有所得，合并归一，学斯无偏。若分门别户，牢不可破，其识力学问尽可知矣。中无实得，门面上争闲气，噫，弊也久矣！"② 由此出发，李颙主张合会朱王，提出了"学问两相资则两相成，两相辟则两相病"的见解。他说："必也以致良知明本体，以主敬穷理、存养省察为工夫，由一念之微致慎，从视听言动加修。庶内外兼尽，姚江、考亭之旨不至偏废，下学上达，一以贯之矣。"③

晚年的李颙以昌明关学为己任，为"明学术，正人心"进行了最后的努力。

关学是宋明理学中的一个重要派别，自北宋张载开启先路，历经变迁，不绝如缕。至明中叶，吕柟崛起，其学复盛。迄于明末，冯从吾集其大成，领袖斯文，张舜典并时而起，倡道凤翔，关学为之一振。然而冯、张之后，经历明清更迭的大动荡，关学亦如同整个宋明理学一样，奄奄待毙，继响乏人。李颙没有回避这样的现实，他指出："关学不振久矣。目前人物，……留意理学，稍知敛华就实，志存经济，务为有用之学者，犹龟毛兔角，不但目未之见，耳亦绝不之闻。"④ 因此，重振关学坠绪便成为李颙孜孜以求的目标。

---

① 李颙：《四书反身录》卷七，《孟子下·尽心》。
② 李颙：《二曲集》卷十五，《授受纪要》。
③ 同上书卷十五，《富平答问》。
④ 同上书卷十七，《答许学宪第五书》。

李颙昌明关学的努力，集中于表彰关学先哲，尤其是冯从吾、张舜典。他说："凤翔张鸡山先生，明季理学真儒也。深造自得，洞彻大原，与长安冯少墟先生同时倡道，同为远迩学者所宗。横渠、泾野而后，关学为之一振。两先生没，而讲会绝响，六十年来，提倡无人，士自词章记诵之外，不复知理学为何事，两先生为何人。"①李颙利用自己的声望，敦促陕西地方当局先后刊行了冯从吾的《冯少墟先生全集》和张舜典的《张鸡山先生语要》。而对《冯少墟先生全集》，李颙尤为推奖，他说："余平生遍阅诸儒先理学书，自洛闽而后，唯冯恭定公《少墟先生集》言言醇正，字字切实，与薛文清《读书录》相表里。而《辨学录》《善利图》《讲学说》《做人说》，开关启钥，尤发昔儒所未发，尤大有关于世教人心。"②所以，康熙二十五年（1686 年），当陕西学政许孙荃询及进呈理学书一事时，李颙即指出："欲进呈，无过是书及《泾野语录》。"③

李颙表彰先哲，昌明关学，其归宿依然在于"倡道救世"。因此，他在与许孙荃的书札往复中，提出了"理学、经济，原相表里"的见解，主张既要进呈理学书，也要进呈经济书。他说："理学、经济，原相表里，进呈理学书，而不进呈经济之书，则有体无用，是有里而无表，非所以明体适用，内圣而外王也。"④他一方面要求许孙荃"凡至会所下学之日，勿拘掣签讲书故事，一以理学为多士倡"⑤。另一方面则又指出："须以明体适用为导，俾士知务实学，期有用，异日德成材达，不忘渊源所自。"⑥这样，李颙所要表彰的关学，就既非张载理气一元的气本论，也非吕柟、冯从吾的仁心说、善心说，而是具有鲜明的个性和

---

① 李颙：《二曲集》卷十九，《题张鸡山先生语要》。
② 同上书卷十九，《题冯少墟先生全集》。
③ 同上书卷十七，《答许学宪第四书》。
④ 同上。
⑤ 同上书卷十七，《答许学宪第三书》。
⑥ 同上书卷十七，《答许学宪第五书》。

时代特征的"明体适用"学说。

李颙虽然以昌明关学为己任，但也正是他以自己的学术实践，把作为理学分支的关学导向了"明体适用"的新路，从而终结了关学。经过李颙对清初关中词章记诵之风的猛烈抨击，沿着他所开辟的路径走去，关中学术与南北学术融为一体。尔后，又经幕游陕西的李塨对理学遗风的荡涤，遂共趋于通经学古一途。这又是为李颙所始料不及的。

（五）李颙实学思想评价

明清之际的社会大动荡，以及随之而至的理学营垒分化，孕育了李颙的实学思想。这一思想从李颙早年对经世时务的讲求，转而趋向中年时代的"反己自认"，一味"悔过自新"；继之再将二者合而为一，形成"明体适用"学说，尔后又把这一学说具体化，表现为对"明学术，正人心"的执着追求。它随着清初社会环境和李颙个人遭际的变迁，经历了一个不断深化和完善的发展过程。在形成李颙实学体系的全过程中，始终贯穿着一个鲜明的宗旨，这便是"救世济时"。作为一种面对现实的经世学说，以"明体适用"说为核心的李颙实学体系，虽然瑕瑜互见，未为尽善，但是它旨在挽救社会危机的努力，则顺应了清初历史发展的客观要求。因此，它无疑有着积极的社会价值，是具有进步意义的学说。

经历明清更迭的政治变动，李颙满怀家国之痛，他认为："廉耻一节，所关甚大"①，"身事二姓，大节有亏"②。所以，入清以后，他甘贫甘淡，恪守遗民矩矱，终身不仕清廷。然而，李颙又并非消极的遁世者，他志存经世，主张："吾辈须为天地立心，为生民立命，穷则阐往圣之

---

① 李颙：《二曲集》卷十七，《与程邑侯》。
② 同上书卷十七，《又答秦灯岩》。

绝诣以正人心，达则开万世之太平以泽斯世。"① 他既绝意仕进，遂一意
"明学术，正人心"，孜孜以求，老而弥笃。这样，李颙实学思想的社
会价值，便集中地以讲明学术的形式显现出来。其一，他立足王学，会
通朱陆，以"明体适用"学说和"道学即儒学"的主张，重倡儒学经世
传统，对宋明理学所做出积极修正。其二，他以"戒空谈，敦实行"②
的务实学风，对明末的空疏学风和清初章句之学进行猛烈鞭挞。李颙在
这些方面的努力，客观上同清初批判理学的思潮合流，为促进健实学风
的形成，产生了积极的推动作用，从而使他站到了实学思潮的前列。李
颙的实学主张，与其傲岸的人格相辉映，也使他无可争议地成为清初
学术舞台上的卓然大家。与之同时的著名学者顾炎武就曾经指出："坚
苦力学，无师而成，吾不如李中孚。"③ 雍乾间学者全祖望，把他与孙奇
逢、黄宗羲并提，推许他："起自孤根，上接关学六百年之统，寒饿清
苦之中，守道愈严，而耿光四出，无所凭借，拔地倚天，尤为莫及。"④

　　李颙的实学主张，以讲求变通，"酌古准今"为特色。较之门户勃
谿者的"道统"之争，显然要通达得多，同虚幻的"三代之治"的憧憬
相比，亦较少泥古之见。然而，由于历史和阶级的局限，这种"酌古准
今"，则是以折中旧说的形式来进行的，带着浓厚的调合色彩。李颙虽
然看到了理学的深刻危机，但是他却没有勇气去否定这一业已陈腐的学
说，尤其是作为他的学说直接渊源的陆王心学。这样，在学术主张上变
通的结果，无非就是植根王学，合会朱陆的折中。因此，从这个意义上
说，近代学者梁启超先生就学术分野而论，将李颙归入清初"王学后
劲"⑤，并没有错。有必要补充说明的是，李颙并没有如同梁启超先生所

---

①　王心敬：《司牧宝鉴序》。
②　李颙：《四书反身录》卷四，《论语上·述而》。
③　顾炎武：《亭林文集》卷六，《广师》。
④　全祖望：《鲒埼亭集》卷十二，《二曲先生窆石文》。
⑤　梁启超：《中国近三百年学术史》五，《阳明学派之余波及其修正》。

评，"为旧学坚守残垒"，他的为学风尚也非"由明而渐返于宋"①。李颙
一生的学术实践表明，他是试图通过对儒学经世传统的还原，以寻找一
条发展学术的新途径。这样的努力，不能说是守旧，而应当说是在折中
以求新。

同学术上的折中相仿佛，李颙在政治主张上的"酌古准今"，也是
一种调合旧说以求新的努力。他汲汲以明亡为殷鉴，指出："自昔国家
之敝，多由饥荒时当事者不留心安插，民不聊生，以致酿成乱阶，为国
家患害。前代无论，明之季年，昭昭其可鉴也。"②因而，他重申儒家传
统的民本思想，主张"为民制恒产"。他说："民有恒产，然后可望其
有恒心，故明君将欲兴学校以教民，必先有以制民之产。所以然者，衣
食足然后可望其知礼义也。后世言治者，动曰兴学校，却全不讲为民制
恒产。不知恒产不制，而责民以恒心，是犹役馁夫负重，驱羸马致远，
纵勉强一时，究之半途而废耳。"③李颙虽欲挽救社会危机，但他却无法
逾越儒家传统的"仁政"和"王道"。因此，他的"斟酌损益，期适时
务"④，其结果，也只是对"不乖于时，不悖于古的大经大法"⑤的憧憬而
已。事实上，既要"不乖于时"，又要"不悖于古"，这样的"大经大
法"犹如海市蜃楼，是并不存在的。

李颙的"明体适用"学说，讲的是"明道存心以为体，经世宰物以
为用"⑥。就他的个人经历而言，由于他断然不与清廷合作，所谓"经世
宰物"已形同空谈，他给自己留下的，实际上就只是"明道存心"了。
这就无怪乎在其晚年，他要把"尽性至命"也称作"实学"，主张去追

---

① 梁启超：《清代学术概论》二。
② 李颙：《四书反身录》卷七，《孟子上·梁惠王》。
③ 同上。
④ 同上书卷七，《孟子下·离娄》。
⑤ 李颙：《四书反身录》卷七，《孟子上·梁惠王》。
⑥ 李颙：《二曲集》卷十六，《答顾宁人先生》。

求那种"令胸中空空洞洞，无声无臭"[①]的虚无境界了。李颙学说的这种局限，是他奉行陆王主观唯心主义认识路线的必然结果。沿着这条路线走下去，荆扉反锁，独善其身，便是势所难免。垂暮之年的李颙，学术主张不能推行于世，眼看程朱之学高踞庙堂，为他所抨击的"杂学"方兴未艾，恪守初衷而不随俗浮沉，也只能做出这样的选择。这是历史给思想家造成的局限，对此，我们不当苛求于李颙。

---

① 李颙：《二曲集》卷十五，《授受纪要》。

九　从孙奇逢到颜李学派

清初，就理学营垒而言，顺治及康熙初叶的三四十年间，主持一时学术坛坫风会者，依然是王学大儒。以孙奇逢为代表的北学和以黄宗羲为代表的南学，以及以李颙为代表的关学，三足鼎立，各领风骚。雍乾间学者全祖望所谓并世"三大儒"[①]，便是据此立论的。然而，同为王学后劲，置身急剧动荡的历史时代，面临自身学派的深刻危机，孙、黄、李三人的为学，都远非昔日王学旧规所能拘囿。一如前述，黄宗羲以他博大的为学领域和实事求是的学风，已经逾越王学藩篱而成为新风气的开创者。李颙也将其"明体适用"学说见诸"明学术、正人心"的执着追求而领袖一方。在这方面，孙奇逢虽未提出具有鲜明个性的学说，但同样以他合会朱王学术的努力，深刻地作用于河北、河南学术界，使之成为清初北学的开创者。从孙奇逢到继之而起的颜元、李塨，北学走过了一条由盛而衰，最终以经学考据而与南北学术合流的过程。

（一）孙奇逢合会朱王学术的努力

孙奇逢，字启泰，号钟元，晚号岁寒老人，学者尊为夏峰先生，河北容城人。生于明万历十二年（1584 年）[②]，卒于清康熙十四年（1675年），享年 92 岁。

孙奇逢的大半生都是在明代度过的。天启间，阉党祸国，东林名

---

① 全祖望：《鲒埼亭集》卷十二，《二曲先生窆石文》。
② 据《征君孙先生年谱》载，孙奇逢生于明万历十二年十二月十四日，实当 1585 年 1 月 14 日。

士左光斗、魏大中、周顺昌等被逮下狱。他与鹿正、张果中倡义醵金营救，冒死犯难，正气耿然，史称"范阳三烈士"[①]。崇祯间，清兵频频破关袭扰，他组织义勇，结寨易州（今河北易县）五公山，拒敌保乡，深得一方官民敬仰。明亡，孙奇逢已年逾花甲。由于故园被旗兵圈占，他含恨离乡背井，举家南徙，寄居河南辉县苏门山。清廷屡有征聘，皆为他所断然拒绝。晚年的孙奇逢，在苏门山夏峰村课徒授业，勤于著述，广交南北学术俊彦，俨然中原学术重镇。

孙奇逢之学，初从陆王入。身历明清更迭的沉重打击，使他强烈地感受到由于王学末流的空谈误国，"流弊滋甚"[②]，一代学术已经到了非变不可的关头。如何变？历史的局限又使他无法找到新的思想依据，于是便沿着他所服膺的东林学派以朱补王旧辙，走向合会朱王学术的道路。为此，他历时 30 年，于康熙五年撰成《理学宗传》一部，试图通过对我国古代学术史，主要是宋明理学史的总结，寻找儒学发展的新途径。

《理学宗传》凡 26 卷。全书选取宋明重要理学大师 11 人为宗主，上起北宋周敦颐、程颢、程颐、张载、邵雍，中经南宋朱熹、陆九渊，下迄明代薛瑄、王守仁、罗洪先、顾宪成。辅以汉唐宋明诸儒考，自西汉董仲舒，迄明末刘宗周，共著录历代名儒 146 人。另辟补遗一类，以著录"端绪稍异"的宋儒张九成、杨简，明儒王畿、罗汝芳、杨起元、周汝登等 6 人。对于这样的编纂义例，孙奇逢有过如下说明："是编有主有辅，有内有外。十一子其主也，儒之考其辅也；十一子与诸子其内也，补遗诸子其外也。"[③]主辅相成，内外有别，立意十分清楚。后来，孙奇逢的弟子汤斌为该书作序，又对师门宗旨加以阐发，他说："容城孙先生集《理学宗传》一书，自濂溪以下十一子为正宗，后列汉、隋、

---

① 《清史列传》卷六十六，《孙奇逢》。
② 孙奇逢：《理学宗传》卷二十六，《补遗·王畿》。
③ 孙奇逢：《理学宗传》卷首，《义例》。

唐儒考，宋、元儒考，明儒考，端绪稍异者为补遗。其大意在明天人之归，严儒释之辨。"①主辅枝叶扶疏，同明天人之学，内外端绪有别，以严儒释分野，合观孙、汤师生所论，全书宗旨豁然朗然。

在《理学宗传》中，孙奇逢借用《周易》关于万物演变的元、亨、利、贞的循环轨迹，来归纳数百年间的理学发展，开一代批判、总结理学风气之先声。他指出："学以圣人为归，无论在上在下，一衷于理而已矣。"这就是说，只要不违背"圣人"规定的理，那么任何一种学说，都应当是儒学正统中的一个环节。因此，孙奇逢如此设问："近古之统，元其周子，亨其程、张，利其朱子，孰为今日之贞乎？"随即他自行解答道："盖仲尼殁，至是且二千年，由濂洛而来，且五百有余岁矣，则姚江岂非紫阳之贞乎！"因此他断言："接周子之统者，非姚江其谁与归？"②当时，在对王学以"阳儒阴释"一类的指责铺天盖地而来的情况下，用这样的演进观去总结古代学术，勾勒宋明理学脉络，虽然未脱理学家窠臼，但是较之深陷门户泥淖，斥王学为异端的朱门后学，不仅要高明得多，而且也更接近于历史实际。

就其时代内容而言，《理学宗传》实质上正是一部为王阳明学术争正统的著述。因此，尽管该书《义例》中有"儒学本天""禅学本心"之别，但是在孙奇逢看来，儒释两家之于心，则存在严格区别。他说："心有人心、道心，人心危而道心微，必精以一之，乃能执中。中，即所谓天也。人心有欲，必不逾矩。矩，即所谓天也。释氏宗旨，于中与矩，相去正是千里。"③所以，我们不能因为孙奇逢有"禅学本心"的哲学判断，就误认为这是意味着他已将陆、王心学贬作禅学了。事实上，关于这个问题，孙奇逢的《日谱》记录得很明白。据该谱康熙四年正月二十五日条记："千圣万贤，总之此心。凡言存心、养心、尽心、求

---

① 汤斌：《理学宗传序》，载《理学宗传》卷首。
② 孙奇逢：《理学宗传》卷首，《自叙》。
③ 孙奇逢：《理学宗传》卷首，《义例》。

心、正心，皆所谓学以复此本心之工夫也。阳明曰'心外无事，心外无理'，故心外无学。譬之植焉，心其根也，学也者其培壅之者也。"① 视为学作复心工夫，而倡言"心外无学"，这显然正是陆王心学矩矱。同年二月十四日条又云："阳明知行合一之说，此圣学之全功也。……阳明教旨'无善无恶心之体……'此是彻上彻下语，正见知行合一，既不病实，又不病虚。"孙奇逢还说："文成为紫阳作忠臣诤子，而攻之者乃以入室操戈。……又何怪乎众论之纷纭哉！"② 足见，孙奇逢不仅是王阳明"知行合一"学说的笃信者，而且也不啻陆王心学干城。

　　孙奇逢虽学出王学，但毕竟不是抱残守缺的人，而是主张"开眼界""大心胸"的豪杰。一方面他既肯定了王学在儒学发展中的正统地位，同时又清醒地正视王学面临的危机。因此，他超然于门户之上，认为："文成之良知，紫阳之格物，原非有异。"③ "两贤之大旨固未尝不合也。"④ 他还反复重申："陆、王乃紫阳之益友忠臣，有相成而无相悖。"⑤ 由此出发，孙奇逢进而主张合朱王于一堂，他指出："我辈今日要真实为紫阳，为阳明，非求之紫阳、阳明也。各从自心、自性上打起全付精神，随各人之时势身分，做得满足无遗憾，方无愧紫阳与阳明。"⑥ 于是在合会朱王学术的努力中，孙奇逢找到了自己的归宿，用他的话来说，就叫作"躬行实践"。他晚年曾就此歌咏道："说什么程朱陆王，门户便相悬。从陆征鞍，顺水扬帆，到头一样达畿甸，道同源。躬行实践，舌上莫空谈。"⑦ 程朱、陆王，同源而异流，殊途而同归，作为后学，无须去作无谓的门户空谈，唯有"躬行实践"才是为学正道。这便是孙奇

---

① 孙奇逢：《日谱》卷二十三，康熙四年正月二十五日条。
② 同上书，康熙四年二月十四日条。
③ 孙奇逢：《四书近指》卷一，《大学之道章》。
④ 孙奇逢：《夏峰集》卷七，《与魏莲陆》。
⑤ 同上。
⑥ 同上。
⑦ 孙奇逢：《三贤集》卷四，《夏峰歌》。

逢为清初北方学术界昭示的为学方向。

清初的北方学术界，受孙奇逢影响极深。当时，不唯河南、北学术界中的佼佼者，诸如汤斌、张沐、崔蔚林等人皆出其门下，而且南北名儒黄宗羲、顾炎武、傅山、张尔岐等，无不尊之为老师宿儒。流寓扬州的四川学者费密，年近50，远道师从，其影响之巨大可见一斑。后来，河北大儒颜元及其弟子李塨，正是发展了孙奇逢"躬行实践"的学术主张，以讲求实习、实行、实用的"习行经济"之学，把他所开创的北学进行根本改造，演变为异军突起的颜李学派。

（二）颜元学说的形成

康熙中叶以后的学术界，当清初诸学术大师相继谢世之后，颜李学派若异军突起，独领风骚，在学术舞台上活跃了近半个世纪。

颜李学派以讲求实习、实行、实用的"习行经济"之学为特征，首倡于颜元，大成于李塨。

颜元，初因其父养于朱氏，遂姓朱，名邦良，字易直，号思古人。后归宗复姓，改今名，字浑然，号习斋，河北博野人。生于明崇祯八年（1635年），卒于清康熙四十三年（1704年），终年70岁。他早年为诸生，后绝意仕进，以教学终老乡里。其学始自陆、王入，继而改从程、朱，终则悉为摒弃，一意讲求经世致用，专以实习、实行、实用为倡，成为清代学术史上著名的颜李学派的创始人。他的主要著述为《存治》《存性》《存学》《存人》四编，史称"四存编"。其他尚有《四书正误》《朱子语类评》等。其传状书札及短篇杂著，门人辑为《习斋记余》刊行。

关于颜元学说的渊源，前哲时贤每多争议，言人人殊。究其根源，则始于其弟子李塨所撰《颜习斋先生年谱》。据年谱记，颜元31岁时，曾"与王法乾言，六艺惟乐无传，御非急用，礼，乐、书、数宜学。但穷经明理，恐成无用学究"。著者于此段文字后，特地加了如下按语："此时正学已露端倪矣，盖天启之也。"①颜元的倡导六艺实学，究竟是得之"天启"，还是渊源有自？答案是后者，而不是前者。清初学术界，以讲明六艺之学为倡，其首创者并非颜元，而是江南学者陆世仪。颜元之学，即得益于陆氏学术主张的启发。关于这一点，颜元的《上太仓陆桴亭先生书》说得很明白，他写道："一日游祁，在故友刁文孝座，闻先生有佳录（当指《思辨录》——引者），复明孔子六艺之学，门人姜姓在州守幕实笔之。欢然如久旱之闻雷，甚渴之闻溪，恨不即沐甘霖而饮甘泉也。曲致三四，曾不得出，然亦幸三千里外有主张此学者矣。"②信中，颜元对陆世仪推崇备至，他说："先生不惟得孔孟学宗，兼悟孔孟性旨，已先得我心矣。当今之时，承儒道嫡派者，非先生其谁乎！"③可见，无论是颜元的讲求六艺实学，还是在人性学说上反对宋儒天地之性与气质之性的区分，其间都接受了陆世仪学术主张的重要影响。

其实，颜元学说的形成，绝非一朝顿悟的"天启"，而是一个博取众长，不断消化，融为我有的演进过程。在他学说形成的早期，对其产生了决定性影响的，正是孙奇逢的北学。

颜元与孙奇逢籍属同郡，二人间年岁相去50余，他自是奇逢的晚生后学。他们之间虽终身未得谋面，但颜元尊礼奇逢，则始终如一。至于对待孙奇逢学术主张的态度，颜元则走过了一条从服膺到分道扬镳的路程。颜元之学，初从陆王入。而在他24岁时，将其导入陆王之学门槛的，就是学承孙奇逢的彭通。随后，他又相继问学于孙奇逢的高足王之征、王余佑。颜元的讲求兵法和经世实学，就得益于王余佑，所以他一直事余佑以父执之礼。后来，给颜元的人性学说以重要影响的张罗

---

① 李塨：《颜习斋先生年谱》卷上，三十一岁条。
② 颜元：《存学编》卷一，《上太仓陆桴亭先生书》。
③ 同上。

喆，也是学近奇逢的理学家。因此，尽管颜元由于受祁州学者刁包的影响而一度出入于程朱陆王间，但是就为学大体而论，质朴无华，豪气横溢，早年的颜元之学，无疑应属孙奇逢的北学系统。

然而，颜元是一个饶有创新精神的学者，当他接受陆世仪倡导的六艺实学影响之后，便用以对北学进行根本改造，否定了孙奇逢合会朱王学术的努力。以35岁时所撰成的《存性》《存学》二编为标志，他毅然与北学分道扬镳，形成了既非程朱陆王之学，亦非孙奇逢北学的"习行经济"之学。所以，在翌年致孙奇逢的信中，颜元明确指出："某殊切杞人之忧，以为虽使朱学胜陆而独行于天下，或陆学胜朱而独行于天下，或和解成功，朱陆合一，同行于天下，则终此乾坤，亦只为当时两宋之世，终此儒运，亦只说话著书之道学而已。岂不堪为圣道生民长叹息乎！"① 这不唯是对程朱陆王之学的否定，而且也无异于在同会通朱陆的孙奇逢北学唱反调。这以后，颜元以恢复"周孔正学"为己任，一意讲求"习行经济"的六艺实学，他说："学习、躬行、经济，吾儒本业也。舍此而书云书云，讲云讲云，宋明之儒也，非唐虞三代之儒也。"②

康熙三十年，颜元以57岁之年南游中州。此时，虽距孙奇逢去世不过16年，然而在曾经深受北学濡染的中州，王阳明心学早已悄然衰颓，孙奇逢合会朱王学术的努力亦淹没在程朱学说的复兴之中。面对"人人禅子，家家虚文"③的现状，颜元大声疾呼："程朱之道不熄，周孔之道不著。"④ 于是"别出一派，与之抗衡"⑤，断然表示："必破一分程朱，始入一分孔孟。乃定以为孔孟、程朱判然两途，不愿作道统中乡愿

---

① 颜元：《存学编》卷一，《上征君孙钟元先生书》。
② 颜元：《习斋记余》卷六，《论开书院讲学》。
③ 李塨：《颜习斋先生年谱》卷下，五十八岁条。
④ 颜元：《习斋记余》卷一，《未坠集序》。
⑤ 同上书卷三，《寄桐乡钱生晓城》。

矣。"① 从此，他成为朱熹学说的不妥协的批判者。

（三）颜元与漳南书院

颜元晚年，应聘南下，主持漳南书院讲席。这是继南游中州之后，他毕生的一次重大学术活动，也是清代学术史和书院史上一件影响久远的事情。考察这次学术活动，不仅可以深入了解颜元学说的特质，而且也可据以窥知清初书院教育的演变趋势。

漳南书院设在河北广平府肥乡县，是以清初的一所义学为基础扩建而成的。康熙十九年，于成龙任保定巡抚（后改直隶巡抚），肥乡士绅郝文灿等，即遵于氏令建义学一所于肥乡屯子堡，置学田百亩，文灿自任学师。随后郝文灿等又着手将学舍扩建，并请后来官至兵部督捕侍郎的许三礼题名为漳南书院。这以后，郝文灿"谦不任事，别寻师者十有五年"②，于康熙三十三年北上博野，延请颜元主持讲席。颜元一再婉拒。三十五年，经文灿三度敦请，他始于同年四月携门人钟铉、从孙重光启程南下。五月，颜元一行抵达肥乡屯子堡。当时，漳南书院草创未就，仅有左斋一处，他即为书院厘定规制，一边动工营建，一边率诸弟子习行六艺实学。四月过去，"颇咀学习乐味"③。然而天不从人愿，颜元在书院四个月的苦心经营，竟因漳河泛滥而被洪水无情吞噬。最后只好面对一片汪洋，仰天长叹，告辞返里。尔后，一则水患益甚，再则年事渐去，虽经郝文灿屡次致书邀请，终不得再度成行。康熙三十八年，郝文灿随信寄来契券一张，写明："颜习斋先生生为漳南书院师，没为书院先师。文灿所赠庄一所、田五十亩，生为习斋产，没为习斋遗

---

① 李塨：《颜习斋先生年谱》卷下，五十八岁条。
② 颜元：《习斋记余》卷二，《漳南书院记》。
③ 同上。

产。"① 颜元见信，深为感动，遂于病中撰成《漳南书院记》一篇，聊以记录自己在书院的教学活动。文末，仍以一遂初衷为念。但无奈老病相寻，竟赍志而殁。

在清初为数不多的书院中，漳南书院个性鲜明，独树一帜，颇具研究价值。在此，我们拟选取与之风格迥异的关中书院试作一些比较。

关中书院，始建于明万历三十七年（1609 年）。天启初，魏忠贤矫诏禁毁天下书院，关中书院罹此大厄，一蹶不振。尔后明清更迭，战乱频仍，直到康熙初年，陕西地方当局始有重修关中书院之举。康熙五年十月，西安知府叶承祧以重修关中书院，礼聘盩厔学者李颙主持讲席，为李所拒绝。十二年四月，陕西总督鄂善复修关中书院，虔诚致聘，李颙再三推辞始就聘。五月，他登坛执讲，鄂善并陕西巡抚阿席熙等各级官员，以及"德绅名贤、进士举贡、文学子衿之众，环阶席而侍，听者几千人"②。继万历间名儒兼名臣冯从吾讲学之后，绝响多年的关中书院讲会，为之一振。

在关中书院，李颙登坛伊始，便昭示了十条会约、八条学程。对书院讲学的时间、礼仪、次第、方法、内容、目的诸项，以及就学士子每日的学习课程等，都作了明确规定，而贯彻始终的，就是"讲学"二字。他说："立人达人，全在讲学；移风易俗，全在讲学；拨乱返治，全在讲学；旋乾转坤，全在讲学。为上为德，为下为民，莫不由此。此生人之命脉，宇宙之元气，不可一日息焉。"③ 关于讲学的内容，李颙说得也很清楚，他说："先辈讲学大儒，品是圣贤，学是理学，故不妨对人讲理学，劝人学圣贤。颙本昏谬庸人，千破万绽，擢发难数。既非卓品，又无实学，冒昧处此，觍颜实甚，终不敢向同人妄谈理学，轻言圣

---

① 李塨：《颜习斋先生年谱》卷下，六十五岁条。
② 惠靇嗣：《二曲历年纪略》。
③ 李颙：《二曲集》卷十，《匡时要务》。

贤。惟愿十二时中，念念切己自反，以改过为入门，自新为实际。"①这就是说，他是要借书院讲坛来彰明自己的"悔过自新"学说。

同样是主张为学以经世的实学学者，也同样是弟子满门的教育大师，在对待书院讲学这一问题上，颜元与李颙的看法却是很不一致的。颜元痛感于明末理学家的空谈误国，所以对徒事讲说之风深为鄙夷。他说："名为道学，而实餍时文以射名利，吾不敢为也。身承道统，而徒事讲说以广徒类，吾不欲为也。躬行之而风俗式范，德至焉而天下云从，吾养之爱之而不能为也。"②早在康熙八年，他三十五岁时所写的《存学编》中，颜元便明确地提出了应当把习行置于读讲之上的主张。他指出："性命之理不可讲也，虽讲人亦不能听也，虽听人亦不能醒也，虽醒人亦不能行也。所可得而共讲之、共醒之、共行之者，性命之作用，如《诗》、《书》、六艺而已。即《诗》、《书》、六艺，亦非徒列坐听讲，要惟一讲即教习，习至难处来问，方再与讲。讲之功有限，习之功无已。"③因此他说："垂意于习之一字，使为学为教，用力于讲读者一二，加功于习行者八九，则生民幸甚，吾道幸甚。"④

对于李颙的书院讲学，颜元毫不掩饰自己所持的批判态度，他指出："乃膺抚台尊礼，集多士景从，亦只讲书说话而已。何不举古人三事、三物之经世者，与人习行哉？后儒之口笔，见之非无用，见之是亦无用，此所以吾心益伤也。"⑤翌年，他又专门写了一篇题为《论开书院讲学》的短论，对书院讲学之风进行抨击。文中写道："观王文成公传，正德十三年四月，至赣开书院讲学。喟然曰，此一失，程朱、陆王两派所同也。但一人得志，守司地方，或一人儒名显著，地方官尊礼，则必建立书院，额其中庭曰讲堂。嗟乎，何不曰道院，何不曰学堂，而直以

---

① 李颙：《二曲集》卷十三，《关中书院会约》。
② 锺錂：《习斋先生言行录》卷上，《学人第五》。
③ 颜元：《存学编》卷一，《总论诸儒讲学》。
④ 同上。
⑤ 李塨：《颜习斋先生年谱》卷下，五十八岁条。

书讲名乎！盖其实不可掩也，亦两派诸先生迷而不之觉也。"末了，他告诫一时知识界："今不学，何讲哉？学习、躬行、经济，吾儒本业也。舍此而书云书云，讲云讲云，宋明之儒也，非唐虞三代之儒也。然则今日者，讲之不学，是吾忧矣。"① 三年之后，就是在这样的思想指导之下，为以自己的"习行经济"之学去振颓救弊，颜元以62岁之年应聘南下，前往漳南书院主持院事。

在漳南书院，颜元抱定"宁粗而实，勿妄而虚"② 的教育宗旨，将其一贯的学术主张付诸实践，对整个书院的布局和教学内容，都作了具体规划。他拟议中的书院正厅，取名为习讲堂，东西两侧各设二斋，东为文事、武备，西为经史、艺能。四斋所学，依次为礼乐书数、天文地理；诸子兵法、射御技击；十三经、历代史、诰制、章奏、诗文；水学、火学、工学、象数等。与习讲堂及上述四斋南北相向，方是理学、帖括二斋，前者"课静坐、编著、程朱陆王之学"，后者"课八股举业"。对此二斋的如此设置，颜元解释道："置理学、帖括北向者，见为吾道之敌对，非周孔本学，暂收之以示吾道之广，且以应时制。俟积习正，取士之法复古，然后空二斋，左处傧价，右宿来学。"③ 随后，他又为习讲堂亲笔书写楹联："聊存孔绪励习行，脱去乡愿、禅宗、训诂、帖括之套；恭体天心学经济，斡旋人才、政事、道统、气数之机。"④

根据上述规制，在漳南书院着手进行土木营建的同时，颜元则率领就学士子于间架粗具的习讲堂内，"习礼歌诗，学书计"，"讨论兵农，辨商今古"，而且还不时到户外"举石、超距、拳击"⑤。四个月间，书院文武并习，上下一派生机。这同李颙执教的关中书院，简直不可相提并论。

---

① 颜元：《习斋记余》卷六，《论开书院讲学》。
② 同上书卷二，《漳南书院记》。
③ 颜元：《习斋记余》卷二，《漳南书院记》。
④ 李塨：《颜习斋先生年谱》卷下，六十二岁条。
⑤ 颜元：《习斋记余》卷二，《漳南书院记》。

　　李颙、颜元在关中和漳南二书院的教学活动表明，李颙的书院教育，走的是继承明季讲学遗风的路。不过，这种继承又并非一味摹仿，对空谈理学之风亦进行了积极的修正。颜元较之李颙更具胆识，他摆脱旧规，别辟蹊径，试图以自己的"习行经济"之学去改造书院教育，使之成为讲求六艺实学的场所。这种立足现实的开创精神，是十分可贵的。因此，把颜元评价为一个书院教育改革家，恐怕也并不过分。

　　在书院史上，清初顺治、康熙两朝，迄于雍正初的八九十年间，是书院教育由衰而复盛的一个转变时期。康熙十二年，李颙的重举关中书院讲会，三十五年，颜元的主持漳南书院讲席，都从不同的侧面，反映了这一时期书院教育的历史特征，朦胧地呈现出清初书院教育的演变趋势。

　　宋明书院，以讲心性之学为特色。但是到了明末，由于社会危机的日益加剧，伴随着王阳明心学乃至整个宋明理学的瓦解，沉溺心性之学，无视国家安危的风尚，已经越来越为知识界所摒弃。入清以后，一方面因空疏学风而受到猛烈抨击，另一方面文士结社，聚众结党又为清廷明令禁止，所以清初的书院教育，就势必不能一仍宋明旧辙走下去。颜元执教漳南书院，置理学于"习行经济"之学的对立面，其原因就在于此。李颙的重举关中书院讲会，之所以昙花一现，荐举风波固然是其原因之一，然而讲会之不能持久，根源显然要较之深刻得多。

　　颜元称得上是一个书院教育改革家。面对着书院教育何去何从的抉择，他断然撇开讲心性之学的书院旧辙，选择了一条同李颙迥然异趣的办学新路。他在漳南书院专意提倡"习行经济"之学，试图以此造就一批切于世用的人才。这样的办学道路，从现实需要出发，继承了作育人才的书院传统，立意无疑是积极的。但是不能不看到，由于清初科举取士制度的迅速恢复，在举业功名的诱惑和桎梏之下，读书人要为社会所用，走漳南书院的路又实在有很多难处。因为这样走下去，无法得到官府的承认，到头来势必就会有丧失生计之虞。而且漳南书院所倡导的

"讨论兵农，辨商今古"，尤为清廷所忌讳，谁又愿意以卵击石？因此，倒不如关中书院的"不得语及官员贤否，及他人得失，不得语及朝廷公事，及边报声闻"①，更合时尚。这样一来，清初的书院教育既不能走讲心性之学的旧辙，又不能走"习行经济"的新路，它就只好同化于讲求举业的各级学校。李颙离开关中书院后，讲会烟消云散，书院变作官署，"讲堂茂草，弦诵阒如，词章俭陋之夫，挟科举速化之术，俨然坐皋比，称大师"②，就实在是一个有力的证明。

宋代书院初起，为一时学者自由讲学之所在，乃是与官办学校并存的私学。元代以后，书院虽仍多属民办私学，但已经愈益受到官府节制。这种书院官学化的趋势，在明代大为发展。嘉隆以还，南北蜂起的书院，即多属官办性质。清初书院，亦复如此。李颙所主讲的关中书院就是一个典型，正如他所说，这所书院是"上台加意兴复"③的。所以，不唯书院开讲，地方官绅要走走过场，环坐而听，而且在书院会约中，就明确规定了士子"向各宪三恭"④的礼仪。漳南书院则是一个例外，它属民办私学。唯其如此，所以它旋起旋落，无力抗御天灾的打击，营建伊始，便为洪水淹没。尔后，它再也无法复兴，以致成为历史的陈迹。颜元故世后，他的弟子李塨等人所创辟的习斋学舍，以及其后李塨弟子再建的道传祠，都属此类私学。然而也都同样自生自灭，不能存之久远。唯独像关中书院一类的官学化书院，尽管盛衰不一，但是它们毕竟仰仗官府站住了脚跟，而且在乾隆间居然一度大盛。总之，一个举业化，一个官学化，这就是关中、漳南二书院所显示的清初书院教育的演变趋势。

---

① 李颙：《二曲集》卷十三，《关中书院会约》。
② 陈康祺：《郎潜纪闻》初笔卷八，《北学南学关学》。
③ 李颙：《二曲集》卷十三，《关中书院会约》。
④ 同上。

（四）李塨对颜学的继承及背离

　　颜元去世后，他的学术事业为其弟子李塨所继承。李塨，字刚主，号恕谷，河北蠡县人。生于顺治十六年（1659年），卒于雍正十一年（1733年），终年75岁。自康熙十八年（1679年）起，从学于颜元，时年21岁。康熙二十九年举乡试，后迭经会试皆未中式。晚年选授通州学政，未及三月，辞官返乡，著述终老。他一生以张大颜学为己任，为此，北上京城，作幕中州，南游钱塘，西历秦晋，广泛接引学子，遍交当代硕儒，高高地举起了颜李学派的旗帜。颜元无意著述，李塨则著述甚富，博及礼乐兵农、经史考证，其最著名者为《大学辨业》《圣经学规纂》等，短篇杂著以《恕谷后集》结集行世。

　　早年的李塨，是颜元学说的笃信者。还在青年时代师从颜元之初，他即表示：“咫尺习斋，天成我也，不传其学，是自弃弃天矣。”① 从此，他恪守颜元之教，亦步亦趋，“不轻与贵交，不轻与富交，不轻乞假”，认为：“纸上之阅历多，则世事之阅历少；笔墨之精神多，则经济之精神少。宋明之亡，此物此志也。”② 他所经历的，是一个对颜学原原本本的吸收和消化的过程。在这个过程中，他向颜元学礼，向张而素学琴，向赵思光、郭金城学骑射，向刘见田学数，向彭通学书，向王余佑学兵法，一派经世实学气象。颜元南游，决意以六艺实学的倡导与朱熹学说相抗衡，李塨则作同调之鸣，指出：“古之学一，今之学梦。古之学实，今之学虚。古之学有用，今之学无用。……程朱陆王，非支离于诵读，即混索于禅宗，学之亡也转甚。”③ 他一如师门之所倡，拳拳于六艺实学的讲求，断言：“今之虚学可谓盛矣，盛极将衰，则转而返之实。”④ 康

---

① 冯辰等：《李恕谷先生年谱》卷一，二十三岁条。
② 同上书卷二，二十九岁条。
③ 同上书卷二，三十一岁条。
④ 李塨：《恕谷后集》卷一，《送黄宗夏南归序》。

熙四十三年九月，颜元逝世。在举行葬礼前夕，李塨告慰死者道："使塨克济，幸则得时而驾，举正学于中天，挽斯世于虞夏。即不得志，亦拟周流吸引，鼓吹大道，使人才蔚起，圣道不磨。"① 后来，他虽然未能获得"举正学于中天"的条件，但是却做到了不遗余力地为传播颜学而"周流吸引，鼓吹大道"。在他的周围，会集起一批颜李学说的崇拜者，诸如王源、恽鹤生等学有所长的南北学者，都成了颜李学说的门徒。当他逝世前，北方的众多弟子还在蠡县建起道传祠，试图让颜李学派世代传衍下去。

然而一个耐人寻味的现象是，李塨逝世后，颜李学说竟戛然不传。一度兴盛的学派，若伏流沉潜于地底，直到晚清，经戴望诸人表彰，始得重放异彩。之所以会形成这样的局面，其原因是多方面的，既有颜李学派自身的历史局限，也有客观条件的不可抗拒的制约。归纳起来，主要是两个方面，一则有清廷独尊朱学这样一个不可逆转的重要背景，再则也是与清初学术发展内在逻辑的制约分不开的。这一逻辑力量所显示的巨大作用，在李塨生前已经体现出来，这就是他对颜元学说的背离。

康熙三十四年，李塨应浙江桐乡知县郭金汤聘，南游作幕，时年37 岁。这次南游，成为他一生为学的重要转折点。当时的江南，经学方兴未艾，朴实的考据学风正在酝酿。毛奇龄、阎若璩、姚际恒、王复礼、邵廷采，等等，究心经籍，专意著述，宛若群葩争妍。抵达浙江之后，给李塨以经学考据影响的第一人是王复礼。王氏旁征博引，力斥宋学之非，告诉他："《太极图》本道家说，今本《大学》《孝经》系朱子改窜，晦圣经本旨。程朱陆王皆染于禅。"② 同年九月，李塨北返。翌年，毛奇龄论《易》诸书寄至，于宋儒《图》《书》之说多所攻驳。三十六年，他再度入浙。在当年所写《上颜先生书》中，即接受王、毛

---

① 冯辰等：《李恕谷先生年谱》卷四，四十六岁条。
② 同上书卷二，三十七岁条。

等人的学术主张，历举宋儒变乱儒学旧章的八条依据，走上了考据学路径。李塨指出："宋儒学术之误，实始周子。周子尝与僧寿涯、道士陈抟往来，其教二程以寻孔、颜乐处，虽依附儒说，而虚中玩弄，实为二氏潜移而不之觉。"① 他的结论是："宋儒于训诂之外，加一体认性天，遂直居传道，而于圣道乃南辕而北辙矣。"② 年末，他专程前往杭州，问乐学于毛奇龄。此后，他师从毛氏，学乐，学《易》，学音韵，辨《周礼》《古文尚书》真伪，受奇龄经说影响极深。当他41岁返乡时，已经深染江南学者考古穷经之习。这就难怪毛奇龄要引之为同志，赞作"千秋一人"，高呼："吾学从此兴矣！"③

在连年的南北学术交流中，李塨不仅使颜学第一次远播江南，也兼收并蓄，使之扩充而同经学考据相沟通。在毛奇龄与江南学风的潜移默化之下，他接受了经学考据的绵密方法。把颜学与经学考据沟通的结果，使他不自觉地步入了考据学的门槛，从而改变了颜学的本来面貌。南游中及稍后一些时间里，他所陆续撰成的《田赋考辨》《禘祫考辨》等，就都带有明显的考据色彩。在结束南游前夕，他还用考据方法，"遍考诸经，以为准的"④，完成了自己的成名之作《大学辨业》。此后，李塨讲学京城，声名大起，公卿交口赞之为"学山文海，原原本本，不世之人"⑤。他与旅居北京的江南学者万斯同、胡渭等频繁往还，引经据典，讲《礼》辨《易》。万斯同大为赞赏，竟置李塨于考据大师阎若璩和经学家洪嘉植之上，喟叹："天下惟先生与下走耳，阎百诗、洪去芜未为多也。"⑥

---

① 冯辰等：《李恕谷先生年谱》卷三，四十岁条。
② 同上书卷二，三十九岁条。
③ 同上书卷三，四十岁条。
④ 李塨：《大学辨业》卷首，《自序》。
⑤ 冯辰等：《李恕谷先生年谱》卷三，四十三岁条。
⑥ 同上。

晚年的李塨，"自知德之将耄，功之不建"①，于是"流连三古"，遍注群经。虽然旨在对颜元学说进行理论论证，但实则已经背离颜学而与考据学合流。按照颜元的主张，儒者应以讲求"习行经济"之学为职志，"处也惟习行"，"出也惟经济"。他说："古来《诗》《书》，不过习行经济之谱，但得其路径，真伪可无问也，即伪亦无妨也。今与之辨书册之真伪，著述之当否，即使皆真而当，是彼为有弊之程朱，而我为无弊之程朱耳。不几揭衣而笑裸，抱薪而救火乎？"②李塨晚年之所为，显然远离了师门之教。关于这一点，正如当代著名史家钱穆教授所论："习斋之学，得恕谷而大，亦至恕谷而变。"③

颜李学风的始同终异，并非李塨蓄意立异师门，乃是风气所趋，大势使然。李塨晚年，曾经无可奈何地表示："颜先生以身任天下万世之重，卒而寄之我。我未见可寄者，不得已而著之书，以俟后世。"④这样一个严酷的事实表明，迄于康熙末叶，清初的经世学风业已终结，经史考据之风的勃兴，已非任何个人的意志所能转移。至于李塨逝世后，方苞为其撰《李刚主墓志铭》，竟宣称"以刚主之笃信师学，以余一言而翻然改"⑤，则杜撰故事，诬及死友，实在不值一驳！

---

① 李塨：《恕谷后集》卷十一，《诗经传注题辞》。
② 颜元：《习斋记余》卷三，《寄桐乡钱生晓城》。
③ 钱穆：《清儒学案序》。
④ 恽鹤生：《李恕谷先生传》，载《李恕谷先生年谱》卷首。
⑤ 方苞：《方苞集》卷十，《李刚主墓志铭》。

十　李光地与清初理学

清初理学界，以表彰朱学而足以同王学大儒相颉颃者，除前述张履祥、吕留良外，尚有陆世仪、陆陇其和李光地。陆陇其以有清一代第一个获从祀孔庙的殊荣而名垂史册，李光地则以主持编纂《朱子全书》而俨若康熙末朱学领袖，唯独陆世仪潜踪息影，声名不显。考察三人的为学风尚，于了解清初理学界，尤其是朱学营垒的状况，不无典型意义。

（一）江东二陆的理学

清代理学营垒中人谈清初朱学，每以江东二陆并举，所谓二陆，其一为陆世仪，其二是陆陇其。

陆世仪，字道威，号刚斋，明亡改号桴亭，学者尊为桴亭先生，江苏太仓人。生于明万历三十九年（1611年），卒于清康熙十一年（1672年），终年62岁。鉴于明末王门后学的狂禅习气，陆世仪为学之始，即承东林遗风，以修正王学为职志。他一生为学志存经世，不标宗旨，不立门户，以朱熹倡导的"居敬穷理"之教为入手工夫，躬行践履，孜孜以求，博及天文、地理、河渠、兵法，号召一方，卓然大儒。所著有《思辨录》《论学酬答》及诗文杂著等40余种、100余卷。其中，尤以《思辨录》最为著名，是他一生为学精粹之所在。

《思辨录》始撰于明崇祯十年，取《中庸》"慎思""明辨"之意，以逐日记录学思所得。当时，目睹社会危机的日益加剧，陆世仪与同里友好陈瑚、盛敬、江士韶相约，讲求修己治人的体用之学，时称"娄东四君子"①。明亡，陆、陈等人绝意仕进，潜心治学。历时 12 年，至顺治五年，陆世仪出类拔萃，《思辨录》的撰写"无间寒暑，无间穷达，无间治乱"②，手稿之积已"充笥满箧"③。由于原稿为逐日随手所记，未有伦次，于是经盛、江二人整理，以类相从，辑为《思辨录辑要》。顺治十八年冬，该书得江西安义知县毛天骐资助刊行。付梓前，江、盛、陈三人复将陆世仪自顺治五年至十七年间所撰补入。书成，不胫而走。同时大儒顾炎武、颜元皆就此致书陆世仪，倾心赞许。顾书称："于蓟门得读《思辨录》，乃知当吾世而有真儒如先生者，孟子所谓'穷则独善其身，达则兼善天下'，具内圣外王之事者也。"④颜元则喜其"语殊新奇骇人"，推崇道："先生不惟得孔孟学宗，兼悟孔孟性旨，已先得我心矣。当今之时，承儒道嫡派者，非先生其谁乎？"⑤陆世仪故世后，该书又得宋荦、张伯行等人重刊。张刻本将初刊前后二集合而为一，作 35卷 14 门，对顺治十八年后陆氏续记亦作了增补。由于张为一时理学名臣，陆书遂得以大行于世。乾隆间修《四库全书》，所著录之《思辨录辑要》即为张刻本。道光十七年，安徽学政沈维镛觅得初刻完本，与张本校定重刊。光绪三年，江苏书局又以沈本为据，合张本校勘，"重出者悉删去之，有错杂可疑者则注于其下"⑥。以小学、大学、立志、居敬、格致、诚正、修齐、治平 8 类为前集 22 卷，以天道、人道、诸儒、异学、经子、史籍 6 类为后集 13 卷。"区类发凡，居然还江、盛之旧。"⑦

《思辨录辑要》精义甚多，其主要之点有三。首先是不标宗旨，不立门户。陆世仪虽然以朱学为宗尚，对陆王学术多有批评，但却不作无

---

① 陈瑚：《陆桴亭先生行状》，载《陆子遗书》卷首。

② 江士韶：《思辨录辑要序》，载该书卷首。

③ 盛敬：《思辨录辑要序》，载该书卷首。

④ 顾炎武：《亭林余集·与陆桴亭札》。

⑤ 颜元：《存学编》卷一，《上太仓陆桴亭先生书》。

⑥ 唐受祺：《思辨录辑要按语》，载《尊道先生年谱》五十一岁条。

⑦ 同上。

益的门户纷争。他认为："鹅湖之会，朱陆异同之辨，古今聚讼，不必更扬其波。"又说："近代儒者，各立宗旨，各分门户，互相标榜，互相诋排，以视古人，真堪愧死。"① 在论及陆九渊时，他曾如实地指出："陆象山人物甚伟，其语录议论甚高，气象甚阔，初学者读之，可以开拓心胸。"② 而且他还将朱陆学术进行比较，认为："陆子静真是壁立万仞，闻其风者可以廉顽去懦。尤善鼓舞聪明人，故聪明人亦喜趋之。若下梢肯教人读书，其学岂逊朱子？"③ 对王守仁学术，他同样有中肯的评价，认为："王新建于'致知'中增一'良'字，极有功于后学，盖恐人以世俗乖巧为知也。"④ 他还指出："程朱之'居敬穷理'，……王阳明之'致良知'，皆所谓入门工夫，皆可以至于道。"⑤ 当有人问及他的为学宗旨时，陆世仪直截了当地回答道："实无宗旨。"⑥ 他强调："大儒决不立宗旨。譬之医家，其大医国手，无科不精，无方不备，无药不用，岂有执一海上方而沾沾以语人曰'此方之外别无药'！近之谈宗旨者，皆海上奇方也。"⑦ 尤为可贵的是，陆世仪虽尊崇朱学，却又能不为朱学所囿。关于这一点，《思辨录》中事例很多，最为突出者，便是他对朱熹人性学说的修正。朱熹承张载、二程性论，区分人性为"义理之性"与"气质之性"，并认为孟子所说的性善指的是"义理之性"。早在 27 岁时，陆世仪即已对此产生怀疑，意识到在人性学说上，"禅和方外固非，分性为二者亦非"。尔后，随着学问的增长，到他 49 岁时，便确立了"性善之旨，正不必离气质而观"⑧ 的认识。继之他又于翌年讲学东林书院时，将上述主张加以阐发。以 56 岁讲《易》常州，著《性

---

① 陆世仪：《思辨录辑要》后集卷八。
② 同上书前集卷一。
③ 同上书后集卷八。
④ 同上书前集卷三。
⑤ 同上书前集卷二。
⑥ 同上。
⑦ 同上书后集卷九。
⑧ 同上书后集卷五。

善图说》为标志，完成了对朱熹性论的全面修正。

其次，是志存经世，博大通达。陆世仪一生为学，虽未脱理学家蹊径，重在讲求义理，但他却是一个学风笃实的学者。针对明末理学家聚徒讲学的空谈积习，他斥之为"晋人清谈"，"处士横议"，指出："天下无讲学之人，此世道之衰，天下皆讲学之人，亦世道之衰也。……嘉隆之间，书院遍天下，讲学者以多为贵，呼朋引类，动辄千人。附影逐声，废时失事，甚至有借以行其私者。此所谓处士横议也，天下何赖焉？"① 与之迥然异趣，陆世仪提出了讲求"切于用世"的六艺实学的主张，他说："古者六艺，学者皆当学之，今其法不传。吾辈苟欲用心，不必泥古，须相今时宜，及参古遗法，酌而行之。"他进而指出："今人所当学者，正不止六艺，如天文、地理、河渠、兵法之类，皆切于用世，不可不讲。俗儒不知内圣外王之学，徒高谈性命，无补于世，此当世所以来迂拙之诮也。"② 由于受西学的影响，陆世仪特别强调以数学来用世，他说："数为六艺之一，似缓而实急。凡天文、律历、水利、兵法、农田之类，皆须用算学者，不知算，虽知算而不精，未可云用世也。"③

再次，是对明清之际诸多社会问题的积极探讨。在《思辨录》中，陆世仪以前集一半以上的篇幅，去论究所谓"修齐治平"之道。其立足点十分清楚，明亡前，是对社会危机的强烈关注，明亡之后，则是对严酷现实的历史反思。他认为："士人当变革，与已出仕者不同"，于是"隐居抱道，守贞不仕，讨论著述，以惠后学，以淑万世"④，成为他立身处世的最佳选择。这样的选择，也正道出了他在入清之后继续撰写《思辨录》的目的所在。陆世仪所进行的探讨，涉及封建政治体制、官僚机制、土地田赋、钱法钞法、水利漕运、军制兵法、礼制法律、学校

---

① 陆世仪：《思辨录辑要》前集卷一。
② 同上。
③ 同上。
④ 同上书前集卷九。

教育等若干重要方面。虽然由于时代的局限，他把"封建、井田、学校"，视为"至治之大纲"，寄希望于"三代之治"的恢复，未免失之迂阔，但是其中也不乏具有积极社会价值的见解。诸如他对于封建专制政治体制积弊的揭露，抨击君主专擅，指出："三代而上，天下非天子所得私也，秦废封建，而始以天下奉一人"[①]；试图通过合封建与郡县为一的途径，"去两短，集两长"[②]，以变革现行政治体制；主张重视学校教育，提高学官地位，仿照宋人胡瑗湖学教法，设置经义、治事二大类，"经义则当分为《易》《诗》《书》《礼》《春秋》诸科，治事则宜分为天文、地理、河渠、兵法诸科，各聘请专家名士以为之长"[③]，等等，不唯在他那个时代足称惊世高调，而且还先唱于黄宗羲、顾炎武，其创始之功，实不可没。

陆陇其，初名龙其，字稼书，浙江平湖人。生于明崇祯三年（1630年），卒于清康熙三十一年（1692年）[④]，终年63岁。康熙九年进士，历任嘉定、灵寿知县，官至监察御史。后以不称职罢官，课徒授业，终老乡里。他一生虽在仕途迭经颠踬，但为官清廉，耿直不阿，在贪贿成风的封建官场，确属严于律己、实心为民的佼佼者。加以他中年以后恪守朱学门户，斥王学为异端最力，所以故世后以卫道之勇而声名大起。雍正初，被清世宗作为箝制思想界的工具，成为有清一代第一个从祀孔庙的理学名臣。乾隆初，高宗再加表彰，亲撰碑文，赐谥清献，追赠内阁学士兼礼部侍郎。从此，陆陇其便以钦定的"洙泗干城""程朱嫡派"，俨然一代理学正统宗师。其实，陆陇其之学，执拗偏狭，深陷门户泥淖而不能自拔，比之于陆世仪为学的博大通达、志存经世，相去简直不可以道里计。因此将二人并称，实是不伦。

---

① 陆世仪：《思辨录辑要》前集卷十九。
② 同上书前集卷十八。
③ 同上书前集卷二十。
④ 据吴光酉《陆稼书先生年谱定本》，谱主卒于康熙三十一年十二月二十七日，当公元1693年2月1日。

　　在陆陇其的著述中，所谓"阳明之学不熄，则朱子之学不尊"①；"必使考亭、姚江，如黑白之不同"②云云，连篇累牍，喋喋不休。实于朱学并无发明，无非门户勃豁而已。梁启超先生曾就此作过批评，指出："他是要把朱子做成思想界的专制君主，凡和朱学稍持异同的，都认为叛逆。"③可谓恰如其分。事实上，一如我们之前所述，当时"尊朱黜王"论的首倡者也并非陆陇其。张履祥、吕留良等的表彰朱熹学说，都要先于他。据私淑于陆陇其的吴光酉所辑《陆稼书先生年谱定本》载，直到四十岁前后，陆陇其尚在朱王学术间徘徊。后来在康熙十一、十二年他四十三、四十四岁时，结识吕留良，受张、吕学术影响，才最终成为朱学笃信者。对于这一层关系，陆陇其本人也并不讳言。康熙二十二年十月，当他在京中获悉吕留良去世的噩耗，曾撰文祭奠。据称："陇其不敏，四十以前，以尝反复程朱之书，粗知其梗概。继而纵观诸家语录，糠秕杂陈，珷玞并列，反生淆惑。壬子、癸丑，始遇先生，从容指示，我志始坚，不可复变。"可见吕留良对陆陇其学术趋向影响之大。文中，他还就吕氏对王学的"破其藩，拔其根"倍加推崇，指出："先生之学，已见大意。辟除榛莽，扫去云雾，一时学者获睹天日，如游坦途，功亦巨矣。"④

　　颇具讽刺意味的是，同样为黜王尊朱的学者，陆陇其因为清廷所用，遂于其身后以理学名臣而获从祀孔庙的殊遇。吕留良却因不与清廷合作，而被清世宗斥为："狎侮圣儒之教，败坏士人之心，真名教中之罪魁也。"⑤以致故世40余年后，还惨遭戮尸枭首。封建统治者以维护其专制统治为转移，可以视理学为手中的玩物，这就难怪有清一代的理学家，要以其作荣进之阶而与清廷尔虞我诈了。理学之在清代，一旦失

---

① 陆陇其：《三鱼堂文集》卷五，《上汤潜庵先生书》。
② 同上书卷五，《答秦定叟书·又》。
③ 梁启超：《中国近三百年学术史》九，《程朱学派及其依附者》。
④ 陆陇其：《三鱼堂文集》卷十二，《祭吕晚村先生文》。
⑤ 《清世宗实录》卷八十一，雍正七年五月乙丑条。

去其理性思辨的精华之后，留下的则仅是桎梏思想的封建伦理道德教条而已，作为一种学术形态，穷途末路，形同枯槁。这样的格局，在清初实已铸成。

（二）李光地生平"三案"析疑

在清代历史上，李光地是一个既有影响，又有争议的人物。一方面作为名臣兼大儒，他在政治和学术上的建树，使之成为研究清初政治史、学术史中不可忽略的重要对象。另一方面又由于他为人诈亿不信，触怒清议，加以深陷党争，因而酿成对他"疑谤丛集"[①] 的复杂后果，从而也增加了研究的难度。雍正、乾隆间学者全祖望曾以所谓"三案"赅括其生平，认为："初年则卖友，中年则夺情，暮年则居然以外妇之子来归"，乃"万无可逃者"[②]。之后，每有论及李光地大节者，则多归诸小人一类。久而久之，贬斥日甚，以致妨碍了对这一历史人物实事求是的深入研究。其直接后果，不唯在迄今的李光地研究中尚有大量空白，而且关于清初党派斗争这样一个重要的课题，也一直若明若暗，未有一个定局。

李光地，字晋卿，号厚庵，卒谥文贞，学者尊为安溪先生，福建安溪人。生于明崇祯十五年（1642 年），卒于清康熙五十七年（1718年），终年 77 岁。他与陆陇其有同年之谊，皆为康熙九年进士，后由翰林院编修累官至直隶巡抚、吏部尚书、文渊阁大学士，位极人臣，显赫一时。他一生不唯以在官场角逐中的委蛇进退引人注目，而且勤于治学，于《周易》、乐律、音韵诸学皆确有所得。当其晚年，尤以工于揣摩帝王好尚，一意崇奖朱熹学说，深得康熙帝宠信，先后奉命主持《朱

---

① 《清史稿》卷二百六十二，《李光地》。
② 全祖望：《鲒埼亭集外编》卷四十四，《答诸生问榕村学术帖子》。

子全书》《周易折中》《性理精义》诸书的纂辑事宜，俨若一时朱学领袖。著有《周易通论》《周易观彖》《古乐经传》《韵书》及《榕村全集》《榕村语录》等，故世后，由其后人辑为《榕村全书》刊行。

在李光地生平行事中，全祖望所说的"三案"，确乎招惹物议。然而平心而论，"以外妇之子来归"云云，一则捕风捉影，并无充分依据；再则市井浮说，将其引入著述而评价历史人物，这本身就不是一种严肃的态度，此风尤不可长。因而，我们无须去理会它。至于"卖友""夺情"二案，则既是李光地生平的大节目，也与一时政治史、学术史相关，不可不进行考察。以下，我们拟以李光地的两部年谱为主要依据，做一个概略的梳理。

有关李光地的年谱，一共是两部，一部叫作"李文贞公年谱"，分作上下 2 卷；另一部卷帙相同，题名"榕村谱录合考"。二谱皆出谱主嫡孙手，前书为光地三子钟佐子清植辑，后书为光地长子钟伦子清馥辑。二谱成书相去 20 余年，前者大致成于雍正中，后者则成于乾隆二十一年七月。

既然先前已有《李文贞公年谱》（以下简称旧谱），事隔 20 余年之后，为什么李清馥又要纂辑《榕村谱录合考》（以下简称新谱）？据李清馥称："公事迹载行状、志铭、神道碑、家传，并孙清植撰年谱，详且备矣。乾隆二十一年丙子七月，孙清馥将兄年谱底本重录，再考未备者于《续语录》中，其有异同者，亦加增损。"[1] 这就是说，李清植辑旧谱虽然详尽，但是考诸纂辑甫成的《榕村续语录》，则仍有未备，且尚存异同，因而有必要据《榕村续语录》对旧谱加以增损。《榕村续语录》20 卷，是继《榕村语录》之后，以语录体裁记载李光地生前与门人子侄论学问答的又一部重要著述。其初纂者为李光地外甥孙襄，始事于康熙二十四年前后，再纂于二十八年。乾隆初，孙氏稿本为李清馥所得，

---

① 李清馥：《榕村谱录合考》卷下，《跋》。

于是他循从兄清植及其师徐用锡早先所刊《榕村语录》体例，据以纂为
《榕村续语录》。由于当初李清植未见孙襄辑本语录，故对谱主学行的
记载，尤其是涉及生平行事的若干关键问题，难免存在缺漏。加以旧谱
撰写，去谱主故世未远，多有顾忌，因而对相关的人和事，闪烁其词，
不便指名道姓，也是情理中事。而李清馥辑成《榕村续语录》后，谱主
当年的政敌纷纷作古，客观条件已经提供了澄清真相的可能。当时全祖
望关于李光地生平的"三案"说又已不胫而走，于是针锋相对，增补旧
谱，便是势在必行。

　　所谓"卖友"，指的是在三藩之乱中，李光地靠出卖朋友陈梦雷而
擢升。陈梦雷，字则震，号省斋，福州人。陈、李为同年进士，又同在
翰林院供职，康熙十二年冬，相继告假返乡。这年十一月，吴三桂倡
乱滇中，翌年三月，耿精忠遥相呼应，在福州举起叛旗。据陈梦雷称，
十三年夏，李、陈二人曾在福州陈寓密谋，决意里应外合，陈出任耿
氏政权翰林院职，"阴合死士以待不时之应"，李则"遁迹深山，间道
通信"，以"稍慰至尊南顾之忧"①。此后，李光地于十四年五月遣人上
《蜡丸疏》，向清廷献攻取福建策。十六年，李光地因此而特迁侍读学
士。乱平，陈梦雷则由于《蜡丸疏》中未曾具名，李光地又拒不澄清真
相，终以从逆罪而被流放关外。于是陈遂与李政敌徐乾学等书信往还，
撰文揭露事情原委，将当年与李光地议定疏稿，"密图内应"，而事后
李竟尽易旧疏，削去其名，"背地遣人四面布陷下石"的情况，一一公
诸朝野②。这就是"卖友"一案的由来。

　　对于此事，两部年谱虽同样注意，但却处理各异。旧谱有意回避
李光地与陈梦雷的关系，采取了正面叙述谱主经历的方式。于康熙十三
年条记为："耿逆既蓄异志，思收罗才杰之士，闻公回籍，再四以王谕

---

① 陈梦雷：《松鹤山房文集》卷五，《与李厚庵绝交书》。
② 同上书卷一，《沉冤未白疏》。

召公。公虽知变在旦夕，然迹未彰灼，辞不获已，乃赴省，一见辄告归。……公出，即首道疾走泉州，侨寓北门。三月望日，耿逆叛。"① 这段记载，把李光地的赴福州见耿精忠，误植于耿叛乱前，考诸谱主著述，显然失实。因为李光地于此曾直言不讳："到福州省城，是耿精忠泉州知府王者都荐去的，逼着不许还家，只得去。"② 关于翌年的上《蜡丸疏》事，该谱亦只字不及陈梦雷。且既言"经年始得至京"，却又称："所上机宜，辄下群帅予施行。"③ 事实上，此时清廷平叛大军早已兵临衢州，虎视仙霞关。尔后即由此破关，挥师入闽，"长驱而进"④，与李光地的献策毫不相干。因此，所谓"下群帅予施行"，无疑应属李清植的曲笔溢美。

同旧谱迥异，李清馥不唯纠正了其从兄的溢美失实，而且还以"附陈公则震与公旧事"为题，于新谱四十五岁条，详尽地记录了谱主与陈梦雷间的往来。尽管由于作为依据的《榕村续语录》对陈梦雷问题的记载真伪淆杂，以致造成李清馥对谱主"卖友"一案的洗刷不能令人信服。但是，新谱至少澄清了以下几个问题：第一，康熙十三年夏，李光地于耿精忠乱起之后，确实同耿有过勾搭。他前往福州应为奉耿调令而去，并非陈梦雷设置的圈套。第二，在福州期间，李、陈二人确有密议。临别，李光地曾经信誓旦旦："本朝恢复日，君之事予任之。"据此，同李清馥的本来愿望相反，它所引出的结论，就自然是李光地事后之所为，确属食言负友。因而予李光地以"卖友"的谴责并不过分，"卖友"一案应能成立。第三，陈、李之间矛盾的激化，最终酿成旷日持久的"卖友"案，并不是一个单纯的个人恩怨问题，在其后有着廷臣结党倾轧的深刻背景。倘若不是因为谱主深陷党争，导致明珠、索额

---

① 李清植：《李文贞公年谱》卷上，三十三岁条。
② 李光地：《榕村续语录》卷十，《本朝时事》。
③ 李清植：《李文贞公年谱》卷上，三十四岁条。
④ 《清圣祖实录》卷六十三，康熙十五年九月庚辰条。

图、徐乾学、熊赐履、熊赐瓒兄弟及王掞等满汉显宦的插手，事情本来不会如此复杂。

"夺情"一案，与"卖友"案发已经相去 10 余年。所谓"夺情"，指的是康熙三十三年李光地母病逝，他未能按丧礼离职返乡守制。据旧谱记，这年三月，谱主闻母丧，循例疏请奔丧，清圣祖先是不允，"有夺情之意"，经诸御史对其"不奔丧"交章弹劾，李"求解任，乃命在京守制"[①]。这样的记载，不仅因果不明，失之漏略，而且抹杀了谱主在奔丧不允之后，再度上疏，"乞给假治丧，往返九月"[②] 的重要史实。在这个问题上，新谱将旧谱之所记悉数摒弃，改而引用其父李钟伦的《寄叔父讱庵书》《又寄讱庵诸叔父书》和谱主的《寄讱庵诸弟书》为依据，从而比较真实地还原了此案的概貌。据新谱引《寄讱庵诸叔父书》载，九卿会议时，清圣祖曾经颁谕责问弹劾李光地的给事中彭鹏，指出："我留他在任，自有深意，不然朕岂不晓得三年之丧，古今通礼？我所以留李光地之意，恐一说便难以保全。九卿如要我说，我便说，不要我说，我便包容。"[③]

清圣祖的"深意"何在，姑且不论，但是这一条罕见的重要史料，则有力地说明了一个问题，即李光地的"夺情"，并非他"贪位忘亲"[④]，实出清圣祖的蓄意安排。在封建君主专制的政治体制之下，"君要臣死，臣不得不死"，李光地又能有什么办法呢？所以，后人以"夺情"一案强加于李光地，实属不公，应予推翻。至于清圣祖"包容"李光地的理由，所谓"恐一说便难以保全"，结合当时清廷的实际状况来考察，断非李光地一个人的问题，贯串其间的，依然是激烈的党派角逐，尤其是一些讲理学的头面人物的相互倾轧。它说明日趋加深的廷臣

---

① 李清植：《李文贞公年谱》卷下，五十三岁条。
② 蒋良骐：《东华录》卷十六，康熙三十三年四月条。
③ 李清馥：《榕村谱录合考》卷下，五十三岁条。
④ 蒋良骐：《东华录》卷十六，康熙三十三年四月条。

党争，已经激起清圣祖的极大不悦。特别是李光地与熊赐履、熊赐瓒这样一些以理学标榜的大臣，竟然"挟仇怀恨"，明争暗斗，使之几乎到了不能容忍的地步。正是因为如此，所以清圣祖于同年闰五月初四日，以"理学真伪论"为题，在丰泽园内考试翰林院全体官员。随即又对李、熊及已故的魏象枢、汤斌诸"理学名臣"严词斥责，指出："道学之人，惟当以忠诚为本"，绝对不许可"务虚名而事干渎"[①]。清圣祖欲借李光地的"夺情"来警告党派斗争中人，尤其是一些空谈理学的朝廷重臣，这才是"夺情"一案的真相。

（三）李光地为学宗尚的转变

一如前述，李光地既是名臣，同时又是大儒。作为一个学识广博的学者，他同历史上众多的学者和思想家那样，其学术思想也必然有一个发展过程。尤其是当清初，在理学营垒中朱王学说门户纷争炽烈，而朱学又日益深入庙堂，为清廷所崇奖的学术背景之下，李光地的学术宗尚究竟如何？是否始终如一？如果有变化，其间的脉络又是怎样？关于这方面的问题，我们也依然通过他的两部年谱的比较，去进行考察。

据李清植旧谱称，李光地为学之始，即宗尚程朱，"非程朱不敢言"[②]。它试图说明，谱主一生的学术宗尚始终是恪守程朱，从未有过丝毫偏离。果真如此吗？其实，倘若据李清馥新谱所记，再参照李光地的有关著述，那么其结论就会同旧谱大相径庭。

根据新谱记载，李光地一生为学，可以大致划分为如下三个阶段。

作为一个从科场角逐中跻身仕途的知识分子，由于朝廷功令所在，士子风气所趋，李光地自18岁即"始讲性理之学"[③]。20岁时，他把治

---

① 《清圣祖实录》卷一百六十三，康熙三十三年闰五月癸酉条。
② 李清植：《李文贞公年谱》卷上，十八岁条。
③ 李清馥：《榕村谱录合考》卷上，十八岁条。

学范围扩及《周易》。由于受其乡先辈黄道周象数学的影响，因而他当时并不以朱熹的《易》注为然，认为："朱注无甚意味。"①与之同时，他则为陆九渊、王守仁的著述所吸引，用了整整五年的功夫去"看陆王之书及诸难书"②。潜移默化，可想而知。这一时期，可以说是李光地为学兼收并蓄的阶段，显然不是什么"非程朱不敢言"。

自康熙九年中进士入选翰林院，李光地开始了他治学的第二个阶段。青少年时代的理学根底，使他一度赢得当时任掌院学士的熊赐履的重视，并以"有志于理学"③推荐给清圣祖。此时，李光地虽确曾表示："近不敢背于程朱，远不敢违于孔孟"④，但是早先陆王学说的影响毕竟一时难以尽去。因而在他于康熙二十四年前后所纂辑的《朱子学的》《文略内外编》中，王学的影子依然若隐若现。后来，他之所以要对《朱子学的》进行全盘修订，改题《尊朱要旨》录入文集，原因大概就在这里。应当指出，旧谱抹杀了这一重要情节，以《尊朱要旨》为初名⑤，这一做法是极不可取的。新谱记得很明白，《文略内外编》中的内编，又称《理学略》，凡三卷，卷三即专载陆九渊、王守仁文。犹如《朱子学的》的改为《尊朱要旨》一样，谱主后来为了掩饰自己这一段在程朱、陆王间徘徊的经历，也重辑该书为《榕村讲授》，将王守仁文全数删削。用李清馥的话来说，这才是李光地的"晚年定论"⑥。康熙二十五年九月，李光地得宠，擢任翰林院掌院学士。然而直到此时，他的学术宗尚并未明朗，换句话说，亦即与清圣祖崇奖朱学的趋向尚未合拍。因此，康熙二十八年五月，当他因结党营私而被撤销掌院学士职时，清圣祖便当众斥责他为"冒名道学"⑦。同年九月，更明确地把他归

①　李光地：《榕村语录》卷二十四，《学》。
②　李清馥：《榕村谱录合考》卷上，二十五岁条。"难"字疑误，似当为"杂"。
③　《康熙起居注》，十一年八月十二日甲寅条。
④　李光地：《榕村全集》卷十，《进读书笔录及论说序记杂文序》。
⑤　李清植：《李文贞公年谱》卷上，四十岁条。
⑥　李清馥：《榕树谱录合考》卷上，四十四岁条。
⑦　《康熙起居注》，二十八年五月初七日壬寅条。

入廷臣中的王学派，断言："许三礼、汤斌、李光地俱言王守仁道学，熊赐履惟宗朱熹，伊等学问不同。"[①] 足见从 29 岁进入翰林院，到 48 岁掌院学士职被罢免，前后 20 年，就学术宗尚而论，李光地一直游移于程朱、陆王间，也还不能以学宗程朱来赅括。

事实上，李光地的向朱学一边倒，已经是他 50 岁以后的事情。失去翰林院掌院学士职，对李光地是一次很大的打击。正如他所自述："前程否泰，彼苍之意，微茫难料。"[②] 其忧心忡忡跃然纸上。清初，由翰林院掌院学士而拜相，俨若成例。李光地深知朝廷掌故，他先前投靠满大学士明珠，二人间就曾经对谋取这一职位的时机作过策划[③]。如今掌院学士职的得而复失，促使他对其中的缘由去进行反省。其结果，作为政治上的抉择，便是以"积诚致谨，耐事慎交"[④] 为戒，奉守"仕宦以孤立为安身"[⑤] 作座右铭，力图摆脱党争的羁绊。在学术宗尚方面，则是迅速作出调整，一改先前的徘徊游移，转而笃信朱学。

为此，李光地首先对自己数十年的理气观作了断然否定。51 岁那年，他特地撰为《初夏录》一篇，以卫道士的姿态批判明儒，表彰朱熹的"理先气后"论。他在文中声称："近代多讥朱子不当以先后言理气，……理气安得无后先！"[⑥] 后来，他更直接地将其具体化，鼓吹："理在先，气在后。理能生气，气不能生理。"[⑦] 新谱于此如实地指出："公尝言五十岁以前，亦不免疑朱子理先于气之说，至五十一岁后乃悟。"[⑧] "理先气后"论，这是朱熹宇宙观的标志，也是全部朱学的出发点。50 岁以后的李光地，正是从这样一个根本论题入手，树起了尊

① 《康熙起居注》，二十八年九月十八日辛亥条。
② 李光地：《寄讱庵诸弟书》，载《榕村谱录合考》卷上，四十八岁条。
③ 李光地：《榕村续语录》卷十三，《本朝时事》。
④ 李清馥：《榕村谱录合考》卷上，五十岁条。
⑤ 李光地：《榕村语录》卷二十四，《学》。
⑥ 李光地：《榕村全集》卷七，《初夏录》二。
⑦ 李光地：《榕村语录》卷二十六，《理气》。
⑧ 李清馥：《榕村谱录合考》卷下，五十一岁条。

朱的旗帜。紧随其后，他又着手精选程朱语录，于五十四、五十五岁两年，辑成《朱子语类四纂》《程子遗书纂》。接着便是改订旧稿，以朱学为准绳，重辑《尊朱要旨》《榕村讲授》，将王学踪迹洗刷一尽。与此相一致，李光地又于 62 岁时，把当时的著名学者梅文鼎聘入幕署，讲求天文历算学，以便同康熙帝的学术好尚全然吻合。借助于十余年的这一系列苦心经营，李光地在其晚年完成了学术宗尚的根本转变，以恪守朱学的面貌出现于朝野，并据以再度博得清圣祖的宠信而荣登相位。随后，他又通过主持编纂《朱子全书》，奏请升祀朱熹于十哲之次，终于给自己戴上了朱学领袖的冠冕。

　　李光地一生学术宗尚的演变过程表明，在他为学之始，《李文贞公年谱》所谓"非程朱不敢言"的记载是靠不住的。他的笃信朱学，事实上只能作为晚年定论，而绝非其学术渊源。因此，长期以来俨若定评的李光地"学宗程朱"说，就应当实事求是地加以修正。这个问题的澄清，其理论意义不仅在于可以深入研究李光地的学术思想，而且通过这一"理学名臣"学术宗尚的辨证，还有助于透视整个清初的理学。从本质上说，李光地学术宗尚的转换，实在就是当时理学界状况的一个缩影。清廷的提倡朱学，其趋向很清楚，无非是把理学视为维系封建统治的道德规范而已。所以前述康熙帝对理学诸臣的训斥，以《理学真伪论》考试翰林院官员，李光地早先的因"冒名道学"被逐出翰林院，后来的以"才品俱优"[①] 而荣登相位，无一不是清廷最高统治者这种理学观的典型反映。康熙一朝，理学的提倡者将其视为道德教条而用以桎梏臣民，尊奉者或如陆陇其、汤斌的以之律身自省，或如李光地、熊赐履辈的借以沽名邀宠。这样严酷的事实，当然不是一种学术体系兴旺的标志，为这一历史现象所折射出来的，则是理学僵化、日暮途穷的深刻本质。

---

　　① 《清圣祖实录》卷二百二十三，康熙四十四年十一月己巳条。

十一　清初的史学（上）

清初史学，一度颇称活跃，官私史籍并时而出，不唯纪传、编年、纪事本末诸体赅备，而且著述的繁富亦为既往史学史中所仅见。尤其是黄宗羲的《明儒学案》、顾祖禹的《读史方舆纪要》、谈迁的《国榷》，皆以取材宏富、体例新颖为传统历史编纂学平添异彩，成为一代史学的瑰宝。

（一）官修本朝史

设官编纂本朝历史，在中国古代源远流长。唐代著名史家刘知幾将其溯源于黄帝时代的仓颉、沮诵，固属渺茫，未可信据，但他所说的"备于周室"[①]，则无疑是确有依据的。《汉书·艺文志》所述："古之王者，世有史官，君举必书，所以慎言行、昭法式。"[②]便是对周代设官修史制度的概述。历时千余年，迄于梁朝武帝时期，推演《春秋》之义而有编年体实录问世。唐初沿波继起，专设史馆编纂国史。从此，以实录的形式撰写本朝史遂成定制，为历代王朝信守不渝。

清承明制，早在关外的太宗朝，即于崇德元年（1636年）十一月撰成《太祖武皇帝实录》。定鼎中原之后，又于顺治六年正月开设实录馆，以大学士范文程、刚林、祁充格、洪承畴等为总裁，学士王铎、查布海等为副总裁，编纂《太宗文皇帝实录》。翌年十二月，摄政王多尔

---

① 刘知幾：《史通》外篇卷十一，《史官建置》。
② 班固：《汉书》卷三十，《艺文志》。

衮暴卒。八年正月，世祖亲政。二月，追论多尔衮罪状。闰二月，多尔衮生前指使刚林、祁充格等人擅自改窜《太祖实录》及太宗档册事发，刚、祁正法。十二月，内院大学士希福等奏请重修《太宗实录》。九年正月，世祖即以希福、范文程、洪承畴等为总裁，学士伊图、苏纳海等为副总裁，侍讲傅以渐等为纂修官，下令重开《太宗实录》馆。至十二年初，《太宗实录》撰成，为多尔衮改窜的《太祖实录》亦径以改回。二月，翰林院侍讲黄机奏请太祖、太宗两朝实录一并详加校订，仿《贞观政要》《洪武宝训》例，辑二帝"嘉言善政"① 为专书。四月，世祖依奏，下令于五月开馆，撰《太祖太宗圣训》。十七年六月，翰林院掌院学士折库纳疏请沿往代左史记言、右史记事故事，设置起居注官，"随侍左右"②。这一奏请同顺治十年正月工科都给事中刘显绩所奏一样，均以报闻而搁置下来。直到康熙十年八月，圣祖始从侍读学士熊赐履请，设置起居注官。

世祖去世后，顺治十八年六月，户科给事中彭之风即疏请编纂太祖、太宗、世祖实录。康熙六年七月，圣祖亲政，礼部尚书黄机等再请撰修《世祖章皇帝实录》。九月，黄奏付诸实施，圣祖命大学士班布尔善为监修总裁，大学士巴泰、魏裔介等为总裁，学士明珠等为副总裁，侍读喇沙里等为满纂修官，熊赐履等为汉纂修官，始修《世祖实录》。十一年五月，书成，凡 144 卷。十二年七月，重修《太宗实录》。二十一年十月，书成，凡 65 卷。之后，圣祖又下令重修《太祖实录》。与之同时，太祖、太宗、世祖《三朝圣训》与《平定三逆方略》《一统志》诸史书皆先后设馆编纂。至二十五年二月，重修《太祖实录》蒇事，改名《太祖高皇帝实录》，凡 10 卷。

清太祖、太宗、世祖三朝实录，为编年体清初开国史，系据上谕

---

① 《清世祖实录》卷八十九，顺治十二年二月丁卯条。
② 同上书卷一百三十六，顺治十七年六月丁亥条。

朱批奏折、起居注及其他宫中档册排比而成，具有很高的史料价值。本来，借助修史以为统治者隐恶扬善，历代皆然，并不足怪，此乃旧时代史家所无法摆脱的历史局限。但是顺治及康熙初叶，清廷步明帝后尘，对太祖、太宗实录，或如多尔衮的局部改窜，或如世祖、圣祖的相继重修，始而为一己文过饰非，继之则为推尊先人而不惜淆乱历史真相。在数千年历史上，则并不多见。比之明初永乐间的迭改《明太祖实录》，确有过之而无不及。其结果，不唯损害了实录的历史价值，而且此风一开，又经尔后世宗、高宗的变本加厉，迄于清末，相沿不改，俨若一代家法。我国清史研究的奠基人孟森先生曾就此喟叹："清改实录，乃日用饮食之事也！"[①] 实非过甚其词。

（二）私家修史

在中国史学史上，私家修史有着久远的传统。就现存史籍而论，《左传》已开风气之先。尔后著名的前四史，即《史记》《汉书》《后汉书》《三国志》，无一不是私家修史的典范。严格地说来，设官修史虽大备于周代，但是唐以前史官之所为，无非记注帝王言行而已，所录只能视为史料。自唐初由官方设馆修史，以《晋书》的敕撰开其先河，从此官修史书遂掩私史而上，高踞史籍编纂的正统地位。于是正史非官府莫修，几成定规。清初，私家修史之风复盛，成为一时史苑中最具生气亦最有成就的重要构成部分。

当时，南北并起的史家，其史笔所涉，从纵向着眼，既有马骕钩稽上古史事的《绎史》和《左传事纬》，又有李清、吴任臣会通旧史的《南北史合注》《南唐书合注》《十国春秋》，还有徐乾学所著具有宋元通史性质的《资治通鉴后编》，等等。就横向而言，则博及经籍源流、

---

① 孟森：《明清史论著集刊》下册，《读清实录商榷》。

地理沿革、方志谱牒、学术盛衰、史事评论等诸多领域。朱彝尊的《经义考》，顾祖禹的《读史方舆纪要》，顾炎武的《天下郡国利病书》《肇域志》，梁份的《西陲今略》，刘献廷的《广阳杂记》，孙奇逢的《理学宗传》，黄宗羲的《明儒学案》，王夫之的《读通鉴论》《宋论》等，比肩接踵，精彩纷呈。而最为一时史家所关注的，莫过于明史的编纂。其佼佼者，贯通一代史事的，有谈迁的《国榷》，张岱的《石匮书》及《后集》，查继佐的《罪惟录》，谷应泰的《明史纪事本末》，傅维麟的《明书》，万斯同的《明史稿》，潘柽章、吴炎的《明史记》等。专记明清更迭史事的，有计六奇的《明季南略》《明季北略》，温睿临的《南疆逸史》，黄宗羲的《行朝录》《海外恸哭记》，王夫之的《永历实录》，顾炎武的《圣安纪事》，钱澄之的《所知录》，邵廷采的《东南纪事》，杨英的《先王实录》等，在在可传，不胜枚举。如此众多的私撰明史，其体裁的多样，内容的广泛，不仅可补之后成书的官修《明史》的阙略，而且也是对正史官修旧规的有力挑战。

在清初，为什么会出现众多史家究心明史的史学现象？回顾一下谈迁撰写《国榷》的过程，当不难获得解答。

谈迁，原名以训，字仲木，号射父，明亡，改名迁，字孺木，号观若，亦自署江左遗民，浙江海宁人。生于明万历二十二年（1594 年），卒于清顺治十四年（1657 年）[①]，终年 64 岁。他所著《国榷》为编年体明史，上起元文宗天历元年（1328 年），下迄南明弘光元年（1645 年）。全书的撰写，肇自明末，竣于清初，历时 30 余年始成。谈迁学无他好，唯喜留意一代史事兴废，服膺刘知幾的史才、史学、史识"三长"说。他认为明代史官虽多，但一则由于实录纂成即深藏宫禁，再则又因主事者不能秉笔直书，所以尽管万历中叶以后，实录随国史的编纂

---

①　谈迁卒于顺治十四年十二月十一日，当公元 1658 年 1 月 14 日。

而逐渐流出，然而迄于天启间，"以秘而酿隘"①，始终是史籍编纂中的一大积弊。天启元年（1621年），谈迁母死，在居丧守制期间，他仔细阅读了当时盛行的陈建私修编年体本朝史《皇明通纪》。由于这部书识见不高，且记事多有讹误，于是谈迁决意撰写一部本朝编年史。为此，他利用给富家作塾师的机会，四出访求明历朝实录，无间寒暑，辛勤抄撮。以之为基础，他又博采郑晓《吾学编》《今言》，雷礼《大政记》《列卿记》，王世贞《弇山堂别集》，薛应旂《宪章录》，屠叔方《建文朝野汇编》，朱鹭《建文书法拟》，焦竑《献征录》，徐学谟《世庙识余录》，邓元锡《明书》，高岱《鸿猷录》等，"诸家之书，凡百余种，苟有足述，靡不兼收"②。历时六年，至天启六年，始"勒为一编，名曰《国榷》"③。四年后，他于崇祯三年（1630年）请友人喻应益撰序一篇，随即将书稿存入箧中，留待日后增补。

　　明亡以后，谈迁重续旧稿，依据崇祯十七年间邸报及他作幕南京时的见闻，增写崇祯、弘光两朝史事，使《国榷》成为完整的一代编年史。顺治四年（1647年）八月，《国榷》手稿不幸被窃贼悉数盗走。面对20余年心血的付诸东流，谈迁不禁为之老泪纵横。悲痛之余，他发愤重编《国榷》。此次重修，一如既往，"走百里之外，遍考群籍，归本于实录"④。他认为："史事散落，更贵蒐订。"⑤因此为使所记征实可信，他以归安（今浙江吴兴）唐氏所藏明历朝实录为底本，同槜李（今浙江嘉兴）沈氏、武塘钱氏藏本一一比勘，择善而从。四易寒暑，《国榷》稿再成。为广蒐史料，精益求精，顺治十年，当谈迁60岁时，他又应弘文院编修朱之锡聘，携书稿北上，作幕京城。在客居北京的两年多时间里，谈迁或拜谒身仕明清二代的公卿吴伟业、曹溶、霍达等人，

① 谈迁：《国榷》卷首，《序》。
② 喻应益：《国榷序》，载《国榷》卷首。
③ 同上。
④ 谈迁：《国榷》卷首，《义例》。
⑤ 谈迁：《北游录》纪文，《上吴骏公太史书》。

借钞藏书，讨论史事是非，虚心请为订正书稿；或走访既往公侯门客、降臣、宦官、皇亲等，了解明季掌故；或跋涉远郊明陵、寺庙，访寻旧时遗迹。"凡片言只行，犁然有当于心，录之无遗。"①顺治十三年二月，在完成搜集史料订正《国榷》的夙愿之后，谈迁离京南旋。他本来打算返乡后，以三年时间再撰一部纪传体明史。无奈为生计所迫，翌年夏，又匆匆离乡，应山西平阳府推官沈贞亨聘，作幕平阳（今山西临汾）。同年冬，不幸染病异乡，赍志而殁。

谈迁之撰《国榷》，历时30余年，孜孜矻矻，至死不渝。其原因何在？在他故世20年后，为其撰写墓表的黄宗羲曾经作过这样的解释："孺木……好观古今之治乱，其尤所注心者在明朝之典故。以为史之所凭者实录耳，实录见其表，其在里者已不可见。况革除之事，杨文贞未免失实；泰陵之盛，焦泌阳又多丑正。神、熹之载笔者，皆宦逆奄之舍人。至于思陵十七年之忧勤惕厉，而太史遁荒，皇成烈焰，国灭而史亦随灭，普天心痛。于是汰十五朝之实录，正其是非；访崇祯十七年之邸报，补其缺文，成书名曰《国榷》。当是时，人士身经丧乱，多欲追叙缘因，以显来世……"②黄宗羲的这段话，道出了两个原因，一是明亡前，谈迁致力于《国榷》，是因为他不满于杨士奇、焦芳、温体仁、叶向高等所修《太宗实录》《孝宗实录》《神宗实录》和《光宗实录》的诬枉不实，试图以之去求实求真，存信于千秋。二是明亡后，他既不甘于"国灭史亦随灭"，又欲借修明史来对一代兴亡"追叙缘因"。而后一点，也正是清初众多史家究心明史的根源所在。唯其如此，所以谈迁在《国榷》中尤为注意万历以后70余年间史事的记述。今本《国榷》凡6册，万历以后即占至2册。由于谈迁治史的严谨笃实，加以书稿长期没有刊行，抄本稀见，未为官方窜乱，因而其中所辑录的明后期

---

① 谈迁：《北游录》纪文，《寄李楚柔书》。
② 黄宗羲：《南雷文定》卷七，《谈孺木墓表》。

史料尤为宝贵。这对于研究清初开国史和明末历史，无疑是一个积极的贡献①。

　　然而清初的私家修史，尤其是私撰明史，却并不为官方所赞许。谈迁故世后，当时任浙江学政的谷应泰，以《国榷》为重要依据，辑录崇祯十七年间邸报，并参与张岱《石匮书》、高岱《鸿猷录》、范景文《昭代武功编》等，主持编纂《明史纪事本末》。后竟因之获咎，终身不得复出。与之同时，浙江湖州庄廷鑨私著明史亦经人告发，于康熙二年演成大规模文字冤狱。年轻有为的江南史家潘柽章、吴炎，即在此狱中罹难。清廷以对庄氏史案所牵连的70余人的野蛮屠戮，宣告了私撰明史为非法。康熙十八年以后，又以官设明史馆的重开，将明史的私撰同官修强行合流，从而又回到了正史非官府莫修的旧途。

（三）谷应泰与《明史纪事本末》

　　《明史纪事本末》，一题《明鉴纪事本末》，又作《明朝纪事本末》，乾隆间著录于《四库全书》，始通行今名。清初谷应泰主编。全书80卷，沿用南宋史家袁枢所撰《通鉴纪事本末》体例，上起元至正十二年（1352年）朱元璋起兵，下终明崇祯十七年（1644年）明亡，网罗有明一代重大史事，事各一题，题自为卷，是一部纪事本末体的明朝断代史。自清顺治十五年（1658年）刊行以来，数百年间一直为历史学界所重视，成为研究明代史事的基本史籍之一。

1. 主编及撰稿人

　　本书主编谷应泰，字赓虞，号霖仓，顺天府丰润县（今河北省丰润区）人。生于明泰昌元年（1620年），卒于清康熙二十九年（1690

---

① 参见吴晗：《谈迁与〈国榷〉》，郑克晟：《谈迁评传》。

年），终年 71 岁。他为顺治四年（1647 年）进士，历官户部主事、员外郎，十三年五月，以户部郎中出任浙江提督学政。清初，各省学政兼有按察使司佥事衔，所以谷应泰自署其官职为"提督两浙学政佥事"①。他雅好经史，博闻强记，"夙有网罗百代之志"②。莅任之后，即设书舍于杭州西湖畔，署为"谷霖仓著书处"，邀集两浙名士，着手编纂明代史书。对于我国古代史籍的三种主要编写形式，即《左传》所创之编年体，《史记》所创之纪传体和《通鉴纪事本末》所创之纪事本末体，谷应泰尤为推重纪事本末体。他认为这一体裁的史书，"以事类相比附，使读者审理乱之大趋，迹政治之得失，首尾毕具，分部就班。较之盲左之编年，则包举而该浃；比之班、马之传志，则简练而骡括"。③ 因而他充分肯定袁枢以纪事本末体改编司马光《资治通鉴》的业绩，赞之为"史外之别例，而温公之素臣也"④。于是为他所主持编纂的这部明代史书，就继袁枢和明代史家冯琦等人之后，采用了纪事本末体的形式。

顺治十五年冬，书成，谷应泰随即送请当时任国史院大学士的傅以渐撰序。傅氏在序中称誉该书为"一代良史"，指出："阅其纪事，而污隆兴废之故，贤奸理乱之形，洞如观火，较若列眉。更读其论断诸篇，又无不由源悉委，揣情抒实。"因之对谷应泰深寄厚望，比之为汉、唐名臣贾山、贾谊和张九龄，祝愿他"附于二贾、九龄之后，垂光史册，著美熙朝"⑤。谷应泰也以为他的这部书，如同唐人张九龄的《千秋金鉴》、宋人真德秀的《大学衍义》一样，可以提供历史借鉴，向清廷"竭其愚忠"⑥。

顺治十七年十二月，御史董文骥诌媚清廷，以本书记李自成死难事

---

① 谷应泰：《明史纪事本末》卷首，《自序》。
② 傅以渐：《明史纪事本末序》，载《明史纪事本末》卷首。
③ 谷应泰：《明史纪事本末》卷首，《自序》。
④ 同上。
⑤ 傅以渐：《明史纪事本末序》，载《明史纪事本末》卷首。
⑥ 谷应泰：《明史纪事本末》卷首，《自序》。

"诬枉不实",上疏世祖,对谷应泰进行弹劾。清世祖在南苑召见董文骥,下令检核原书。一则书中所记并无蓄意冒犯清廷禁忌,再则世祖又于十余日后过早地病逝,当局对此事便未再予深究。然而谷应泰却也因这次弹劾结束了仕宦生涯。从此他蔽影家园,"静观世变"①,或寄情古董以远祸,或聊作诗文以自娱,与修史宣告绝缘。迄于逝世,他除留下考证金银器物的《博物要览》和诗文杂著《筑益堂集》之外,别无其他历史著述。康熙中叶,丰润知县罗景泌曾就此颇为不平地喟叹:"公一代史才,不得载笔修史,与迁、固并传不朽,士林惜之。"②

谷应泰身为一省最高学官,公务繁忙,在短短的两年间,竟能编写出 80 卷、近 200 万言的一部史书,显然不是他一个人力所能及。何况与之同时,他又与任浙江布政使的张缙彦联名主编了一部《杜诗分类全集》。因而关于本书的作者,清代学者久存争议。康熙间学者姚际恒认为,该书"本海昌一士人所作,亡后为某以计取,攘为己书。其事后总论一篇,乃募杭诸生陆圻作,每篇酬以十金"③。"海昌一士人",当指海宁史家谈迁,"某",显然是谷应泰。这就是说,《明史纪事本末》系谷氏攘窃谈迁所著《国榷》为己有,仅仅雇请文士陆圻于各篇后加以总论而已。同时学者邵廷采论及此事,则于谈迁《国榷》之外,又加进张岱的《石匮书》。据称,谷应泰曾"以五百金"购得张书④。稍后,温睿临撰《南疆逸史》,亦沿姚、邵之说为张、谈二人作传,确认"谷应泰既购张岱纪传,复得迁《国榷》,因集文士辑《明史纪事本末》。"⑤乾隆间修《四库全书》,上述说法为官方认可,重申:"明季稗史虽多,体裁未备,罕见全书。惟谈迁编年、张岱列传两家具有本末,应泰并采之以

---

① 陆陇其:《三鱼堂文集》卷七,《又复谷老师霖仓先生》。
② 罗景泌:《丰润谷氏六修族谱·谷赓虞先生传》。
③ 孙志祖:《读书脞录》卷七,《明史纪事本末》。
④ 邵廷采:《思复堂文集》卷三,《明遗民所知传》。
⑤ 温睿临:《南疆逸史》卷四十三,《逸士》。

成纪事。"①道光、咸丰间人陆以湉，遂据以作为定评，斥谷应泰"窃人之书为己有"②。

其实，所谓《明史纪事本末》系攘窃成书之说，乃人云亦云，不唯缺乏根据，而且也有悖情理。首先，据邵廷采所记，张岱把《石匮书》提供给谷应泰，并无丝毫勉强，自然就无所谓攘窃。对此，张岱本人的致友人书说得清楚："弟向修明书，止至天启。……今幸逢谷霖仓文宗欲作《明史纪事本末》，广收十七年邸报，充栋汗牛。弟于其中簸扬淘汰，聊成本纪，并传崇祯朝名世诸臣，计有数十余卷。"③可见谷应泰不仅没有窃夺《石匮书》，反而正是他为张岱完成《石匮书后集》提供了宝贵的崇祯朝邸报。其次，谈迁的《国榷》初稿被盗，事当顺治四年八月，此时谷应泰远在北京，直到10年之后他始南下浙江任职。因此，偷窃《国榷》实与他毫不相干。至于这部窃稿，后来固然为他所得，并的确成为《明史纪事本末》的重要史料来源，但是只要将二书略加比照即可看到，本书绝非《国榷》的简单抄袭。再次，《国榷》系编年体明史，《石匮书》为纪传体明史，二书与《明史纪事本末》体裁迥异。谷应泰据以改作，本身就是一种有价值的再创造，无可非议，其艰难程度并不亚于当年袁枢以纪事本末体改写《资治通鉴》。因而完全不可能如姚际恒所说，雇人于篇后撰写总论便可成书。姚际恒、邵廷采对原书并未寓目，仅据传闻而轻率立说，难以使人信服。陆以湉据以演为"窃人之书为己有"，就更不足取了。

在《明史纪事本末》成书的问题上，与"攘窃"说同时，还存在一种"报赠"说。此说源出康熙间学者朱彝尊，据称："谷氏《纪事本末》，徐蘋村著。蘋村诸生时为谷识拔，故以此报之。"④同治间人叶廷

---

①　《四库全书总目》卷四十九，《明史纪事本末》。
②　陆以湉：《冷庐杂识》卷四，《窃人之书》。
③　张岱：《琅嬛文集》卷三，《与周戬伯》。
④　叶廷琯：《吹网录》卷四，《辨明史纪事本末非窃书》。

珆遂据以判定："是此书之撰，自徐倬而非张岱，得由报赠而非窃冒，似可信矣。"[1] 事实上，"报赠"说也系得自传闻，未可轻信。徐倬固然为谷应泰所识拔，有终生难忘的"知遇"[2]之恩，但是谷应泰既设纂书处，在其中供职的幕员当不止一人。除姚际恒所指陆圻外，徐倬本人就还提到过张坛，他说："倬入谷霖仓学使幕中，命倬同张子坛为《明史纪事本末》。"[3] 何况徐倬一生所工在于诗文，虽有志明史，但并非当行。入谷应泰幕中修书时，他只是一个汲汲功名而又久困场屋的秀才而已，不唯无力撰写该书各篇总论，而且于史料别择去取也非他一人所能胜任。显然，《明史纪事本末》既非出自徐倬一人之手，他以此书"报赠"谷应泰也就无从谈起了。

关于本书的主要撰稿人，就目前所能见到的史料而言，至少有陆圻、徐倬、张坛等三人。

陆圻，生卒年不详，年辈大抵与谷应泰相当，字丽京，号讲山，浙江杭州府钱塘县（今属杭州市）人。明末诸生，擅长诗文，曾邀友人陈子龙等结"登楼社"，与柴绍炳、毛先舒等并称"西泠十子"。明亡，绝意仕进，一度削发为僧。后以医为隐，黄宗羲赠以《怀旧诗》有云："桑间隐迹怀孙爽，药笼偷生忆陆圻。浙西人物真难得，屈指犹云某在斯。"[4] 可见他与崇德人孙爽一样，早年同是出没于抗清营垒的志士。康熙初，因庄廷鑨私撰明史案牵连入狱。出狱后，弃家远游，不知所终。一说终老于湖北武当山道观。著有《从同集》《㫋凤堂集》等。传载《清史列传》卷七十。

徐倬（1623—1712），字方虎，号蘋村，浙江湖州府德清县（今德清县）人。康熙十二年（1673年）进士。四十五年，因进呈所辑《全

---

① 叶廷琯：《吹网录》卷四，《辨明史纪事本末非窃书》。
② 徐倬：《老残余沈》卷下，《自记》。
③ 同上书卷下，《倪文正公年谱序》。
④ 黄宗羲：《思旧录·陆圻》。

唐诗录》，加授礼部侍郎衔。所著诗文甚多，集为《道贵堂类稿》刊行。传载《清史列传》卷七十。

有关张坛的情况，资料缺乏，有待梳爬。据《琅嬛文集》，张岱有一族弟名培，张坛是否为张培兄弟，俟考。

至于张岱曾否参预本书纂修，迄无定论。已故晚明史专家谢国桢教授在论及《明史纪事本末》时，曾经指出："记有明一代大事，原委起讫，极有条贯。而每篇后之论赞，洞见当时症结，颇有见地。"因而他断言："非出于史家如张宗子诸君者不能为此。"[①] 然而严格地说来，这毕竟是一种揣测。固然，据前引张岱致友人书，他出入于"谷霖仓著书处"自属无疑，但是这并不能说明他曾执笔修撰本书。而且邵廷采、温睿临诸家所撰《张岱传》，又都清楚地载有传主拒绝谷应泰修书之聘一事。因此，张岱是否为本书的撰稿人，在找到确凿的依据前，似以存疑为宜。

2. 史料来源

在中国史学史上，纪事本末体史籍自南宋史家袁枢创始，元明两朝，代有续作。其中，通古为史者，当首推袁枢《通鉴纪事本末》，而断代为史者，则以明人冯琦发凡、陈邦瞻竣稿的《宋史纪事本末》和陈邦瞻自著《元史纪史本末》最为著名。以上三书，脱胎于官修《宋史》《元史》和《资治通鉴》，史料来源很清楚。然而，当谷应泰主持编纂《明史纪事本末》时，正值清初干戈扰攘，百废待举，官修《明史》虽有动议，但远未提上日程。这样，本书的史料来源便成为治史者关注的问题。长期以来，由于《四库全书总目》关于《明史纪事本末》采张岱《石匮书》、谈迁《国榷》成书的结论俨若定评，因而妨碍了对这一问题的深入讨论。直到20世纪30年代以后，谢国桢先生撰《晚明史

---

① 谢国桢：《增订晚明史籍考》卷一，《明史纪事本末》。

籍考》，始指出本书卷六十六《东林党议》源出蒋平阶的《东林始末》。随后，李光璧先生又进行了卓有成效的史料探源工作，将该书取材于高岱《鸿猷录》、范景文《昭代武功编》的依据，一一揭出，取得了创获性的突破。根据李先生的考订，本书所记万历以前史事，虽然参考了张岱的《石匮书》和谈迁的《国榷》，但是主要的史源则来自明人的纪事本末体史籍。

明代史学虽不及宋代之盛，且多有可议之处，但著名史家和史籍亦复不少。从明初的危素、宋濂、王祎起，中经薛应旂、王宗沐、王世贞、杨慎、郑晓、陈建、高岱，直到明末的冯琦、陈邦瞻、范景文、蒋平阶等，后先辉映，代不乏人。明人治史，侧重当代，见于《明史·艺文志》的当代史籍，不计历朝实录，就多达200余部。其中，又以专记一事，或一类史事的著述为多。这些史书虽不以纪事本末为题，但实与纪事本末体为近。如范景文的《昭代武功编》、高岱的《鸿猷录》等皆属此类。由于体例相同，便于取舍，所以它们都成了《明史纪事本末》的直接史料来源。譬如卷首《太祖起兵》，就取材于《鸿猷录》卷一之《龙飞淮甸》《集师滁和》《定鼎金陵》和卷二之《延揽群英》；卷二《平定东南》、卷八《北伐中原》、卷十九《开设贵州》等，且与《鸿猷录》篇题相同。此外，卷四十九《江彬奸佞》，系据《鸿猷录》卷十四《江彬之变》改写而成，仅在内容上作了增删，而篇末议论则多袭高书。又如卷二十三《平山东盗》，系取材于范景文《昭代武功编》卷四《卫青平唐赛儿》；卷六十二《援朝鲜》，则是取舍《昭代武功编》卷九、卷十诸条而成；卷六十四《平杨应龙》，同样是范书卷十《李司马征杨应龙》的删节。[①]

至于本书关于万历及其后启祯两朝的诸篇记载，由于当年李光璧先生未能读到《国榷》，所以有关各篇的史料来源便成为留待后人解决

---

① 参见李光璧：《谷氏〈明史纪事本末〉探原》。

的课题。1958年《国榷》的排印刊布，为这一问题的解决提供了可能。据笔者的校读，卷六十一《江陵柄政》、卷六十五《矿税之弊》，即系由《国榷》卷六十五至八十三诸卷抄撮而成；卷六十六《东林党议》，于《国榷》亦多有取材。崇祯一朝，明王朝已是江河日下，灭亡在即。由于既无实录可据，又无起居注依凭，所以本书关于崇祯朝史事的记载，除参考《国榷》及夏允彝《幸存录》、文秉《烈皇小识》等书外，则多系博采崇祯十七年间邸报、章奏而成。这些篇章用力至勤，也是全书写得最为精彩、最有价值的部分。

《明史纪事本末》虽史源有自，但与抄袭迥然而异，编纂者别择去取之功实不可没。譬如洪武三十一年（1398年），朱元璋死，建文帝即位，明代野史多称燕王朱棣曾南下会葬太祖。高岱移此误说入《鸿猷录》，记作："太祖高皇帝崩，建文君即皇帝位。哀诏至，诸王入临会葬。文皇帝至自燕，以有疾不拜。"[1] 而本书卷十六《燕王起兵》，虽多袭高书，但却摒弃传闻，据《国榷》改为："太祖崩，建文皇帝即位，遗诏止诸王入临会葬。燕王入，将至淮安。齐泰言于帝，令人赍敕使还国，燕王不悦。"[2] 又如建文元年（1399年），燕王朱棣举兵南下，建文帝命长兴侯耿炳文率师迎战，兵败后，高书沿《开国功臣录》之误，记耿炳文为阵亡[3]。事实上，耿炳文系永乐初因私藏龙凤服饰，惧成祖问罪而自杀，所以本书同样据《国榷》加以更正，记为建文帝"召耿炳文回"[4]。再如张居正与废辽王朱宪㸅间的财产纠纷，《国榷》失载，本书卷六十一《江陵柄政》虽据《国榷》而成，但则于隆庆二年（1568年）十二月、万历十二年（1584年）诸条作了补充。此外，本书卷六十五《矿税之弊》所载内外大臣奏疏，如万历二十六年户科给事中包见捷疏，

---

① 高岱：《鸿猷录》卷七，《封国燕京》。
② 谷应泰：《明史纪事本末》卷十六，《燕王起兵》。
③ 高岱：《鸿猷录》卷七，《转战山东》。
④ 谷应泰：《明史纪事本末》卷十六，《燕王起兵》。

翌年三月湖广巡抚支可大疏及三十二年户部尚书赵世卿疏等，亦多可补《国榷》之所阙。诸如此类，足以说明本书编纂者采择史料的辛勤和谨慎，倘若不付出一番斟酌取舍的努力，自然是不可能做到的。

3.编纂特点及得失

纪事本末体史籍，集编年、纪传二体之长，以事为中心，一事一题，始末连贯，首尾毕具，故能与二体争雄而三足鼎立，成为中国历史编纂学中的后起新军。评说其创始之功，南宋史家袁枢可谓不朽。然而，袁枢《通鉴纪事本末》草创伊始，体裁未为完备。全书据《资治通鉴》采择排比，用力极勤，虽然所记各事先为叙事，继以论断的格局已经大致确定，但是所载议论全出司马光，通篇无袁枢一语。其后，嘉靖间高岱撰《鸿猷录》，将这一格局加以发展，各事之后必有作者议论一篇。冯琦、陈邦瞻继起，所撰《宋史纪事本末》，虽非每卷皆有议论，但叙论并存之体亦相沿不改。明末学者张溥，承宋、元二史纪事本末之未竟，于各篇后所缺议论皆为补足。至谷应泰主编《明史纪事本末》，乃集前人之大成，于叙事则原原本本，分部就班；于议论则引古为鉴，精心结撰。叙事之与议论，浑然一体，相得益彰，确能收"文省于纪传，事豁于编年"[①]之效。至此，纪事本末体史籍臻于完善。

史书之有论赞，不自纪事本末体始。《左传》的"君子曰"已发其端。至司马迁撰《史记》，各卷之后皆有"太史公曰"以为评论，实为以后诸史创立楷模。《史记》的这一编纂形式，虽为唐朝著名史家刘知幾讥以"强生其文"[②]，但历代史家遵循不渝，足见自有其存在的道理。《明史纪事本末》正是以其繁富精彩的论赞，在诸家纪事本末体史籍中独树一帜。

---

① 章学诚：《文史通义》内篇一，《书教下》。
② 刘知幾：《史通》卷四，《论赞第九》。

在《明史纪事本末》80 卷中，除卷二十《设立三卫》、卷二十一《亲征漠北》和卷六十《俺答封贡》外，各卷之后，都仿《晋书》所用骈俪论体，以"谷应泰曰"撰为总论一篇。其中，卷六十六《东林党议》系用"倪元璐曰"，卷六十八《三案》之"梃击""红丸"二案，用"夏允彝曰"，"移宫"一案，则引倪元璐奏疏为论。由于各篇总论借前代史事以论明人得失，上下数千年，纵横驰骋，信手拈来，显示了作者对中国古代历史的谙熟。加以遣词造句多费斟酌，一气呵成，流畅可诵，因而多为后世史家称誉。书成之后，清人曾摘取各篇议论汇为一帙，以《明史纪事本末论》流传。嘉庆、道光间学者张宗泰，对该书论赞多所究心，一再作跋，肯定它"极为史家所推许"。① 晚近南明史专家朱希祖、谢国桢二先生，也都有肯定的评价。

平心而论，《明史纪事本末》的篇后论赞，固然有其值得肯定的地方，譬如论明太祖，并不掩饰其"猜疑豪杰，迁徙富民"，"性沉鸷，果于屠杀"，以致酿成"直言瘐死狱中，诗过谪戍荒徼"②。又如论明成祖，则径斥为"横贪天位，靦颜人上"，且将其与魏末司马昭、南齐萧鸾比为同类："司马之心久暴于路人，齐鸾之谋早形于咨议，乃犹南向让三，连章劝进者，欺天乎？吾谁欺也！"③ 再如论及明亡，能够意识到事非偶然，指出："故明不亡于武皇者，以孝宗之蕴泽厚；而明无救于怀宗者，以熹庙之留毒长也。"④ 而且还能谈出"国以民为本，民以食为天"，"揭竿之变，往往由于悬磬之匮也"⑤ 的道理。凡此种种，都不失为求实之见。但是其中糟粕亦复不少，诸如鼓吹封建正统的唯心史观，宣扬三纲五常的封建伦理，所在多有，不遑备举。最应摒弃者，则莫过于对农民起义的诬蔑和诋毁，所谓"寇盗""困兽""鸱张之孽"

---

① 张宗泰：《鲁岩所学集》卷三，《再跋明史纪事本末》。
② 谷应泰：《明史纪事本末》卷十四，《开国规模》。
③ 同上书卷十六，《燕王起兵》。
④ 同上书卷七十九，《甲申之变》。
⑤ 同上书卷七十八，《李自成之乱》。

等，都暴露了作者对农民大起义埋葬朱明王朝的切齿痛恨。至于引古史为喻中所出现的失误，诸如卷十三《胡蓝之狱》"绾、豨伏踬"句，本指西汉初边将陈豨谋反被诛事，而燕王卢绾虽被牵连，但据《汉书·卢绾传》载，高祖死后，他即率部北投匈奴，一年多后才悒悒死于异乡。卢绾既然未死于诛杀，此处称"伏踬"就显属误记。又如卷二十九《王振用事》"绛侯见溺死灰"句，事出《史记》卷一百八《韩长孺列传》，指西汉初梁孝王御史大夫韩安国因事下狱，见辱于狱吏田甲。韩安国正告狱吏："死灰独不复燃乎！"田甲狂妄以对："燃即溺之。"此处误韩安国为绛侯周勃，未免张冠李戴。类似疏失，张宗泰《鲁岩所学集》多有揭剔，无须赘述。此外，从历史编纂学的角度而言，既为纪事本末体史书，即当以直叙史事本末为主，辅以论赞固属必要，但须主从有别。然而《明史纪事本末》往往对论赞过分雕琢，不唯有夸多炫博、"强生其文"之失，而且甚至有喧宾夺主之嫌。譬如卷十九《开设贵州》、卷二十三《平山东盗》、卷七十《平徐鸿儒》、卷七十六《郑芝龙受抚》诸条，卷末议论皆占至全文三分之一以上篇幅，轻重失当，实不可取。

应当指出的是，我们之所以重视《明史纪事本末》，着眼点并非在其论赞中的骈俪文体，而是在于全书所具有的历史价值。关于本书的历史价值，除前述在编纂学上对纪事本末体史籍的发展和完善之外，主要还可归纳为如下两个方面。

第一，它是一部自成一家的明朝断代史。明代近300年间，史事千头万绪，然而作者却能提纲挈领，从中选取80个专题，对一代重大史事进行记载。从纵的方面看，自朱元璋确立开国规模始，迄于朱由检自缢宣告明亡，16朝中的重大节目，皆为本书所网罗。从横的方面看，它既包括了一代政治、军事及典章制度的基本内容，同时又涉及漕运、河工、矿监、税使等与国计民生攸关的问题。尽管所记详略不尽一致，而且尚嫌偏重军事、政治，于经济、文化、外交则有所忽略，但是大抵说来，堪称疏而不漏。

中国封建社会发展到明代，宛若人届耄耋之年，衰象毕露，百病丛生。此伏彼起的农民大起义，从明中叶以后即持续不断，一直到最终摧毁朱明王朝。这本身便典型地反映了明代社会的历史特征。书中以15个专题记载了这方面的内容，作者的出发点固然只是引往事为龟鉴，但在很大程度上无疑还原了历史的真实。宦官为祸，终明之世，迭经反复，王振、汪直、刘瑾，劣迹昭著，愈演愈烈，终于以魏忠贤的倒行逆施，敲响了亡国的丧钟。崇祯帝当政，虽欲挽狂澜于既倒，无奈颓势铸成，孽根难去。"内外各司，必兼貂贵；缘边诸镇，复设中涓。"[①]宦官势力犹如蚁蠹，无孔不入，结果河决鱼烂，君臣一概成为腐朽王朝的殉葬品。这样一条历史演进的轨迹，作者在本书中同样作了如实的梳理。历史地看来，宦官祸国，其实无非一种表象而已，而它所折射出来的，则是更为深刻的统治阶级内部无法自我调整的矛盾。朱元璋的滥杀功臣，朱棣、朱允炆叔侄的兵戎相见，朱祁镇、朱祁钰兄弟的为争夺帝位而不惜置骨肉于死地；世宗朝以后，围绕储位问题在皇室内部展开的倾轧，乃至与明亡相终始的党争，无一不是这种矛盾的尖锐反映。而它们也都成为本书记录的对象。至于明朝末叶，满洲贵族在东北的崛起及其与明廷的对抗，这本是明末历史的重要方面，按理不当失载。本书之所以对这方面的内容只字未涉，恐怕不能归咎于作者的无识，当系清初特定的历史环境所使然。作者亲历明清更迭，置身于清廷的高压之下，对这样的敏感问题付之阙如，是可以理解的。

总而言之，虽然本书的内容尚有阙略，未为完善，但是作者所进行的鸟瞰，把握了明代历史的基本方面，足以从总体上反映一代治乱兴衰的全貌。因此，要研究明史，本书不失为一部入门史籍。

第二，它汇集了大量的宝贵史料，可以与《明史》互为补充。治明代历史，自应以清初官修《明史》为重要依据。《明史》成书在《明史

---

① 谷应泰：《明史纪事本末》卷七十四，《宦侍误国》。

纪事本末》之后近80年，学如积薪，后来居上，亦是不言而喻。从历史编纂学上看，在历代官修史籍中，《明史》确乎足以掩宋、元诸史而上，但就明史史料学而言，它却不能取《明史纪事本末》而代之。究其原因，不唯因为二书体裁各异，而且还在于一为官修，一为私撰，史料取舍准绳不同，因而虽同样是博采群书而成，二书侧重点则多有区别。

关于"靖难之役"中建文帝的下落，自焚之与出亡，聚讼纷纭，莫衷一是，成为明初历史上的一大疑案。《明史》卷四《恭闵帝本纪》，原稿出清初学者朱彝尊手，对此持传疑态度，二说并录，记为："宫中火起，帝不知所终。燕王遣中使出帝后尸于火中，越八日壬申葬之。"又说："或云帝由地道出亡。……自后滇、黔、巴、蜀间，相传有帝为僧时往来迹。"本书卷十七《建文逊国》，则深信为僧出亡说不疑，于建文帝西行踪迹，言之凿凿。虽其中多有传闻异辞，又误信明人《致身录》《从亡日记》等伪说，不足为据，但仍可聊备一说，以补《明史》传疑之所未详。康熙末，王鸿绪撰《史例议》，就此对本书加以指责，力主应以焚死为定论。后来王说虽经已故明清史专家孟森先生撰文反驳[1]，但未能引起足够重视，以致论者每议及本书得失，无不沿王说而批评本书不可靠。由于本书持建文出亡说，因而对郑和的出使西洋也为成见所囿，只能视为"踪迹建文帝"，没有意识到此行在客观上所产生的深远历史影响。这叫贤者识其大，不贤者识其小，其间虽有识见的高下之分，但却不存在是非问题。

如何评价张居正，这是明代历史中的又一个大问题。张居正于穆宗隆庆元年入阁，神宗万历元年出任首辅，迄于逝世的10年间，励精图治，锐意改革，是一个才优干济的政治家。尽管他执政、为人皆有诸多过失，但是与其对明代社会发展的贡献相比，显然是其次要方面。正如

---

[1] 孟森：《明清史论著集刊》上册，《建文逊国事考》。

谈迁所评："居正功在社稷，过在身家。"① 然而他死后却蒙受了不公正的待遇，家产抄没，戚属充军。考论张居正的功过，本书卷六十一《江陵柄政》不唯较《明史》卷二百一十三《张居正传》所载为详，而且也客观得多。篇末论赞虽然予张居正以"倾危陷刻，忘生背死之徒"的总评，甚至将万历末年的百孔千疮也一概归咎于张居正的改革，显然未为公允，但其叙事则质实可信。所以清中叶史家夏燮撰《明通鉴》，对本书所记多有采择，且指出："江陵当国，功过不掩，訾之固非，扬之亦非，《明史》所载，似不如《纪事本末》之据事直书为得其实。"②

李自成的死难，是晚明史上的一桩公案。本书卷七十八《李自成之乱》所记，即与《明史》卷三百九《李自成传》不同。《明史》记李自成死难作二说，一为自缢，一为被地主武装所杀。据称，顺治二年，"自成走咸宁、蒲圻，至通城，窜于九宫山。秋九月，自成留李过守寨，自率二十骑略食山中，为村民所困，不能脱，遂缢死"。又说："或曰村民方筑堡，见贼少，争前击之，人马俱陷泥淖中，自成脑中锄死。"本书则不取自缢说，记为："自成以数十骑突走村落中求食，村民皆筑堡自守，合围伐鼓共击之。自成麾左右格斗，皆陷于淖，众击之，人马俱毙。村民不知为自成也，截其首献（何）腾蛟，验之左胪伤镞，始知为自成。"其他如本书卷十四《开国规模》记翰林院侍读学士危素的被谪；卷四十三《刘瑾用事》记户部侍郎韩鼎的老迈无能，记刘瑾党羽、大学士刘宇的去职；卷七十一《魏忠贤乱政》记吏部主事周顺昌的被逮，记御史李应升的劾魏广微疏，或为《明史》本传所缺，或较之更为详尽，多具参考价值。

鉴于以上各点，《明史纪事本末》虽摭拾野纪稗乘，难免传闻失实，但为它所汇集的史料，亦多可补官修《明史》之阙略。因此，本书又是

---

① 谈迁：《国榷》卷七十一，神宗万历十年六月丙午条。
② 夏燮：《明通鉴》卷首，《与朱莲洋明经论修〈明通鉴〉书》。

研究明史必不可少的一部史籍。

本书于顺治十五年刊行之后，同时史家彭孙贻曾就书中所缺，撰为《明朝纪事本末补编》5 卷。后因清廷文化专制愈趋严酷，治明史动辄得咎，本书反响一度沉寂。清中叶以后，文网松弛，南昌江西书局、湖南思贤书局于同治、光绪间，相继将本书重刊。晚清又有佚名《纪事本末备遗》抄本 2 册传出，文献学家傅以礼推断，此即本书初稿的一部分，"后以事关昭代龙兴，恐有嫌讳，授梓时始别而出之"①。1977 年，本书由中华书局排印出版，《补编》《备遗》一并附录，最便读者。

_____

① 傅以礼：《华延年室题跋》卷上，《明史纪事本末跋》。

十二　清初的史学（下）

（四）万斯同与官修《明史》

在中国史学史上，历代官修史书费时最长者，莫过于清修《明史》。自顺治二年明史馆初开，迄乾隆四年完成，历时 90 余年。其间，顺治二年至康熙十七年，资料短缺，人员不齐，馆臣无从着手，史馆形同虚设。由康熙十八年明史馆重开，修史始上正轨。至三十年，纪传已成十之六七[1]。迄于四十年，460 卷的书稿赫然在目[2]。此后，王鸿绪即据以主持修订，于康熙五十三年进呈《明史列传稿》205 卷[3]。雍正元年，王氏又合纪表志传 310 卷，以《明史稿》再度"录呈御览"[4]。之后，王氏病故，张廷玉等奉敕续事纂修。乾隆四年，《明史》336 卷刊刻告成。张廷玉等在《上明史表》中有云："惟旧臣王鸿绪之史稿，经名人三十载之用心，进在彤闱，颁来秘阁，首尾略具，事实颇详。……爰即成编，用为初稿。"[5] 此表中"名人"之所指，固非一人，而首当其选者，则是万斯同。

万斯同，字季野，晚号石园，浙江鄞县人。生于明崇祯十一年（1638 年），卒于清康熙四十一年（1702 年），终年 65 岁。他早年受业于黄宗羲，当时黄门弟子多辨朱、陆、薛、王学术异同，斯同独潜心于经史。还在他 20 余岁时，就因通读二十一史而"两目为肿"。他尤为

---

[1]　徐乾学：《憺园集》卷十，《条陈明史事宜疏》。
[2]　方苞：《方苞集》卷十二，《万季野墓表》。
[3]　王鸿绪：《横云山人集·明史稿》卷首，康熙五十三年三月十一日进呈史稿疏。
[4]　同上书，雍正元年六月十七日进呈史稿疏。
[5]　《明史》，中华书局 1974 年版，第 28 册，第 8630 页。

留意明代史事，"于有明十五朝之实录，几能成诵。其外，邸报、野史、家乘，无不遍览熟悉"①。由于良好的史学造诣，康熙十七年清廷诏征博学鸿儒，浙江地方当局曾以万斯同列名荐牍，后为他力辞得免。翌年，明史馆重开，监修徐元文聘请他入史馆供职。为存故国之史，他遵黄宗羲"国可灭，史不可灭"②之教，应聘北上。抵京后，万斯同拒不受官食俸，执意"以布衣参史局，不署衔，不受俸"③。徐元文表示应允，他始客居于徐邸。

当时，昆山三徐名噪朝野。徐元文以顺治十六年状元率先贵显，其伯兄乾学于康熙九年以探花授官翰林院编修。其仲兄秉义亦紧随长兄之后，于康熙十二年同以探花跻身翰林院。十八年明史馆重开，即由徐元文领衔监修，乾学、秉义皆以纂修官供职史馆。徐氏兄弟对万斯同深为倚重，史馆要务多所商量。万斯同主张修撰《明史》应以列朝实录为主要依据，他说："盖实录者，直载其事与言，而无可增饰者也。"④同时，万斯同又反对拘泥实录，强调明列朝实录"未可尽信"⑤。他曾以《太祖实录》和《孝宗实录》为例，揭破其中对史实的歪曲和是非的倒置，指出《太祖实录》并不足以称为"信史"⑥，而《孝宗实录》更是漏洞百出。他说："有明之实录，未有若弘治之颠倒者也。"⑦因此，他在阐述治史经验时，表示："凡实录之难详者，吾以他书证之；他书之诬且滥者，吾以所得于实录者裁之。"⑧徐氏兄弟言听计从，后来还据以撰为《修史条议》61条，宣称："诸书有同异者，证之以实录；实录有疏

① 黄百家：《万季野先生斯同墓志铭》。
② 黄宗羲：《南雷文定》卷六，《次公董公墓志铭》。
③ 全祖望：《鲒埼亭集》卷二十八，《万贞文先生传》。
④ 方苞：《方苞集》卷十二，《万季野墓表》。
⑤ 万斯同：《石园文集》卷五，《读弘治实录》。
⑥ 同上书卷五，《读洪武实录》。
⑦ 同上。
⑧ 方苞：《方苞集》卷十二，《万季野墓表》。

漏纰缪者，又参考诸书。集众家以成一是，所谓博而知要也。"① 万斯同在徐邸深居简出，"自朝至旰，一编丹铅不置"②。每当史馆中拟稿送至，他便精心复审，一一进行校补。史馆中每有疑议，徐元文亦依万斯同的意见加以裁断。一次，论及史事是非，徐元文指出："万先生之言如是。"一朝士问："万先生何人？"徐答："季野。"朝士再问："季野何人？"元文怫然申斥道："恶！焉有为荐绅而可不识万季野者！"③

康熙二十九年，徐氏兄弟为内外大员弹劾，相继去官南归。万斯同经史馆总裁张玉书、陈廷敬挽留，移居京中江南会馆。三十三年，原总裁王鸿绪复起，专领史局，他又应聘入王邸修史。一如徐元文兄弟，王鸿绪亦将明史拟稿委以万斯同审订。万斯同论史重专家，对唐以后的官修史书旧制深不以为然。他认为："昔迁、固才既杰出，又承父学，故事信而言文。其后专家之书，才虽不逮，犹未至如官修者之杂乱也。……官修之史，仓卒而成于众人，不暇择其材之宜与事之习，是犹招市人而与谋室中之事耳。"④ 王鸿绪后来即因其成说，撰为《史例议》，指出："《明史》初纂时，将志纪各人分开，或一人撰一纪，或一人撰一志，或一人撰数传。……纪有失而传不知，传有误而纪不见，取彼例以较此例则不同，取前传以比后传则不合。去取未明，书法无准。"⑤ 关于万斯同在王邸修史的情况，据雍乾间在史馆续修《明史》的杨椿回忆："王公延鄞县万君斯同，吾邑钱君名世于家，以史事委之。椿时年二十余，见万君作传，集书盈尺者四五，或八九不止。与钱君商榷，孰为是，孰为非，孰宜从，孰不宜从，孰可取一二，孰概不足取。商既定，钱君以文笔出之。"⑥

① 徐乾学：《憺园集》卷十四，《修史条议》。
② 刘坊：《万季野先生行状》。
③ 黄百家：《万季野先生斯同墓志铭》。
④ 方苞：《方苞集》卷十二，《万季野墓表》。
⑤ 王鸿绪：《横云山人集·明史稿》卷首，《史例议上》。
⑥ 杨椿：《孟邻堂文抄》卷二，《上明鉴纲目馆总裁书》。

　　康熙三十五年，万斯同与旅京后学方苞相识，曾以继其未竟，续成《明史》相托。他说："子诚欲以古文为事，则愿一意为斯，就吾所述，约以义法，而经纬其文。他日书成，记其后曰：'此四明万氏所草创也'，则吾死不恨矣。"① 然而托非其人，方苞日后仅能以古文名世而已。在万斯同逝世前一年，河北学者李塨游京，他再请王鸿绪聘李助修《明史》。但由于李塨不愿与王氏合作，因而未能如愿。据李塨所撰《万季野小传》载："时季野修《明史》，纪传成，尚缺表志无助者。……怂恩王尚书来拜，意招予同修《明史》，予辞谢不愿也。无何季野卒，予亦不往尚书家，事遂寝。"② 迄于万斯同逝世，尽管所订《明史》尚缺表志未完，但是今本《明史》中的表 13 卷，当即脱胎于他的《明史表》13 篇。万斯同生前，以精于史表著称于世。他不赞成刘知幾关于史书诸表"得之不为益，失之不为损"③ 的见解，认为："史之有表，所以通纪传之穷。有其人已入纪传而表之者，有未入纪传而牵连以表之者，表立而后纪传之文可省，故表不可废。读史而不读表，非深于史者也。"④ 因此他长期致力于历代史表的补撰，并合《明史表》13 篇，著为《历代史表》一部。同时学者朱彝尊对该书倍加推崇，指出万著"揽万里于尺寸之内，罗百世于方册之间。其用心也勤，其考稽也博，俾览者有快于心，庶几成学之助，而无烦费无用之失者与"⑤。

　　万斯同一生以明代历史的撰写为己任，自康熙十八年迄四十一年，他"隐忍史局，弃妻子兄弟不顾"⑥，为官修《明史》的成书鞠躬尽瘁，耗尽心力。对此，黄宗羲还在他生前就留下过这样的喟叹："及明之亡，

---

① 方苞：《方苞集》卷十二，《万季野墓表》。
② 李塨：《恕谷后集》卷六，《万季野小传》。
③ 刘知幾：《史通》内篇卷三，《表历第七》。
④ 钱大昕：《潜研堂文集》卷三十八，《万先生斯同传》。
⑤ 朱彝尊：《曝书亭集》卷三十五，《万氏历代史表序》。
⑥ 刘坊：《万季野先生行状》。

朝之任史事者众矣，顾独藉一草野之万季野以留之，不亦可慨也夫。"[1]后来著《茶余客话》的阮葵生，在谈及清修《明史》时，也如实地指出："史稿之成，虽经史官数十人之手，而万与钱实尸之。噫，万以茕茕一老，系国史绝续之寄，洵非偶然。"[2] "不居纂修之名，隐操总裁之柄"[3]，已故史家黄云眉先生就万斯同对清修《明史》的贡献所作的这一结论，确然不刊，应属定评。

（五）《读史方舆纪要》与清初历史地理学

重视地理沿革研究，这是我国古代史学的优良传统。自《史记》《汉书》分辟《河渠书》《地理志》，尔后不唯历代正史相沿不改，而且诸如《水经注》《括地志》《元和郡县图志》《太平寰宇记》及元、明《一统志》等历史地理学专著，彬彬成家，代有所出。明清之际的社会大动荡，促使当时的史家对历史的变迁进行反思，因而同一时史学中的其他领域一样，历史地理学也十分活跃。最能反映当时这一学科成就，从而足以与黄宗羲的《明儒学案》、谈迁的《国榷》以及谷应泰的《明史纪事本末》并肩比美的，便是顾祖禹的《读史方舆纪要》。

顾祖禹，字景范，号宛溪，江苏无锡人[4]。生于明崇祯四年（1631年），卒于清康熙三十一年（1692年），终年62岁。他之治历史地理学，源自庭训启蒙。明亡，他随其父隐居常熟。面对"泯焉沦没"的"十五国之幅员，三百年之图籍"，顾祖禹从他父亲那里接受的，是探究其原因的诱导。为什么"今之学者，语以封疆形势，惘惘莫知"，以致"一旦出而从政，举关河天险委而去之"？[5]顾祖禹的父亲把原因归

---

① 黄宗羲：《南雷文定》四集卷一，《补历代史表序》。
② 阮葵生：《茶余客话》卷九，《万斯同修明史》。
③ 黄云眉：《史学杂稿订存·明史编纂考略》。
④ 因其父柔谦早年入赘常熟谭氏，所以顾祖禹亦自称常熟人。
⑤ 顾祖禹：《读史方舆纪要》卷首，《总叙》一。

结为《明一统志》的疏漏，他说："我明《一统志》，先达推为善本，然于古今战守攻取之要，类皆不详，于山川条例，又复割裂失伦，源流不备。"①因此他敦促顾祖禹握笔著述，"掇拾遗言，网罗旧典，发抒志意，昭示来兹"。于是顾祖禹绝意仕进，自顺治十六年开始撰写《读史方舆纪要》，时年29岁。

　　当时的历史地理学研究，大致有两条途径，一是侧重实地考察，二是侧重文献钩稽。明末的著名地理学家徐弘祖著《徐霞客游记》，足迹遍布江南，走的是第一条道路。而顾祖禹及比他年岁略长的顾炎武，则基本上都是从文献排比入手，辅以实地见闻而成书。顾炎武为辑录《天下郡国利病书》《肇域志》，在其青年时代，曾"历览二十一史以及天下郡县志书，一代名公文集及章奏文册"②，"凡阅志书一千余部"③。顾祖禹从事《读史方舆纪要》的撰写，也同样是"远追《禹贡》《职方》之纪，近考《春秋》历代之文，旁及稗官野乘之说，参订百家之志"④，"出入二十一史，纵横千八百国"⑤。所不同者，顾炎武在中年以后，转而致力于《日知录》的撰写，未能对旧作加以过细整理，因而《天下郡国利病书》和《肇域志》实为未完之书，严格地说来只是史料长编而已。而顾祖禹则穷年累月，矻矻不休，"夜眠人静后，早起鸟啼先"⑥，数十年如一日，为撰《读史方舆纪要》耗尽了毕生心血，直到逝世前夕始成完书。

　　《读史方舆纪要》全书130卷，附《舆图要览》4卷。前9卷总论历代州域形势，以朝代为经，地理为纬，疆域分合，建置沿革，厘然在目。中114卷，依明代政区划分，述南北直隶及13司地理。各省卷首冠以总

---

①　顾祖禹：《读史方舆纪要》卷首，《总叙》一。
②　顾炎武：《亭林文集》卷六，《天下郡国利病书序》。
③　同上书卷六，《肇域志序》。
④　顾祖禹：《读史方舆纪要》卷首，《总叙》一。
⑤　熊开元：《读史方舆纪要序》，载《读史方舆纪要》卷首。
⑥　黄卬：《锡金识小录》卷七，《顾宛溪祖禹》。

叙，综论其历史地位，然后以地理为经，朝代为纬，叙述各府、州、县疆域沿革、名山大川、关隘古迹等。于郡县变迁、山川险要、战守攻取，尤为用力，载之最详。后7卷则专言山川原委、天文分野。各卷所记，借鉴朱熹《资治通鉴纲目》体裁，纲如经，目如传，先以正文为纲要，再详为细目以作注释，自书自注，其注文往往十数倍于正文。全书眉目清晰，体裁新颖，实为集之前历史地理学著述大成的一个创造。

《读史方舆纪要》的史学价值，不仅表现为该书在体裁上的创新，而且还在于作者把地理环境与历史事变相结合，使全书始终贯穿积极的经世致用的史学思想。历史事变与地理环境的关系，这是历史地理学中长期未曾深入论究的课题。顾祖禹在自己的著述中，有意识地"以古今之方舆衷之于史，即以古今之史质之于方舆"。一方面既把历史事变作为了解地理环境的向导，另一方面又把地理环境视作认识历史事变的参考图籍，从而使二者水乳交融，浑然一体。这样的叙述方法，就使全书实现了"以一代之方舆，发四千余年之形势，治乱兴亡，于此判焉。其间大经大猷，创守之规，再造之绩，孰合孰分，谁强谁弱，帝王卿相之谟谋，奸雄权术之拟议，以迄师儒韦布之所论列，无不备载"[1]。所以，顾祖禹十分强调本书的经世致用宗旨，他指出："世乱则由此而佐折冲、锄强暴；时平则以此而经邦国、理人民，皆将于吾书有取焉。"[2] 唯其如此，本书尚在结撰过程中，其经世思想即唤起同时学者的共鸣。江西学者魏禧欣然写道："祖禹贯穿诸史，出以己所独见，其深思远识，有在于言语文字之外，非方舆可得纪者。"[3] 后来，刘献廷、彭士望、王源等南北学者，皆对本书作了很高的评价。刘献廷誉本书为"千古绝作"[4]；彭士望则称之为"数千年仅有之书，其利益天下无有穷极"[5]；王源因与

① 顾祖禹：《读史方舆纪要》卷首，《总叙》三。
② 同上书卷首，《凡例》。
③ 魏禧：《读史方舆纪要序》，载《读史方舆纪要》卷首。
④ 刘献廷：《广阳杂记》卷二。
⑤ 彭士望：《耻躬堂文抄》卷六，《顾耕石先生诗集序》。

顾祖禹失之交臂，后读其书，乃推顾为"奇才"，并以不能与这位"东南第一人"深交引为憾恨①。《读史方舆纪要》正是以其治史以经世的思想，使之掩历代同类著述而上，成为我国古代历史地理学的一个辉煌的总结。

（六）吴乘权的史学成就

吴乘权可以说是一个名不见经传的清初史家，不唯《清史稿》没有给他立传，就是在号称网罗宏富、巨细无遗的《清史列传》之中，我们也无从读到他的小传。然而，作为历时二三百年，流传至今而不绝的《纲鉴易知录》和《古文观止》的编者，吴乘权毕竟还是一位有成就的史家，他对我国古代编年体通史发展，也确实做了不可埋没的工作。因此，对他的生平学行进行一番掇拾，还是有必要的。

1.寄人篱下的一生

吴乘权，字子舆，号楚材，浙江山阴（今绍兴）人。生于顺治十二年（1655年），卒于康熙五十八年（1719年），终年65岁。吴氏世为山阴望族，分支甚多。不过，吴乘权的父祖在明清之际的社会大动荡之中，却未能由科举仕进，以致终身默然无闻。到吴乘权之时，也还只是一个中常人家。要不是当时官至封疆大吏的亲族吴兴祚、吴存礼等人的表彰，恐怕吴乘权这个名字早就从史册中消失了。

一如前述，清承明制，入关之后，科举取士制度一直为仕进的主要途径。吴乘权自幼接受科举帖括之学，本欲在科场角逐之中有一番作为。殊不知疾病却令他大失所望。16岁那年，严重的足疾折磨使得他卧床不起，病榻呻吟，倏尔便是几个寒暑。然而值得庆幸的是，疾病

---

① 王源：《居业堂文集》卷六，《复陆紫宸书》。

虽然阻碍了他的科举仕途，但是却反倒提供给了他足够的时间去攻读经史。吴乘权在病中手不释卷，"日阅古今书"[①]，打下了坚实的历史、文字学和古典文学的基础。病愈之后，他的学问得到了长足的进步，撰成《小学初筌》2卷。旋即援例入太学，可是竟"屡试棘闱，不遇"[②]。科举考场，终究不是他施展才能之地。

康熙十七年，吴乘权离开家乡前往福州，投奔正在那里担任巡抚的族伯吴兴祚，时年24岁。从此，开始了他尔后数十年的幕宾生涯。

有清一代，幕府之制甚盛。大凡封疆大吏，藩臬两司，乃至府州县官，均可招募一批文人以赞画军政，史称幕宾。幕宾之中，固然不乏滥竽充数者，但是也确有一部分并非平庸之辈。吴乘权的故里山阴，清代属绍兴府所辖，这里不仅是人文渊薮，而且学幕者也特多，因而载籍中有"绍兴师爷"之称。吴乘权就是在康熙年间几度出入幕署的"奇士"[③]。他一生作幕四方，早年，曾经在其族伯吴兴祚幕署课徒授业。据兴祚称："岁戊午（即康熙十七年 —— 引者），奉天子命抚八闽，会稽章子、习子，以古文课余子于三山之凌云处，维时，从子楚材实左右之。"[④]康熙二十一年，吴兴祚擢升两广总督，吴乘权又随之同往广东。晚年，则为浙闽总督范时崇"延入幕府"[⑤]。吴乘权的生平代表作《古文观止》和《纲鉴易知录》，便先后撰成于幕府转徙之中。

2.《古文观止》的经世思想

吴乘权才器过人，潜心力学，"尤好读经史"[⑥]。他虽然工举业，但是却没有在科场角逐中去蹉跎岁月，他是一个读书用世的人。无怪乎同

---

① 张麟锡：《太学生楚材公、子立公合传》，载《山阴州山吴氏族潜》卷末。
② 同上。
③ 同上。
④ 吴兴祚：《古文观止序》，载《古文观止》卷首。
⑤ 张麟锡：《太学生楚材公、子立公合传》。
⑥ 吴兴祚：《古文观止序》，载《古文观止》卷首。

时人张麟锡要称他是"奇士，非恒士"[①] 了。

　　康熙三十二、三十三年间，吴乘权已年近 40。这时，他与其族侄吴调侯合作，纂辑成一部历代文选，题名《周秦以来迄前明文》，这就是流传至今的《古文观止》。全书上起东周，下迄明末，凡 12 卷，共选录古文 220 篇，题材广阔，风格备呈。尽管由于编者的阶级和历史局限，所选文章不无糟粕，但是其基本倾向却自有其应予肯定的历史价值。首先，编者的选材态度是严谨的，所录诸篇，大都选自堪称信史的历代载籍。因而，这部书不唯可以当作古代散文选去读它，而且同样也能视为历史文选去读它。其次，编者充分发挥了自己在历史、地理、文字学和古典文学诸方面的较好素养，对各篇文字皆作了言简意赅的必要训释，这对读者是很有益处的。再次，编者的选材标准，纵然有着明晰的阶级印记，然而总的趋向是积极进取的。所以，读者不仅可以由这部书窥见我国古代散文发展的脉络，而且对编者的经世致用思想，也可以有一个大致的了解。

　　吴乘权志存用世，可是却学而不得其用，以致沦落四方。这样的境遇对他是不公正的，因此，难免会有牢骚，借以抒发不平。于是，在《古文观止》的选材、论赞中，就要自然而然地流露出来。他之所以要选取《战国策》中的《冯谖客孟尝君》，《史记》中的《屈原列传》《游侠列传》等文，这恐怕也是一个不可忽视的原因。譬如他在该书卷四《冯谖客孟尝君》文末的论赞中，就这么写道："三番弹铗，想见豪士一时沦落，胸中块垒，勃不自禁。通篇写来，波澜层出，姿态横生，能使冯公须眉浮动纸上。沦落之士，遂尔顿增气色。"[②] "胸中块垒，勃不自禁"云云，这与其说是在赞冯谖，毋宁说就是编者的自白。吴乘权显然是要通过这样的篇章来"顿增气色"。在所选《史记》的《游侠列传》

---

　　① 张麟锡：《太学生楚材公、子立公合传》。
　　② 吴乘权：《古文观止》卷四，《冯谖客孟尝君》。

中，他所作的论赞就更为直截了当。他说："世俗止知重儒而轻侠，以致侠士之义湮没无闻。不知侠之真者，儒亦赖之，故史公特为作传。"①司马迁撰《史记》，是有所为而作。身受酷刑，发愤不已，乃至对当代史事褒贬黜陟，故而有"谤书"之讥。古人云，学如其人。吴乘权既服膺司马迁之学，更钦慕司马迁之人。所以，他在《古文观止》中用了整整一卷的篇幅，选录了《史记》中的优秀篇章，以及《报任安书》这样的千古绝唱。

在该书卷五《太史公自序》的论赞中，吴乘权写道："史公生平学力，在《史记》一书，上接周、孔，何等担荷；原本《六经》，何等识力；表彰先人，何等渊源！然非发愤郁结，则虽有文章，可以无作。哀公获麟而《春秋》作，武帝获麟而《史记》作，《史记》岂真能继《春秋》者哉！"②他于同卷《屈原列传》，则指出："史公作《屈原传》，其文便似《离骚》，婉雅凄怆，使人读之，不禁歔欷欲绝。要之穷愁著书，史公与屈子实有同心，宜其忧思唱叹，低回不置云。"③"史公与屈子同心"，这是吴乘权的卓识。其实，同志者又何止史公、屈子呢？我们完全可以这么说，乘权之与子长，心有灵犀一点通。

当明末季，经济崩溃，政治腐朽，经世思想若水到渠成，应运而生。经顾炎武、黄宗羲、王夫之诸大师提倡，在清初形成了一股强大的思潮。吴乘权也投入了这样的洪流。他虽然崇尚王学，在《古文观止》中，选录了王守仁的《尊经阁记》等三篇文章，认为："《六经》不外吾心，吾心自有《六经》。学道者何事远求，返之于心，而《六经》之要，取之当前而已足。"④但是吴乘权并没有晚明王学末流空谈疏漏的狂禅之气。他主张的是"务期适用"的"实学"。他说："说《六经》而

---

① 吴乘权：《古文观止》卷五，《游侠列传》。
② 同上书卷五，《太史公自序》。
③ 同上书卷五，《屈原列传》。
④ 同上书卷十二，《尊经阁记》论赞。

归之于心，才是实学。"① 因此，他在《古文观止》中，选录了大量的有关世道人心的篇章。从卷首的第一篇文章，即《左传》中的《郑伯克段于鄢》，直到卷末的最后一篇文章，即明末人张溥的《五人墓碑记》，编者的经世致用思想，随处可见。

在《古文观止》卷一《臧僖伯谏观鱼》一文的论赞中，吴乘权指出："隐公以观鱼为无害于民，不知人君举动，关系甚大。僖伯开口便提出君字，说得十分郑重。中间历陈典故，俱与观鱼映照。盖观鱼正与纳民轨物相反。末以非礼斥之，隐然见观鱼即为乱政，不得视为小节，而可以纵欲逸游也。"② 在中国漫长的封建社会中，封建帝王的好尚，与一时的社会风气确实关系极大。常言所说的"上有所好，下必甚焉"，讲的就是这个道理。吴乘权看到了这一点，因而他把鲁隐公的观鱼，抨击为"纵欲逸游"的"害民""乱政"。这里，尽管他是在为封建统治者说法，然而能以害民与否作为衡量政治治乱的一个标准，无疑是有积极意义的。类似的民本思想，在卷四《赵威后问齐使》中，也得到了反映。吴乘权赞誉这篇文章"通篇以民为主"，对篇末所问："是其为人也，上不臣于王，下不治其家，中不索交诸侯，此率民而出于无用者，何为至今不杀乎？"他更是叹为："胆识尤自过人。"③ 这样的赞叹，当然不是轻许于人的。

《古文观止》中，直接抒发编者的政治主张之处，所见甚多。譬如于卷六《景帝令二千石修职诏》，吴乘权即议论道："国家最患在吏饱，府库空虚。百姓穷困，而奸吏自富，此大害也。二千石修职，诚足民本务。"④ 将一方大吏的"修职"，视为"足民本务"，这固然是不得要领之论，但是能把官吏的清廉与否同人民的贫富连在一起来考虑问题，这在

---

① 吴乘权：《古文观止》卷十二，《尊经阁记》夹注。
② 同上书卷一，《臧僖伯谏观鱼》。
③ 同上书卷四，《赵威后问齐使》。
④ 同上书卷六，《景帝令二千石修职诏》。

贪风炽烈的明清之际，显然是具有进步意义的见解。

宦官为祸，这是与中国数千年封建社会相终始的政治积弊。明朝末叶，魏忠贤的祸国殃民，可谓达于极点，清初学者言之而每每切齿。吴乘权对宦官之祸深恶痛绝，他除了借明末人张溥的《五人墓碑记》，对这一历史现象进行鞭挞外，还在欧阳修的《五代史宦者传论》的论赞中指出："宦官之祸，至汉唐而极，篇中详悉写尽。凡作无数层次，转折不穷，只是深于女祸一句意。名论卓然，可为千古龟鉴。"① 以古史为龟鉴，这是中国古代史学的一个进步传统，大凡有作为的古代史家，无不皆然。吴乘权继承了这个传统，并把它见诸自己的著述之中，这样的史学思想，自然是应当肯定的。

吴乘权抱负在胸，希图有用于世，他对"汉世得人之盛"，尤为憧憬，因之便选录《高帝求贤诏》《武帝求茂材异等诏》一类文章入《古文观止》。他认为："高帝平日慢侮诸生，及天下既定，乃屈意求贤，如恐不及。盖知创业与守成异也。汉室得兴，其风动固为有本。"② 抚今追昔，面对着令人窒息的科举制度的桎梏，吴乘权大声疾呼："求材不拘资格，务期适用。"③ 这个呼声，是清初经世致用思潮的必然反响，它与后来道光间龚自珍的"我愿天公重抖擞，不拘一格降人才"，先后辉映，实在是我国封建社会晚期思想史上的瑰宝。

以上，我不厌其详地引述了《古文观止》中的大量论赞、夹注，其目的就在于要说明，《古文观止》的经世致用思想，应当引起我们的足够重视，对这样一部书，也应当给它以实事求是的历史评价。

3.《纲鉴易知录》的史学价值

《古文观止》于康熙三十四年刊行之后，吴乘权倾注其全部心力于

---

① 吴乘权：《古文观止》卷十，《五代史宦者传论》。
② 同上书卷六，《高帝求贤诏》。
③ 同上书卷六，《武帝求茂材异等诏》。

史籍的编纂。

吴乘权自幼"有志读史"①，然而却苦于没有一部引导有方的通史可读。他认为："观史之不欲，论史之不明者，非尽天资迟钝，庸师误人，亦由编辑成书者引导无方而致然也。"②因此，他立志要编纂一部贯串古今，简明易读的史籍。这就是自康熙四十四年始辑，迄于康熙五十年竣稿，历时7年而成的《纲鉴易知录》。

《纲鉴易知录》上起远古传说中的盘古开天地，下迄明亡，清兵入关，凡107卷。其中，又分为《纲鉴易知录》95卷、《明鉴易知录》12卷。从全书的构成情况看，严格地说来，它并不是创作，或者说用清代乾嘉史家章学诚的话来讲，它只是纂辑，而不是著述。因为这部书全是依据已有史籍，删繁就简而成。其构成情况大致是这样的，自远古传说时期到战国，主要是辑录元人金履祥的《通鉴前编》，以及宋人刘恕的《通鉴外纪》，并参考元人陈桱的《通鉴续编》而成。战国迄五代，1300余年间的史事，则以朱熹的《资治通鉴纲目》为蓝本。宋元两代，采用的是明人商辂的《通鉴纲目续编》。明代部分，则是依据清初人朱国标《明纪钞略》编就。朱书系抄撮谷应泰《明史纪事本末》而成，故本书明代部分实脱胎于谷氏《纪事本末》。

由于吴乘权长于剪裁，却疏于考史，因而，凡所辑史籍中的谬误，他未能一一检出。由于尊信朱熹的《资治通鉴纲目》太过，不唯全书义例一如朱书，而且若干史事的是非，亦全然因袭朱书。这里仅举一例。譬如对东汉末年的三国鼎立，如何纪年？同样是编年体的史书，司马光的处理同朱熹就不一样。司马光著《资治通鉴》，以魏国年号纪年；而朱熹的《资治通鉴纲目》，则将正统归之于蜀，以蜀国的年号纪年。按理，当时的魏国，确实较吴、蜀二国为强，而且也是它最终将蜀、吴灭

---

① 吴兴祚：《古文观止序》。
② 吴乘权：《纲鉴易知录自序》，载《纲鉴易知录》卷首。

亡，使国家重归一统。所以，司马光的纪年法，应当说是有道理的。可是朱熹据司马光的书作《纲目》，却不如此纪年。这固然一方面是出于传统的"正统"思想，因为刘备是汉室后裔。同时，朱熹也还有另一方面的考虑，这就是他所生活的南宋王朝偏安一隅，正与昔日的蜀国割据西南相仿佛。事实上，朱熹这么处理是站不住脚的，如此记述史事，当然不足取法。但是，吴乘权却亦步亦趋，视刘蜀为正统，将魏、吴置为"二僭国"①。这实在毫无道理。尽管如此，我们却不能因为《纲鉴易知录》是纂辑而成，而且又存在上述这样一些缺陷，便忽视了它的史学价值。应当说，《纲鉴易知录》称得上是我国封建社会晚期一部比较重要的纲目体史籍。

我国古代史籍，浩如烟海，体裁完备。从历史编纂学的角度而言，有纪传体的正史、别史；有编年体的通史、断代史；有以事为纲的纪事本末，还有属于典志的通史、专史。而纲目体史籍，则是从属于编年体史籍的一个比较后起的支派。这个支派首创于南宋学者朱熹的《资治通鉴纲目》。南宋孝宗乾道八年（1172 年），朱熹为便人省览，以司马光的《资治通鉴》为蓝本，仿《春秋》《左传》体例，纲目为文，撰成《资治通鉴纲目》59 卷。自《资治通鉴纲目》刊行，元明两代，尤其是明代，以《纲目》《纲鉴》为名的史书，屡见不鲜。于是便从编年体史籍中别树一帜，形成了纲目体史籍。这一体裁的史籍发展到清初，遂有吴乘权的《纲鉴易知录》问世。

学如积薪，后来居上。《纲鉴易知录》与之前的诸纲目体史籍比较起来，确实大进了一步。它的一个最显著的特点，换句话说也即是它的长处就在于，贯串古今，纲目分明，简要有法。荟萃群书，集诸家之所得，将上下数千年史事熔于一炉，在清初，这是吴乘权的首创。应当说，没有相当的胆识，不敢从事这一工作，而没有较好的学术修养，也

---

① 吴乘权：《纲鉴易知录》卷二十七，《后汉纪》。

无法胜任这一工作。吴乘权仅仅用 180 万字的篇幅，便把纷繁复杂的历代史事梳理得头绪井然，这确实是一桩很见功力的事情。而且，还值得称道的是，在《纲鉴易知录》中，我国数千年历史的重大事件，以及有影响的历史人物的主要活动，都得到了反映，做到了简要有法，略而不陋。这就更是很有意义的事情了。正如吴乘权在该书《发凡》中所称："《通鉴》固须全读，但……卷帙太烦，岂能一概记诵？势不得不删。然信手删去，尽失头绪，如何看得明白？兹则细加斟酌，事之原委，人之始末，起伏照应，明若观火。"①有了《纲鉴易知录》这样一部比较简明的编年体通史，读者对我国的古代历史，确能收"明若观火"之效。因此，这部书叫作《易知录》，倒也是名副其实的。唯其易知，因而数百年来它一直为初学历史者所喜；唯其得体，这部书又能得到史学工作者，尤其是史籍编纂者的重视，确乎"雅俗共赏"②。

　　特别应当肯定的是，吴乘权在这部书中所做的大量训释工作。他如同十多年前编选《古文观止》时一样，对上下古今的人名、地名、文字音义等都做了极为有益的训释。其用力之勤，成数倍地超过了《古文观止》。而随着其学识的积累，书中训释之精当，亦远非昔日可比。尤其是这部书对所涉古今地名，皆一一检核，进行注释，就更是一件很有价值、影响深远的事情。地理为治史的一把钥匙，今天已成为史学工作者所共知的常识，然而风气所自，吴乘权的《纲鉴易知录》，确有发凡起例的筚路蓝缕之功。对于《纲鉴易知录》这样一部书，只要我们将其封建性的糟粕剔除，那么对今天编纂一部多卷本的中国通史，依然有若干可资借鉴的地方。

---

① 吴乘权：《纲鉴易知录》卷首，《发凡》。
② 吴存礼：《叙纲鉴易知录》。

十三　清初文学艺术的经世特征

明中叶以后，作为日益加剧的社会危机的消极反映，文学界一度弥漫复古摹拟之风，艺术界则出现专以描绘才子佳人颓靡生活为能事的反现实逆流。明清更迭的社会动荡，使一时文学艺术界中人受到莫大冲击，于是他们纷纷把目光转向现实，以其对现实的敏锐反映构成鲜明的历史特征。从而产生了与时代忧乐与共的一批文学艺术家和具有积极社会内容的作品，并进而为一代文学艺术的度越元明、比美唐宋奠定了深厚的根基。

（一）清初健实诗文风格的形成

明中叶以后，以李梦阳、何景明和李攀龙、王世贞为代表的所谓前后"七子"，盛倡"文必秦汉，诗必盛唐"，复古摹拟之风弥漫文学界。随着明朝统治的江河日下，拟古之风引来各方面的反对。归有光率先而起，以表彰唐宋古文名家与之相颉颃。随后，著名思想家李贽以及袁宗道、宏道、中道为代表的"公安"派，和以钟惺、谭元春为代表的"竟陵"派，摆脱传统拘囿，力倡独抒"性灵"，对形式主义的陈腐格局作了有力的冲击。迄于明末，空前加剧的社会危机，使文学界中人将目光从拟古与趋新的争论转向严峻的现实。于是以几社巨擘陈子龙等所辑《明经世文编》的问世为标志，晚明诗文风格趋于健实。明亡，在响彻九州的救世呐喊中，清初诸儒沿着陈子龙的足迹，以诗文经世，对先前的拟古之风和独抒"性灵"的文学主张进行了全面清算。

在顺治及康熙初叶的 40 余年间，站在批评明代文学前列的，是钱谦益、顾炎武、黄宗羲诸大师。他们既是著名学者，也是诗文大手笔，钱谦益更以其政治上的影响，在这一时期的前 20 年间，号召四方，俨然盟主。

钱谦益（1582—1664），字受之，号牧斋，晚号蒙叟，江苏常熟人。明末，官至礼部侍郎。弘光朝建立，出任礼部尚书。清兵渡江，他又率先迎降，入仕新朝，为礼部侍郎。不久即去官南归。钱谦益在政治上的反复无常固不可取，但是他的文学主张却影响深远。对明中叶以后形式主义诗文风格的批判，钱谦益是无可争议的首倡者。他指出："今之名能诗者，庀材惟恐其不博，取境惟恐其不变，引声度律惟恐其不谐美，骈枝斗叶惟恐其不妙丽。……剽耳佣目，追嗜逐好，标新领异之思则出于内，哗世炫俗之习交攻于外，……其中之所存者，固已薄而不美，索然而无余味矣。"① 又说："近代之学诗者，知空同、元美而已矣。其哆口称汉、魏，称盛唐者，知空同、元美之汉、魏、盛唐而已矣。"② 论诗如此，论文亦一脉相通。他说："近代文章，河决鱼烂，败坏而不可救者，凡以百年以来学问之谬种，浸淫于世运，熏结于人心，袭习纶轮，酝酿发作，以至于此极也。"③ 有鉴于此，钱谦益给诗与文明确地下了自己的定义。何谓诗？他说："夫诗者，言其志之所之也。"④ 又说："诗言志，志足而情生焉，情萌而气动焉。……穷于时，迫于境，旁薄曲折而不知其使然者，古今之真诗也。"⑤ 何谓文？他说："夫文章者，天地变化之所为也。天地变化与人心之精华交相击发，而文章之变不可胜穷。"⑥ 又说："根于志，溢于言，经之以经史，纬之以规矩，

---

① 钱谦益：《有学集》卷十九，《族孙遵王诗序》。
② 钱谦益：《初学集》卷三十二，《黄子羽诗序》。
③ 钱谦益：《有学集》卷十七，《赖古堂文选序》。
④ 同上书卷十五，《爱琴馆评选诗慰序》。
⑤ 同上书卷四十七，《题燕市酒人篇》。
⑥ 钱谦益：《有学集》卷三十九，《复李叔则书》。

而文章之能事备矣。"① 由此出发，钱谦益响亮地提出了"反经求本"和"通经汲古"的文学主张。他说："今之为诗者，……才益驳，心益粗，见益卑，胆益横。此其病中于人心，乘于劫运，非有反经之君子，循其本而救之，则终于胥溺而已矣。"② 这里所谓"经"，自然是儒家经典，而"本"又何所指？钱谦益回答道："古之为诗者有本焉。《国风》之好色，《小雅》之怨诽，《离骚》之疾痛叫呼，结辖于君臣夫妇之间，而发作于身世逼侧、时命连蹇之会。梦而嚚，病而吟，春歌而溺笑，皆是物也，故曰有本。"③ 这就是说，诗歌应当立足于现实，抒发作者的真情实感。在钱谦益看来，诗文非枵腹者所能作，因此他主张文与学合，"通经汲古"。他说："仆以孤生譾闻，建立通经汲古之说以排击俗学。海内惊噪，以为希有，而不知其邮传古昔，非敢创获以哗世也。"④

黄宗羲是钱谦益的忘年之友，他的文学主张受钱氏影响较深。他不仅痛斥明人的形式主义格调，指出李梦阳、何景明对一代文风的败坏负有不可推诿的责任，而且将钱谦益文与学合的主张加以发展，从而建立了文与学合、文与道合、道与学合的三位一体的文学观。他指出："周元公曰：'文所以载道也。'今人无道可载，徒欲激昂于篇章字句之间，组织纫缀以求胜。是空无一物而饰其舟车也。"⑤ 又说："文之美恶，视道合离。文以载道，犹为二之。"⑥ 他鄙弃"刻画于篇章字句之间，求其形似"的积习，主张："本之经以穷其原，参之史以究其委。"⑦ 强调："承学统者未有不善于文，彼文之行远者未有不本于学，明矣。"⑧

顾炎武志节傲岸，光明磊落，虽不屑与钱谦益为伍，但他们的文

---

① 钱谦益：《有学集》卷十九，《周孝逸文稿序》。
② 同上书卷二十，《娄江十子诗序》。
③ 同上书卷十七，《周元亮赖古堂合刻序》。
④ 同上书卷三十九，《答山阴徐伯调书》。
⑤ 黄宗羲：《南雷文案》卷二，《陈葵献偶刻诗文序》。
⑥ 黄宗羲：《南雷文定》卷七，《李杲堂先生墓志铭》。
⑦ 同上书后集卷一，《沈昭子耿岩草序》。
⑧ 同上。

学主张却不谋而合，多有相通之处。顾炎武同样痛恨明人的复古摹拟之风，他说："近代文章之病，全在摹仿，即使逼肖古人，已非极诣，况遗其神理而得其皮毛者乎！"[①] 在致一友人的书札中，他苦口规劝道："君诗之病在于有杜，君文之病在于有韩、欧。有此蹊径于胸中，便终身不脱依傍二字，断不能登峰造极。"[②] 顾炎武十分注意诗文的社会教育作用，反对"怪力乱神之事，无稽之言，剿袭之说，谀佞之文"，主张以"明道""纪政事""察民隐"作为撰文宗旨。因此，他一生拒不作应酬文字，"凡文之不关于六经之指，当世之务者，一切不为"。[③]

钱谦益、黄宗羲、顾炎武诸大师的文学主张和他们的诗文实践，深刻地作用于当时的文学界。它荡涤了明中叶以后弥漫文坛的形式主义积习，宣告了清初健实诗文风格的形成。

（二）繁荣的清初诗坛和词学的复兴

清初诗坛，才人辈出，繁花似锦。无论是诗歌创作的繁富和不拘一格，还是对现实题材的广泛挖掘，都使之超越明诗成就，开创了清诗生机勃勃的局面。

力求摆脱陈腐格调和立足现实，是清初诗歌创作的基本倾向。在这一共同的前提之下，清初诗人大体上可归为两类，一类是以顾炎武、黄宗羲、王夫之、吴嘉纪为代表的"遗民"诗人，另一类是以钱谦益、吴伟业、宋琬、施闰章为代表的"专家"诗人。

清初的"遗民"诗人数以百计，其中以顾炎武成就较大。他的诗作格调高古，沉雄悲壮，具有强烈的感人力量。只是由于他系以学术名世，诗名因而为学所掩。晚清徐嘉注顾诗，赞之为"一代诗史，踵

---

① 顾炎武：《日知录》卷十九，《文人摹仿之病》。
② 顾炎武：《亭林文集》卷四，《与人书十七》。
③ 同上书卷四，《与人书三》。

美少陵"①，不是没有道理的。他有一首脍炙人口的《精卫》诗，诗中写道："万事有不平，尔何空自苦？长将一寸身，衔木到终古。我愿平东海，身沉心不改。大海无平期，我心无绝时。呜呼！君不见西山衔木众鸟多，鹊来燕去自成窠。"②质实无华，直抒胸臆，道出了诗人一腔炽烈的爱国热忱。此外，他的《秋山》诗所云："秋山复秋水，秋花红未已。烈风吹山冈，磷火来城市。天狗下巫门，白虹属军垒。可怜壮哉县，一旦生荆杞。归元贤大夫，断脰良家子。楚人固焚麇，庶几歆旧祀。勾践栖山中，国人能致死？叹息思古人，存亡自今始。"③《赠朱监纪四辅》所云："十载江南事已非，与君辛苦各生归。愁看京口三军溃，痛说扬州七日围。碧血未消今战垒，白头相见旧征衣。东京朱祐年犹少，莫向尊前叹《式微》。"④凡此诸作，无一不是清初江南史事的真实写照，言出肺腑，感人至深。

　　黄宗羲虽不以诗名，但却能以"一人之性情"，写"天下之治乱"。⑤他的《山居杂吟》云："锋镝牢囚取次过，依然不废我弦歌。死犹未肯输心去，贫亦其能奈我何？廿两棉花装破被，三根松木煮空锅。一冬也是堂堂地，岂信人间胜著多。"⑥屡经忧患，志节无损，读来如闻其声，似见其人。王夫之既是论诗宗匠，也是作诗能手，国破家亡的隐痛郁积胸中，每每迸发于诗篇，步武《离骚》，悱恻缠绵。他的七绝《走笔赠刘生思肯》云："老觉形容渐不真，镜中身是梦中身。凭君写取千茎雪，犹是先朝未死人。"⑦

　　吴嘉纪（1618—1684），是遗民诗人中的又一佼佼者，字宾贤，一

---

① 　徐嘉：《顾亭林诗笺注》卷首，《凡例》。
② 　顾炎武：《亭林诗集》卷一，《精卫》。
③ 　同上书卷一，《秋山》。
④ 　顾炎武：《亭林诗集》卷二，《赠朱监纪四辅》。
⑤ 　黄宗羲：《南雷诗历》卷首，《题辞》。
⑥ 　同上。
⑦ 　王夫之：《姜斋诗集》六十自定稿，《走笔赠刘生思肯》。

字野人，江苏泰州人。他的诗风格调遒劲，语言质朴，题材广泛，具有充实的社会内容。所作七古《李家娘》，揭露清军血洗扬州的暴行，如泣如诉，催人泪下。10 年之后，他以同一题材再写《过兵行》，诗中写道："扬州城外遗民哭，遗民一半无手足。贫延残息过十年，蔽寒始有数椽屋。大兵忽说征南去，万里驰来如急雨。东邻踏死三岁儿，西邻掳去双鬟女。女泣母泣难相亲，城里城外皆飞尘。鼓角声闻魂已断，阿谁为诉管兵人？"[1] 十年兵燹，灾难深重，人民的疾苦，唤起诗人的深切同情，不愧是以诗述史的杰作。

其他如阎尔梅、方以智、杜濬、归庄、钱澄之、屈大均等，都是遗民诗人中的值得表彰者。他们的作品，或抒发兴亡感慨，或描写民生疾苦，以歌当哭，激越悲凉，既具有积极的现实内容，又富于艺术感染力，从而成为清初诗坛的重要构成部分。

清初的"专家"诗人，钱谦益、吴伟业齐名。钱诗技巧纯熟，风格与晚唐及宋诗为近，但却又不为其所拘圄，颇能写出一些格调清新的作品。他晚年投身秘密反清活动，为郑成功顺治十六年的率师北伐积极策划内应。为此，他步杜甫《秋兴》韵成《后秋兴》诗百余首，结为《投笔集》。集中有云："海角崖上一线斜，从今也不属中华。更无鱼腹捐躯地，况有龙涎泛海槎。望断关河非汉帜，吹残日月是胡笳。姮娥老大无归处，独倚银轮哭桂花。"[2] 失节的悔恨，故国的眷恋，醮和着诗人的老泪，交织于字里行间。这一类作品，是钱谦益晚年心境的真实抒发，应予肯定，不当苛求。

吴伟业（1609—1671）[3]，字骏公，号梅村，江苏太仓人。他的经历与钱谦益相似，身为明臣，入清却又一度出仕，因之而终身不得为安。他的诗作濡染于盛唐诸大家，功底深厚，手法娴熟，尤以七言歌行见

---

① 吴嘉纪：《陋轩诗·过兵行》。
② 钱谦益：《投笔集·后秋兴》。
③ 吴伟业卒于康熙十年十二月二十四日，当公元 1672 年 1 月 23 日。

长。早年以文词清丽著称，后身经乱离，风格一变。叙事诸篇取法唐人，语言质朴，布局谨严，确能自成一体。《听女道士卞玉京弹琴歌》是他的代表作之一，战乱中柔弱歌女的悲苦，无辜生灵的涂炭，南明政权的腐朽，都活现在诗人的笔下。此外，如《圆圆曲》《永和宫词》《楚两生行》诸篇，也都从不同的角度反映了明清之际的社会现实。这些作品文辞华而不靡，音律自然和谐，无怪乎为一时文士所宗，而有"梅村体"之称。

钱、吴之外，当时以能诗著称者，还有所谓"南施北宋"。宋琬（1614—1673），字玉叔，号荔裳，山东莱阳人。他的诗风磊落雄健，虽因仕途坎坷而多感伤之作，但也有一些能够反映现实的篇章。譬如《渔家词》《同欧阳令饮凤凰山下》《赵五绖斋中燕集限郎字》诸篇，或描写渔民疾苦，或隐寓兴亡感慨，都是有成就的作品。施闰章（1619—1683），字尚白，号愚山，又号蠖斋，安徽宣城人。他的诗风深入唐人之室，高雅淡素，颇具工力。作品的现实性强于宋琬，《湖西行》《百丈行》《冬雷行》《牧童谣》诸篇，都是以现实为题材的好作品。

康熙中叶以后，随着社会环境的变迁，学风在变，诗文风尚亦随之而变。王士禛（1634—1711）以显宦而能诗，服膺司空图"不著一字，尽得风流"之说[1]，创为"神韵"一派，俨然诗坛盟主。由于"神韵"说的风靡于世，一时诗风渐趋脱离现实，流于外在形式美的追求。其间，虽有赵执信等起而抗衡，但风气既成，已不是个人意志所能转移。清代诗歌史，终以王士禛的"神韵"说出为标志，翻过了清初的一页。

承明词的一度中衰，伴随诗歌创作的繁荣，清初词学趋于复兴。当时的著名诗人多能填词，以工于词艺著称者，则主要有如下三家。

陈维崧（1625—1682），字其年，号迦陵，江苏宜兴人。他学力深厚，才气横溢，长调小令，抒写自如，一生词作之富，即使在词学鼎盛

---

[1] 王士禛：《香祖笔记》卷八，《表圣论诗》条。

的宋代，亦罕有匹敌。其词风取法宋人苏轼、辛弃疾，高歌豪语，波澜壮阔，不愧一代词坛宗匠。所写《贺新郎·纤夫词》，将官府征发夫役的残暴，丁男病妇诀别的凄楚，以雄厚的笔力艺术地再现，是他词作中的优秀篇章。他如《贺新郎·赠苏昆生》《满江红·汴京怀古》《醉太平·江口醉后作》诸阕，悲歌慷慨，跌宕起伏，都是足以代表迦陵词风的佳构。只是为阅历所限，感受不及苏、辛深刻，往往豪放有余，沉厚不足，以致雄而不浑，直而不郁。

清初词坛，陈、朱齐名。朱彝尊（1629—1709），字锡鬯，号竹垞，浙江秀水（今嘉兴）人。他博学工诗，尤长于词。其词风取径南宋姜夔、张炎，以醇雅清空标榜，讲究句琢字炼，多偏于形式美的追求。由于他工力深厚，技巧精纯，因而抒情、怀古多得佳作，以文字凝练，清丽高秀，为时人所推崇。他曾选辑唐、宋、金、元词 500 余家，纂为《词综》，借以阐发旨趣，领袖一方，成为清代浙西词派的开派宗师。

纳兰性德（1655—1685），原名成德，字容若，满洲正黄旗人。他出身显贵，为康熙初权臣明珠长子，后以进士入侍宫禁，充任御前侍卫。一时俊彦若徐乾学、顾贞观、朱彝尊、陈维崧、姜宸英等，皆在师友之间。耳濡目染，潜移默化，深得熏陶之益。他工诗，尤长于词。其词风与南唐后主李煜为近，不事雕琢，以自然流丽的小令见长，偶有长调，亦具工力。无论悼亡，还是赠友，皆直抒胸臆，写得情真谊挚，颇能感人。但由于环境所限，性德词多写个人情致，因而内容较为贫乏，且流于伤感。

（三）清初散文与小说的现实主义精神

清初散文，接迹明人唐顺之、归有光，主要倾向于取法韩、欧，尊崇唐宋八大家一路。专以散文名家者，则有侯方域、魏禧、汪琬三家。

侯方域（1618—1655），字朝宗，河南商丘人。他富于才气，早年即以诗文名，但意境肤浅，功力不深。后步武韩、欧，推尊八家，遂以古文雄视一时。所著《李姬传》《马伶传》《答田中丞书》《癸未去金陵日与阮光禄书》《与吴骏公书》《与方密之书》等，或文以状人，惟妙惟肖；或指斥权贵，无所顾忌；或抒写怀抱，侃侃而谈，都具有一定的现实意义，无一不是他散文中的佳作。

魏禧（1624—1681），字冰叔，号裕斋，又号叔子，江西宁都人。他的散文一反明人摹仿依傍积习，平实自然，不事雕琢。身历明清更迭，亡国之痛，终身耿耿，因而见诸文字则多所寄托。诸如《许秀才传》《江天一传》《高士汪沨传》及《哭莱阳姜公昆山归君文》等，表彰死节之士，痛悼故国遗民，寓深情于叙事之中，既见工力，又真实动人。《大铁椎传》尤称名篇，文字简洁，形象生动，最足以代表魏文风格。

汪琬（1624—1691），字苕文，号钝庵，又号尧峰，江苏苏州人。他的散文风格与侯、魏不同，主张博观约取，力求纯正，因而为后世正统派文士所推尊。汪性好诋诃，对侯方域《马伶传》笔法颇有异议。其实三家各有所长，未可轩轾，但若就作品的现实内容而言，汪文显然不及侯、魏二家。

清初文坛，有一值得探讨的文学现象，这就是宛若异军突起的金圣叹的文学批评。金圣叹（约1608—1661），原名采，字若采，明亡，改名人瑞，字圣叹，后即以字行，江苏吴县人。他少负才名，为人倜傥高奇，狂放不拘。入清以后，绝意仕进，专以著述为务，后郑成功北伐兵败，为江苏地方当局借故杀害。清初，小说、戏曲多为正统文士所不道，而金圣叹却最喜评解。他继承明末李贽、袁宏道的反正统精神，向传统文学观发起挑战，把《西厢记》《水浒》同《离骚》《庄子》《史记》《杜诗》并称为六才子书，一一进行了别具只眼的评点。他于《水浒》最为推崇，尽管由于对农民起义心存偏见，因而所评颇多诋诬，且未脱八股习气。但是他对《水浒》艺术成就的分析，则多有可取，能认识到农民起义乃官逼民反，也属难能可贵。正是具有这样的见识，所以他的杜诗评解也能着眼于思想内容。清代正统派文士，简单地以"怪诞"二字对金圣叹的文学批评加以抹杀，显然是不足取的。

康熙末叶，适应清廷崇奖朱学的大势，方苞崛起。他接过古人"文以载道"的传统文学主张，以讲求古文"义法"[①]号召远近，开桐城古文派先声，从而终结了清初散文的经世精神。

同诗文的繁盛局面相比，清初的小说创作自是略逊一筹。但是明末小说反映现实生活，批判堕落世风的优良传统，同样在这一时期的作品中得到了继承和发展。尤其是蒲松龄的不朽杰作《聊斋志异》的问世，其光彩则足以与一时诗文诸大家相辉映。

在《聊斋志异》问世前，最能够体现当时小说创作主要倾向和成就的作品，是陈忱的《水浒后传》。陈忱（1590—1670?），字遐心，一字敬夫，号雁宕山樵，浙江乌程（今吴兴）人。清初，他曾与顾炎武、归庄等人结为"惊隐诗社"，从事反清秘密活动[②]。后见大势已去，遂转而致力于小说《水浒后传》的创作。该书第一回卷首的长歌："千秋万世恨无极，白发孤灯续旧编"，即道出了作者晚年以小说泄家国之愤的著述动机。因此，该书以"古宋遗民"为笔名，也非偶然。全书系据《水浒传》故事铺衍而成，作品通过对梁山农民军余部再度起义的描写，揭露统治者的昏庸残暴，歌颂南宋人民的抗金斗争。由于突出了民族矛盾的渲染，因而使该书具有强烈的现实意义。

（四）清初的戏曲艺术

清初戏曲界，李玉、李渔若双峰峙立。李玉的贡献主要在于传奇创作，而李渔的成就则集中体现于戏曲理论的总结。

---

①　方苞：《方苞集》卷二，《又书货殖传后》。
②　沈彤：《震泽县志》卷三十八，《旧事》。

李玉（1591?—1671?），字玄玉，号一笠庵主人，又号苏门啸侣，江苏吴县人。他富于才学，但因出身低微，久困场屋，遂以著传奇泄愤。当时，我国的戏曲发展早已进入以南曲为主的传奇时代。自明代嘉靖年间以来，昆山、弋阳诸腔取北杂剧而代之，大行于世。苏州是昆曲艺术的中心，李玉置身于这一浓郁的艺术环境之中，以其"上下千载"之才，"囊括艺林"之学，致力于传奇创作。明末，他即以所著《一捧雪》《人兽关》《永团圆》《占花魁》蜚声剧坛，世称"一人永占"。入清以后，他绝意仕进，几乎成为专职的戏曲作家。社会的动乱，民生的疾苦，与李玉自身的际遇相结合，赋予他的戏曲创作以充实的社会内容和鲜明的时代特征。

立足现实，以艺术的力量去唤起人们的社会责任感，这是李玉的戏曲创作最为可贵的精神。他的《万民安》传奇，形象地再现了明万历二十九年（1601 年）苏州市民反税使的正义斗争。剧中主人公葛成，既非帝王将相，亦非才子佳人，而是受雇于人的普通纺织匠人。在作者的笔下，葛成舍己救人，为民献身，深得一城市民拥戴，是一个威风凛凛的群众领袖形象。这样的艺术形象，在中国戏曲史上是前所未有的。《清忠谱》是李玉取材于明末政治斗争的又一代表作品。全剧以天启间魏忠贤倒行逆施，捕杀东林党人为背景，通过苏州市民声援东林志士周顺昌的戏剧情节，塑造了周顺昌廉洁忠耿的艺术形象。全剧既将周顺昌写得骨肉丰满，感人肺腑，又对苏州市民的抗暴斗争绘声绘色，深寄同情，充分体现了作者现实主义的创作倾向，为清初戏曲发展做出了重要贡献。此外，李玉的其他作品，诸如《万里圆》《千忠戮》《牛头山》等，或写明清之际的乱离，隐寓亡国之痛；或借历史题材的铺衍，以泄胸中郁积。慷慨悲歌，饱和血泪，真可谓"收拾起大地山河一担装"①。无论是戏曲内容，还是艺术技巧，都达到了一个较高的境界。

---

① 李玉：《千忠戮》。又名《千忠会》《千钟禄》。

当时，以李玉为中心，在苏州的戏曲园地中，活跃着一批优秀的戏曲艺术家。诸如《渔家乐》的作者朱佐朝，《十五贯》的作者朱㿥，《三报恩》的作者毕魏，《琥珀匙》的作者叶时章，《如是观》的作者张大复等，都是李玉志同道合的友人。他的代表作《清忠谱》，便是与毕魏、叶时章、朱㿥通力合作的产物。此外，名曲师纽少雅，著名文学家兼戏曲家冯梦龙等，也都是同李玉一道，从不同角度为戏曲事业做出过贡献的人。以李玉为中心的苏州昆曲创作群体，是清初戏曲成就的杰出代表。他们上承明末戏曲大师汤显祖开创的现实主义优良传统，并以其艺术实践，为康熙后期洪昇《长生殿》、孔尚任《桃花扇》的问世铺平了道路。

李渔（1611—1679?），字笠鸿，后改笠翁，一字谪凡，原籍浙江兰溪，生于江苏如皋。他一生遨游四方，混迹于士大夫之间，文如其人，格调不高，在其所著 10 种曲中，并无足称上乘之作。但是，他凭借丰富的戏曲实践，以《闲情偶寄》一书，就戏曲文学和表演，对前人的成果做了系统总结，并提出了若干涉及艺术规律的问题。

首先，李渔把剧本结构作为戏曲文学的第一要素来总结，是十分正确的。为此，他论证了"立主脑""减头绪""密针线""审虚实"等一系列创作技巧问题。归纳起来，就是为了突出主题，全剧应以一个中心线索为戏剧矛盾的基础，使作品脉络清晰，结构严谨。同时，服从于表现主题的需要，进行必要的艺术虚构也是允许的。用他的话来说，就叫作"传奇无实，大半寓言"，但"姓名事实，必须有本"[1]。

其次，李渔从舞台效果出发，强调戏曲文学语言的浅显，也是很可取的。他认为："传奇不比文章，文章作与读书人看，故不怪其深；戏文作与读书人与不读书人同看，故贵浅而不贵深。"[2]因此，他反对语言

---

① 李渔：《闲情偶寄·词曲部·结构》。

② 李渔：《闲情偶寄·词采》。

的"迂腐""艰深""隐晦""粗俗""填塞",主张"尖新""洁净"和有"机趣",与此相一致,李渔还特别重申剧本创作应顾及观众的欣赏,做到"观听咸宜"。他据其创作甘苦论道:"笠翁手则握笔,口却登场,全以身代梨园。复以神魂四绕,考其关目,试其声音,好则直书,否则搁笔。此其所以观听咸宜也。"①

再次,李渔就戏曲表演所提出的许多见解,是当时昆曲艺术的教学与演出经验的总结,多可借鉴。诸如关于剧本的"缩长为短""变旧为新"②;曲调的"必不为胶柱鼓瑟之谈,以拂听者之耳"③;以及提高演员的文化艺术素养,加强基本功训练,协调各种表现手段间的关系等,都涉及艺术质量的高下问题,同样是十分可贵的。

曲艺作为民间说唱艺术,明代中叶以后,随着城市经济的发展而日趋繁荣。清初,在诸种曲艺表演形式中,以扬州评书成就最大。其代表人物是著名的说书艺人柳敬亭。

柳敬亭(1592?—1676?)④,本姓曹,名永昌,字葵宇,后改姓柳,号敬亭,一说名逢春,又说名遇春。他原籍江苏扬州府通州(今南通市),后徙居泰州,遂为泰州人。早年,他因触犯刑律,为避官府缉拿而变姓西逃,寄居洪泽湖畔的盱眙。由于生计无着,因而便以少年艺人登场说书。18岁以后,他南下云间(今上海市松江),拜当地说书艺人莫后光为师求艺。三月学成,自此开始了他在扬州、杭州、苏州等地的说书生涯。明天启七年(1627年)八月,他回原籍献艺,声名渐显。之后,他再度南下,定居南京,以说书艺术长年累月周旋于官吏缙绅间。崇祯末,又经他人举荐入武将左良玉幕,随军说书武昌。由于他的机智,深得左氏倚重,身价大增。明亡,左良玉死,失去依托,他复上

---

① 李渔:《闲情偶寄·词曲部·词别繁简》。
② 李渔:《闲情偶寄·演习部·选剧》。
③ 同上书《变调》。
④ 关于柳敬亭生年,有二说:陈汝衡《说书艺人柳敬亭》及今本《辞海》作1587年;何龄修《柳敬亭传》及《关于柳敬亭的生年及其他》作1592年,此处从何先生说。

街头，重理旧业。后又应松江提督马逢知聘，一度入马军说书。晚年，曾北上京城，以说书艺术令公卿士大夫为之倾倒。

扬州评书，是以演员个人的说演为基本手段的一种曲艺形式，它的道具很简单，无非醒木一方，折扇一把。因而要用这种艺术形式刻画人物，铺陈故事，以吸引听众，如何使语言同表演融为一体，就是一个至关重要的问题。柳敬亭正是在这一方面积数十年的艺术实践，为之奠定了基本格局，形成优良的传统。他口齿伶俐，滑稽善谑，还在师从莫后光求艺的青年时代，就已经做到了"目之所视，手之所倚，足之所跂，言未发而哀乐具乎其前"[①]。他的演出不仅"各肖其人之声音笑貌，謦咳诙谐"，而且"眉目耳颊俱作口"，达到了传神入化的境界，以致"闻者欢咍嗢噱，进而毛发尽悚，舌挢然不能下，又进而愀然若有见，恤然若有亡焉"[②]。

柳敬亭的说书艺术，题材广泛，内容充实，楚汉之争、隋唐兴亡、水浒英雄，都是他擅长的保留节目。入清以后，他往往借历史故事以抒发兴亡感慨，因而"每发一声，使人闻之或如刀剑铁骑，飒然浮空；或如风号雨泣，鸟悲兽骇。亡国之恨顿生，檀板之声无色"[③]。直到他晚年献艺京城，虽已年逾古稀，但炉火纯青的技艺依然具有强烈的感染力。据当时听过他说书的士大夫记，柳敬亭据案击节一呼，宛若霹雳迸裂空山。铺陈"英雄盗贼"故事，慷慨激昂，跌宕起伏，令人"耳边恍闻金铁声，舞槊横戈疾如矢"[④]。

当时的江南书坛，众多艺人与柳敬亭后先而起。诸如扬州张樵、陈思，苏州吴逸，以及韩修龄、孔云霄、韩圭湖等，他们都如同柳敬亭一样，以各自的精湛艺术，为清初曲艺的发展做出了贡献。柳敬亭故世

---

① 吴伟业：《梅村家藏稿》卷五十二，《柳敬亭传》。
② 尹会一：(雍正)《扬州府志》卷三十三，《柳逢春》。
③ 黄宗羲：《南雷文定》前集卷十，《柳敬亭传》。
④ 汪茂麟：《百尺梧桐阁集》卷八，《柳敬亭说书行》。

后，他的说书艺术得居辅臣继承，在江南久唱不衰。同时，还通过大鼓书艺人王鸿兴北传，推动了清初北方评书的发展。后来，黄宗羲撰《柳敬亭传》，称柳敬亭"其人本琐琐不足道"，未免以偏概全，不是公允的评价。

十四　经学与考据学风的酝酿

清代学术，以经学为中坚。清初诸儒之于经学，虽不及乾嘉时代之发皇，但一如前述，以经学济理学之穷的倡导，则是在清初蔚成风气的。康熙中叶以后，随着国家的统一，社会的安定，经济、文化的蓬勃发展，学术风尚也发生了明显的变化。一方面，先前知识界对社会问题的强烈关注，已经由于国家经济状况的好转和清廷统治的稳固而失去紧迫性。另一方面，封建统治者人为的民族鸿沟和高压政策，也妨碍了知识界去作推动经济发展及政治清明的努力。于是一时学术界适应业已变化的客观环境，将清初的经世学风加以改造，以考据求实的风尚，向穷经考古一路走去。

（一）费密与《弘道书》

费密，字此度，号燕峰，四川新繁（今属成都市）人。生于明天启五年（1625 年），卒于清康熙四十年（1701 年）①，终年 77 岁。他的青少年时代正值明清鼎革，由于农民起义军的严重冲击，故里无法安居，遂携家北徙，于顺治十五年（1658 年）经陕西流寓江苏扬州，时年 34岁。此后 40 余年间，他潜心治学，课徒授业，致力于汉唐诸儒经说的表彰。迄于逝世，终身未再返乡。

费密之学，源自庭训。其父经虞，既能诗，且博通诸经，治经以汉

---

① 戴望：《谪麐堂遗集》文一《费舍人别传》称"密卒于康熙三十八年，年七十七"，误。此从费冕：《费燕峰先生年谱》所记。

儒为宗，著有《毛诗广义》《四书字义》等。费密尽传父学，论学务求实用，以"坚守古经"为职志，与孙奇逢北学及继起的颜李学派为近。康熙十二年（1673 年），他遵父遗意，以迫近半百之年，远道跋涉，至河南辉县投师于孙奇逢门下。奇逢赞许他为"汉儒知己"[①]，临别，手书"吾道其南"相赠，并特为赋诗送行。诗云："若翁遗命令从游，北地天寒喜应求。闻所闻兮见所见，归携何物慰冥幽。"[②]费密晚年，融汇南北学术，创为"中实"之道，精心结撰《弘道书》，其一生治学所得皆荟萃其中。

《弘道书》始撰于康熙十七年，至迟在三十年已竣稿，但一直未"轻出示人"[③]，只是由著者门人蔡廷治录为副本收藏。直到20 世纪20 年代，始由成都人唐鸿学据新繁杨氏藏抄本刊行。全书凡三卷，卷上为论六篇，依次为《统典论》《弼辅录论》《道脉谱论》《古经旨论》《原教》《圣人取人定法论》，各论皆以附表申其意。卷中为议、述八篇，依次为《祀先圣礼乐旧制议》《先师位次旧制议》《先贤封爵旧制议》《七十子为后一例议》《从祀旧制议》《先王传道述》《圣门传道述》《吾道述》，诸述后亦有附表说明。卷下为《圣门定旨两变序记》和《王道久而渐变遂分表》各一篇，并附《圣贤事业图》《三教一源图》《道统正系图》三篇。著者旨在表彰"圣门古经，汉儒中正之学"[④]，以期"还圣门六艺，以济实用"[⑤]。全书大要有如下三个方面。

第一，是对宋儒道统说的否定。

根据朱熹的学说，在中国古代学术史上，存在一个不可更易的"道统"，从尧舜到孔孟，世代相承，孟子死，其道中绝，直到北宋间程颢、程颐兄弟崛起，这一统绪始得延续。他说："此道更前后圣贤，其

①　孙奇逢：《孙征君手书二》，载《弘道书》卷末《附录》。
②　孙奇逢：《送费生南还》，载《燕峰诗抄》卷末《附录》。
③　蔡廷治：《弘道书题辞》，载《弘道书》卷首。
④　张含章：《弘道书序》，载《弘道书》卷首。
⑤　蔡廷治：《弘道书题辞》，载《弘道书》卷首。

说始备。自尧舜以下，若不生个孔子，后人去何处讨分晓？孔子后若无个孟子，也未有分晓。孟子后数千载，乃始得程先生兄弟发明此理。今看来，汉唐以下诸儒，说道理见在史册者，便直是说梦！"[①]自朱熹说出，历元明诸朝，为数百年理学家尊信不疑，以致成为思想界的一个无形桎梏。

中国古代学术发展是否存在朱熹所说的这样一个统绪？费密的答复是否定的。他对宋儒"道统"说的否定，主要采取两条途径，其一是以儒家经典为依据，论证"道统"说为宋儒"私立"；其二是从学术史的角度，梳理儒学发展源流，说明汉唐诸儒于经学传衍功不可没。

费密于儒学经典推崇备至，他指出："圣人之道，惟经存之，舍经无所谓圣人之道。凿空支蔓，儒无是也。"[②]什么是经？费密解释得很简明，他说："二帝三王，前规盛制，先圣孔子撰录简策，定之为经。"[③]他认为儒家经典的确立，一个根本的目的就是要阐扬"二帝三王"的"前规盛制"，用他的话来说，就叫作"宣演徽猷，翼赞崇化"。[④]在费密看来，儒家经典世代相传，历久不衰，其间存在一个从未中绝的内在力量，他称这个力量为"道脉"。他说："道脉断自先圣孔子始。后世去圣人日远，欲闻圣人之道，必以经文为准。不合于经，虚僻哓哗，自鸣有得，其谁信之！经传则道传也。"[⑤]这就是说圣人之道不可空言高论，必须"以经文为准"。正是由此出发，所以他服膺明人归有光表彰经学之说。归有光有云："汉儒谓之讲经，后世谓之讲道，能明于圣人之经，斯道明矣。世之论纷纷然异说者，皆起于讲道也。"费密于此深为赞许，推为："有光真不为所惑哉！"[⑥]据此，他引述其父之说，断言

① 朱熹：《朱子语类》卷九十三，《孔孟周程张子》。
② 费密：《弘道书》卷上，《道脉谱论》。
③ 同上。
④ 同上。
⑤ 同上。
⑥ 同上。

宋儒的"道统"说为"杜撰私议","违背圣门，与经不合"。^①他说：
"费经虞曰，后世言道统，徐学谟云，道统之说孔子未言也，乃为实论
矣。不特孔子未言，七十子亦未言，七十子门人亦未言，百余岁后，孟
轲、荀卿诸儒亦未言也。"^②费密认为，迄于两汉，亦未有"道统之说"，
考其源流，则肇自魏晋清谈之士，成于南宋理学诸儒。他说："魏晋而
后，清谈言道，去实而就虚，陋平而喜高。岁迁月改，流传至南宋，遂
私立道统。"^③既然宋儒的"道统"说乖违古经，背离前哲，那么当然就
该予以否定。

针对宋儒所谓孟子死，"道统"中绝之说，费密则以一个学术史家
的眼光，通过学术史的铺陈去进行反驳，以说明宋儒之说并不符合我国
古代学术发展的实际。他首先对先秦诸儒的存经之功表彰道："秦人焚
书，经文尽失，儒者壁藏之，冢藏之，子若孙口授之，二三门人讨论纂
述之。保秘深厚，幸获不坠。经已绝复存者，先秦诸儒之力也。"^④对于
汉儒的传经之功，费密尤为推崇，他说："汉兴，下诏追寻大师耆德，
收理旧业，迪训后起，正定讹残，互述传义，共立学官，七十子遗学未
泯。经久亡而复彰者，汉儒之力也。"^⑤费密认为，在经学史上，不唯汉
儒的承先启后之功为历代诸儒所不及，而且由于汉世"去古未远"，这
种历史的优越也非后儒所能比拟。他指出："汉儒虽未事七十子，去古
未远，初当君子五世之泽，一也；尚传闻先秦古书，故家遗俗，二也；
未罹永嘉之乱，旧章散失，三也。故汉政事、风俗、经术、教化、文
章，皆非后世可几，何敢与汉儒敌偶哉！"^⑥至于魏晋隋唐诸儒之于经
学，费密认为亦不可信口雌黄，他说："自汉而后，中罹兵事，书传佚

---

① 费密：《弘道书》卷上，《弼辅录论》。
② 同上书卷上，《统典论》。
③ 同上。
④ 同上书卷上，《道脉谱论》。
⑤ 同上。
⑥ 同上。

落，六朝以来，诸儒于经，注解音释，或得其遗，以补亡脱。至唐始会为十二经（《孟子》古不列经，宋宣和后始入——原注），上自朝廷，下逮草野，皆有其书。经如丝复盛者，魏晋隋唐诸儒力也。"[1] 通过对宋以前学术史的梳理，费密得出了他迥异于宋儒的结论："古经之旨未尝不传，学未尝绝也。后儒自取私说，妄改古经，追贬七十子，尽削汉唐守道诸儒，恶足信乎！"[2] 至此，在费密的笔下，宋儒的"道统"说已然进退失据，捉襟见肘。

第二，是对理学基本命题的批判。

费密的《弘道书》，以表彰"古经定旨"为职志，他说："古经之旨何也？圣人之情见乎辞，惟古经是求而通焉，旨斯不远矣。"[3] 本此，他对宋明理学家的"改经更注""变乱旧章"诸积习，进行了猛烈的抨击。费密认为，一部经学史，变乱旧章之始作俑者，当为魏晋清谈之士。他说："自魏晋，老氏之说始入于儒，吾道杂乱之所由起，浮虚之所由出也。"[4] 然而究其为祸之大，则莫过于宋明理学诸儒。他指出，自朱熹"选子思之《大学》《中庸》，而自窜入于其间，加于先圣《论语》之前与孟轲所著，尽改古注，自名曰《四书》，以追配《六经》"，于是"学者皆谈性命神化为闻道"。后来，"王守仁复实良知宗旨，曰无善无恶心之体，有善有恶意之用，知善知恶是良知，为善去恶是格物"。终于酿成"学者愈恣极蔓衍而无所忌"，"圣人本根实用之旨，蠹蚀殆尽"的严重局面。因此他说："自宋，佛氏之说始入于儒，吾道杂乱之所由盛，浮虚所以日炽也。儒说愈执而诬矣。"[5] 费密进而将宋明理学与魏晋玄学加以比较，指出二家之说"其流虽异，其源则同"。他说："魏晋之清谈，虽老、庄显行，而传经诸儒，守圣门之遗，尚得撑抵。宋之理

---

① 费密：《弘道书》卷上，《道脉谱论》。
② 同上书卷上，《古经旨论》。
③ 同上。
④ 同上书卷下，《圣门定旨两变序记》。
⑤ 同上。

学，则改经更注，以就其流入佛氏之曲说，而儒害益深益大。"① 费密就此不胜感慨地喟叹道："朱熹，二程之巨浪也；王守仁，九渊之余焰也。四家之书具在，与古经相睽者远矣。故吾道杂入魏晋，而后老氏为多，宋以来佛氏为厚，皆诸儒作聪明、乱旧章，其可叹者岂胜言哉！"②

费密以古经旧注为准绳，不唯从根本上否定了宋儒的经说，而且还对宋明理学的若干基本命题作了不妥协的批判。宋明理学家论究性与天道，喜言宗旨，风气所趋，数百年不改。自周敦颐撰《太极图说》，提出"无极而太极"的命题，尔后理学中人，无不以所倡基本命题标宗，从而自立门庭，形成诸多流派。诸如程颢的"静坐，会活泼泼地"，程颐的"冲漠无朕，万象森然已具"，陆九渊的"本心，六经注我，我注六经"，朱熹的"格物穷理，一旦豁然贯通"，陈献章的"静中养出端倪"，王阳明的"致良知，向上一机"等，载诸文献，不胜枚举。费密把这些基本命题称之为"性命宗旨"，他认为"七十子至两汉，皆无此学"③，实源于佛老二氏的"无"。因此，他统统置之于儒学的对立面，归入"吾道变说"一类，断言："此后世所变之说，偏浮，为道大害。"④ 于是他伸其家学，主张"坚守古经"。他说："《六经》，载道之书；历代典章，续道之书；文章辞赋，彰道之书；冠婚丧祭、吉凶仪物，安道之用；军务边防、五刑百度，济道之用。此圣门所谓道也，非后儒宗旨之谓也。"⑤ 费密认为，儒家经典，经历宋明数百年的"变乱"，已成"可有可无之经"。他于此痛心疾首，遂大声疾呼："宋南渡而后，习俗相传，虚文日甚，妄论日多，人才日浮，风俗日变，好高日甚，武备日弛，诸夏日弱，民生日困。以学术误人国家，良可慨也。倘不明目

---

① 费密：《弘道书》卷下，《圣门定旨两变序记》。
② 同上。
③ 同上。
④ 同上书卷中，《吾道述》。
⑤ 同上书卷下，《圣门定旨两变序记》。

瞋胆，不避忌讳，不畏讥讪，守古驳正，将来何所底止！"①

第三，是对"中实"之道的表彰。

费密是一个具有强烈社会责任感的学者和思想家。他之所以否定宋儒的"道统"说，对宋明理学的若干基本命题进行不妥协的批判，从理论渊源上予理学以有力的一击，并非出自无谓的门户纷争。这是明清更迭的社会大动荡和理学没落的严峻现实，促使清初知识界进行历史反思的必然结果。尽管由于历史和认识的局限，费密的这种反思尚存在诸多偏颇乃至谬误。譬如一方面他既否定了宋儒的"道统"说，体现出一个学术史家实事求是的态度；另一方面却又步其后尘，从一个极端走向另一个极端，把"道统"改系于历代帝王，喟叹："世不以帝王系道统者，五六百年矣。"② 又如他既正确地指出了理学援佛老以入儒的事实，却又矫枉过正，抹杀了这一理论形态哲学思辨的认识价值。但是，他通过历史反思而谋求学术发展新路的努力，则是值得充分肯定的。这就是为费密所提出的"中实"之道。

与王学末流的空谈误国和整个宋明理学的"言理言欲，废弃实事"③ 针锋相对，费密以"中实"为"圣人之道"加以表彰。他说："何谓吾道？曰古经所载可考也。谓之吾道者，所以别于诸子百家偏私一隅，而自以为道，不中不实也。中而不实，则掠虚足以害事；实而不中，过当亦可伤才。圣人慎言谨行，终身于恕，事不行怪，言不过高，既中且实，吾道事矣。"④ 费密在这里所说的"中"，即《尚书》之"允执厥中"。他于此阐释说："尧命舜称'允执厥中'，舜亦以命禹。汤'执中'，文、武、周公'无偏无陂'，皆中也。万世帝王传焉，公卿用之，至孔子曰'中庸'，古今学者守之，庠序布焉。是中者，圣人传

---

① 费密：《弘道书》卷下，《圣门定旨两变序记》。
② 同上书卷上，《统典论》。
③ 同上书卷上，《原教》。
④ 同上书卷中，《吾道述》。

道准绳也。"^①可见，"中"即孔子所云"中庸"，指的是一种顺乎自然的和谐境界。这是中国传统儒学的美学追求，亦是其精华所在，费密以"中"立道，可谓深得个中三昧。费密学说之可贵处在于，他并没有停留在"中庸"之道的简单复述，而是将"中"与"实"相结合，使之浑然一体而寻求儒学的发展。他之所谓"实"，其内涵既有传统儒学的道德践履，更有六艺实学的讲求。对此，费密说得很明白："六艺，先王以教士耳。……七十子皆身通六艺。……后世六艺悉不为儒者事矣，儒者高谈性命，工为文辞而止。"^②他指出，儒者之学"以实验之"，"自魏晋清谈而变。宋儒又自主静错起，至致良知而极，数百年儒道悉成浮谈"^③。因此，他主张，进学士子应当"习实事，如礼乐、兵农、漕运、河工、盐法、茶马、刑算，一切国家要务皆平日细心讲求，使胸有本末定见，异日得施于政"^④。

如何去实践"中实"之道？费密认为唯一的途径是究心经学。他说："六经，先王以格上下，通神明，肃典章，施教育，和风俗而安民生之宝训。孔子序述为教，使三代政治不散。"^⑤又说："古今远隔，舍遗经而言得学，则不本圣门，叛道必矣。"^⑥为区别于宋明理学，费密把传统的儒家经学又称之为"古学"。他认为古学经魏晋初变，两宋再变，迄于清初，已然面目全非。于是他以"守古驳正"为己任，力倡"根源圣门，专守古经，从实志道"^⑦。至于治经宗尚，费密表彰汉儒的"笺注训释"，反对宋儒的"性理浮谈"。他引述明人王鏊之说云："汉初，六经皆出秦火煨烬之末，孔壁剥蚀之余，然去古未远，尚遗孔门之

①　费密：《弘道书》卷上，《道脉谱论》。
②　同上书卷上，《原教》。
③　同上书卷上，《古教定制表》。
④　同上书卷上，《原教》。
⑤　同上书卷上，《古经旨论》。
⑥　同上书卷上，《道脉谱论》。
⑦　同上书卷中，《圣门传道述》。

旧。诸儒掇拾补葺，专门名家各守其师之说。其后，郑康成之徒笺注训释，不遗余力，其功不可诬也。"[1] 因此，在具体的方法论上，费密主张走汉代经师平实的训诂之路，其经学思想显示出鲜明的弃宋尊汉特征。他说："古今不同，非训诂无以明之，训诂明而道不坠。后世舍汉儒所传，何能道三代风旨文辞乎？"[2]

费密倡导经学，表彰汉儒，主张训诂治经，不唯与顾炎武、李颙等南北学者同调齐鸣，遥相呼应，而且也为尔后乾嘉经学的发皇开启了先路。作为一个开风气的学者，费密在康熙中叶以后学术风尚转换之际，承先启后，推陈出新，其摧陷廓清之功，使之具有十分重要的学术地位。晚近著名学者胡适先生论费氏父子之学，评为"开清朝二百余年汉学的风气"[3]，不是没有道理的。

（二）阎若璩与胡渭的考据学

康熙中叶以后，穷经考古，阎、胡并称，他们同以精于经学考据而齐名。

阎若璩，字百诗，号潜丘，祖籍山西太原，客居江苏淮安。生于明崇祯九年（1636 年），卒于清康熙四十三年（1704 年），终年 69 岁。他 16 岁为诸生，后在科场角逐中屡屡受挫。康熙十七年，诏举博学鸿儒，应荐入京，时年已 43 岁。翌年春与试，再遭败北。此后，他作幕南北，以经史考据之学周旋于公卿间，尤得一时显贵徐乾学尊礼。垂暮之年，名心犹炽，应尚在潜邸的胤禛召，抱病赴京。旋即在京病故。其主要著述有《尚书古文疏证》《潜丘札记》《四书释地》和《困学纪闻三笺》等。

---

① 费密：《弘道书》卷上，《道脉谱论》。
② 同上书卷上，《原教》。
③ 胡适：《胡适文存》二集卷一，《费经虞与费密》。

阎若璩一生以考据学自负，一时学术界也以考据之学相推许。他曾集南朝陶弘景、西晋皇甫谧语为联，以示为学旨趣，自诩："一物不知，以为深耻；遭人而问，少有宁日。"[①] 对经史考据，他自视甚高，于前哲、时贤多所讥弹。宋明以后，迄于清初，诸儒中得其首肯者仅有三人，即钱谦益、顾炎武、黄宗羲。据他所撰《南雷黄氏哀辞》称："当吾发未燥时，即爱从海内读书者游。博而能精，上下五百年，纵横一万里，仅仅得三人：曰钱牧斋宗伯、顾亭林处士及先生梨洲而三。"他断言，三人故世之后，"海内读书种子尽矣"[②]。其言外之音，无非是要说当今学坛盟主，非予莫属。因此，博赡通贯若顾、黄，亦不能免于他的訾议。顾炎武生前，曾于康熙十一年与他在山西太原晤面。顾炎武年长于阎若璩20余岁，自属前辈。当时，《日知录》初刻八卷本问世伊始，炎武虚心请益，若璩亦果有指摘。后来，他即以能纠《日知录》疏失而自重，夸耀于世，称顾炎武"久乃屈服我"[③]。对黄宗羲，他虽以私淑弟子自称，但在《潜丘札记》中，于宗羲名著《明夷待访录》，则以攻驳琐屑小疵为能事，炫博于人[④]。相反，《日知录》与《明夷待访录》的精髓所在，阎若璩则若堕五里雾中，茫然不识。因此，雍乾间学者全祖望批评他"未能洗去学究气"，甚至"使人不能无陋儒之叹"[⑤]。固然，讥若璩作"陋儒"，未免过甚其词，但是说他"未能洗去学究气"，则是切中其病痛的针砭。

在经史考据诸作中，阎若璩最为得意的是他的《尚书古文疏证》。他不仅以考订晚出《古文尚书》为伪作而名重一时，而且也因之享盛名于后世。

《尚书》原有今、古文之分，在儒家诸经中，聚讼纷纭，争议最

---

① 阎若璩：《困学纪闻三笺》。

② 阎若璩：《潜丘札记》卷四，《南雷黄氏哀辞》。

③ 同上。

④ 同上书卷五，《与戴唐器书》。

⑤ 全祖望：《鲒埼亭集外编》卷二十七，《题古文尚书疏证》。

多。西汉初，伏生传《尚书》29 篇，后以当时通行文字记录，立于学官。是为《今文尚书》。武帝末，孔氏壁藏《尚书》出，经孔安国与《今文尚书》校读，不仅文字歧异，而且多出 16 篇。迄于魏晋，并无师说疏解。是为《古文尚书》。东晋间，豫章内史梅赜献《古文尚书》并孔安国传注，较《今文尚书》多 25 篇。是为晚出《古文尚书》。唐初，自陆德明据以撰《经典释文》，孔颖达据以撰《五经正义》，今古文《尚书》遂混而为一。南、北宋之交，疑经之风起，吴棫率先提出晚出《古文尚书》为伪书的怀疑。朱熹继起，唱为同调。元初，吴澄诸人续申吴、朱之说，再揭梅赜作伪诸证。后明人梅鷟撰《尚书考异》《尚书谱》，不仅指梅赜本为伪作，且疑及孔壁古文的真伪。唯诸家所攻，未尽周密，不成体系，终以疑案而长期存在于经学史中。

阎若璩自 20 岁起，即开始留意《古文尚书》疑案的梳理。日积月累，潜心数十年，先成《尚书古文疏证》4 卷，送请黄宗羲撰序。后再撰 4 卷，共得疏证 128 条。迄于逝世，尚在不断改写修订之中。书中，阎若璩就史籍所载《古文尚书》篇数，郑玄注《古文尚书》篇名，以及梅赜本《古文尚书》内容、文体等，旁征博引，疏通辩证，一一揭出东晋晚出本的作伪依据，断言："晚出之书，盖不古不今，非伏非孔，而欲别为一家之学者也。"[1] 至此，《古文尚书》疑案大白于天下。随后，沿着阎若璩开启的路径，惠栋、王鸣盛、段玉裁、江声诸家益加推阐，梅赜伪造《古文尚书》遂成不可推翻的铁案。由于阎若璩在《尚书》研究中的考据学贡献，乾隆间修《四库全书》，倍加赞许，尊之为一代考据学开派宗师[2]。稍后，江藩撰《汉学师承记》，亦拔若璩冠诸卷首。

胡渭，原名渭生，字朏明，晚号东樵，浙江德清人。生于明崇祯六年（1633 年），卒于清康熙五十三年（1714 年），终年 82 岁。他 15 岁

---

① 阎若璩：《尚书古文疏证》卷二。
② 《四库全书总目》卷十二，《经部书类二》。

为诸生，屡试不第，遂入京，就读太学，客居大学士冯溥幕署。康熙十七年诏举博学鸿儒，拒不就荐。自此无意举业，笃志穷经。后入刑部尚书徐乾学幕。二十九年春，随乾学南旋，入洞庭山书局预修《一统志》。乾学死，书局星散，颓然返乡，潜心治《易》。三十八年，再游北京，以所撰《易图明辨》就正于万斯同、李塨等人，有"当代儒宗"[1]之誉。他一生勤苦攻读，精于经学与历史地理学，尤以《易》学贡献最大。主要著述尚有《禹贡锥指》《洪范正论》《大学翼真》等。

胡渭的考据学成就，集中体现于所著《易图明辨》。梁启超先生著《中国近三百年学术史》，在论及该书对学术界的影响时，曾作了"功不在禹下"[2]的极高评价。

《易图明辨》，10卷。始撰于康熙二十九年，三十六年初成5卷。三年后，全书竣稿，经万斯同、李塨等人审订刊行。

在儒家经典中，《周易》虽不同《尚书》之聚讼纷纭，但由于疏解的歧异，也有所谓"两派六宗"[3]之分。大体说来，魏晋以前，是以讲求象数学为主要特征的汉《易》。而自魏人王弼注《易》，阐发义理，独抒心得，一扫汉《易》烦琐之风，象数学渐告衰微。后经唐初《五经正义》引王注为官方疏解，《易》学义理派则大行于世。及至北宋初年，陈抟、邵雍诸人承王弼《易》注推阐义理之风，引释道之论附会《河图》《洛书》旧说，画《先天》《太极》诸图以解《易》，于是自义理派中又演出图书一派。南宋间，经朱熹《周易本义》集其大成，遂成宋明数百年《易》学主流。

元末，陈应润撰《周易爻变义蕴》，起而驳难，始明《先天》诸图杂以《参同契》道家修炼之术，并非作《易》本旨。明中叶以后，归有光撰《易图论》，续有排击，开尔后辨证《河图》《洛书》风气之先

---

①　江藩：《汉学师承记》卷一，《胡渭》。

②　梁启超：《中国近三百年学术史》六，《清代经学之建设》。

③　《四库全书总目》卷一，《经部易类一》。

声。清初，黄宗羲、宗炎兄弟著《易学象数论》《图书辨惑》，毛奇龄
著《河图洛书原舛编》，力斥宋明《易》说之非。胡渭荟萃众长，撰为
此书。卷一辨《河图》《洛书》，卷二辨《五行》《九宫》，卷三辨《周
易参同契》《先天》《太极》，卷四辨《龙图》《易数钩隐图》，卷五辨
《启蒙》图书，卷六、七辨先天古易，卷八辨后天之学，卷九辨卦变，
卷十辨象数流弊。全书以辨证《周易本义》卷首所列九图为中心，引据
众说，详为考辨，将图书一派源自道家修炼、术数的依据一一揭出，从
而对宋《易》进行了批判和总结。

　　本书开宗明义即指出，儒家诸经典皆不可无图，而唯独《易》
"无所用图"，更无须去作所谓"先天""后天"的区别①。胡渭认为，
《易·系辞》所述"河出图，洛出书"，疏解不可拘泥。《河图》之象，
自古无传，无从拟议；《洛书》之文，虽见于《尚书·洪范》，但并非
作《易》本旨。因此，治《易》而专守《河图》《洛书》，不仅是"千
古笑柄"，而且也把《易》学引入了歧途，无异一场灾难②。他不赞成
朱熹的《易》说，引归有光之论力斥其非。胡渭指出，《周易》一脉相
承，并无伏羲、文王、周公、孔子之别。他进而把《周易本义》所冠九
图与陈抟、邵雍、刘牧诸图视为一个体系，认为："九图乃希夷、康节、
刘牧之象数，非《易》之所谓象数也。"③他强调以图书说为特征的宋
《易》，并非"圣人之《易》"，而是"《易》外别传"。因而主张将二者
严格区别开来，"离之则两美，合之则两伤"④。

　　胡渭治《易》，以观象玩辞为务。他指出，象、辞、变、占，是说
《易》的纲领。四者之中，以象为核心，"辞本乎象，象尤不可忽"⑤。在
否定图书《易》学之后，他奉顾炎武、黄宗羲的《易》论为正宗，重

①　胡渭：《易图明辨》卷首，《题辞》。
②　同上书卷一，《河图洛书》。
③　同上书卷十，《象数流弊》。
④　同上书卷首，《题辞》。
⑤　同上书卷十，《象数流弊》。

申表彰程颐《易传》之说，主张："屏绝《先天》诸图，而专守程氏《易》。"①

《易图明辨》以对宋《易》的清算，开启清代《易》学复元汉《易》的先路，颇得后世《易》学家推重。乾隆间修《四库全书》，以之同《禹贡锥指》相比，评为"尤为有功于经学"②。

（三）毛奇龄与清初经学

明清之际，伴随理学的衰微，以经学济理学之穷的潮流，开始在中国传统儒学的母体内孕育。入清以后，为当时的国情所制约，经过朝野人士的倡导，融理学于传统儒学，从而向儒家经典回归，已成不可逆转的趋势。在康熙中叶以后的学术界，这一趋势不仅鲜明地体现于以"中实"之道表彰汉儒的费密，以及以经学名家的阎若璩、胡渭诸人，而且即使是早先的理学营垒中人，也不期而然，殊途同归。在这方面，毛奇龄可以说是一个典型。

毛奇龄，一名甡，字大可，别字于齐、春庄、初晴、秋晴、晚晴等，又以郡望称西河，浙江萧山人。生于明天启三年（1623 年），卒于清康熙五十二年（1713 年），享年 91 岁③。他初为诸生，明亡，曾随南明军毛有伦部抗清。兵败，削发入山。乱定复出，以"抗命""抗试""聚人杀营兵"④诸罪名遭人指控。为避清廷缉捕，改名王士方，亡命江淮间。形影所达，南至江西吉安，北抵河南嵩山。后获赦返乡，捐

---

①　胡渭：《易图明辨》卷五，《启蒙图书》。

②　《四库全书总目》卷六，《经部易类六》。

③　关于毛奇龄的卒年，有二说，一为康熙五十二年（1713 年），一为康熙五十五年（1716 年）。据考，奇龄门人蒋枢于康熙五十九年补辑《西河合集》时有云："先生自康熙三十八年以后，越五年而东归草堂，又九年而卒"。则卒年当为康熙五十二年。同书何国泰序，亦有奇龄享年 91 岁的记载。故不取后出的 94 岁说。

④　毛奇龄：《西河合集·文集·自为墓志铭》。

赀为廪监生。康熙十七年，应博学鸿儒荐入京，授官翰林院检讨，入史馆预修《明史》。二十四年冬，告假南归，从此称病不出。他学从陆、王入，早年以诗文名世。归田以后，潜心经学，遍释群经。兼长史学、音韵、乐律等。淹贯通达，博学多识，于黄宗羲、张履祥、陈确诸大师谢世之后，俨然浙学盟主。凡所涉诸学皆有论著，计有经集 51 种 236 卷、文集 66 种 257 卷，共约 500 卷，汇为《西河合集》刊行。其著述之繁富，一时罕有伦比。

就理学分野而论，毛奇龄自是王学系统中人。他为学之初，即受乡先辈刘宗周之学的影响，与蕺山诸高第弟子"抗言高论，出入百子，融贯诸儒"①。在史馆供职期间，他曾极力反对《明史》立《道学传》，后来又专为撰成《辨圣学非道学》文。护卫王学，竭尽全力。就是在他晚年的治经实践中，也无不体现出以王学为宗尚的鲜明趋向。然而他倡考证以斥杜撰，其间所贯穿的考辨精神，在方法论上则已非昔日理学旧貌。

在经学史上，说经风尚因时而异。大体说来，汉儒重师承，讲家法，潜心章句而流于烦琐拘执。宋儒究天道，论心性，阐释义理而难免空疏随意。就儒学自身的发展而言，宋儒假六经以谈玄理，拔汉帜而立宋帜，经学遂衍为理学。迄于清初，理学盛极而衰，空言说经之风已成众矢之的，弃虚就实，势在必然。承钱谦益、顾炎武、费密诸大师的经学倡导，"博学于文"②，"读九经自考文始，考文自知音始"③，"根源圣门，专守古经"④，"以汉人为宗主"⑤等治经主张，宛若水到渠成，激起南北学者共鸣。毛奇龄的治经，虽犹存旧日理学痕迹，但表彰汉学，崇尚考证，已经向着回归儒家经典的路径走去。

---

① 邵廷采：《思复堂文集》卷七，《谒毛西河先生书》。
② 顾炎武：《亭林文集》卷三，《与友人论学书》。
③ 同上书卷四，《答李子德书》。
④ 费密：《弘道书》卷中，《圣门传道述》。
⑤ 钱谦益：《初学集》卷二十八，《新刻十三经注疏序》。

　　毛奇龄的经学观，一个根本的立足点，就是要对既往的经说进行批判。他认为，由于宋明数百年间理学的风行，儒家经典业已"晦蚀"，因而需要去做具体深入的"剖析"工作，正本清源，消除"经祸"。用他的话来说，就叫作："不惮取儒说之祸经者，力为考辨。"[①] 在他看来，这就是当时形势下儒者的"经世大业"[②]。由这样的立足点出发，他指出："汉去古未远，其据词解断，犹得古遗法。"[③] 于是在方法论上，他融宋学义理于汉学考据之中，反对杜撰臆说，主张"说经贵有据"，应当"据经，据传"，原原本本，辅以"汉儒之说经者，而以义而裁断之"[④]。本此而遍治群经，尽管间有失之武断臆解处，但是引据古人，辨讹正误，则多有所得。诸如论"《大学》无古文、今文之殊，其所传文，亦无石经本、注疏本之异"，力主恢复经籍旧观[⑤]；辨证宋儒图书《易》说之非，指出《河图》系由郑玄注"大衍之数"推衍而来，并非古《河图》，《洛书》亦非《尚书》所述"洪范九畴"，实源自道家太乙行九宫之法[⑥]；论定《太极图》并非儒家正传，而是"根柢《参同》，发源《道藏》"[⑦]；斥《子夏诗传》《申培诗说》为伪作，"向来从无此书"，"多袭朱子《集注》"[⑧]；考订《周礼》虽非周公作，但不可称为伪书，当为"战国人书，而其礼则多是周礼"[⑨] 等。其研究所得，不仅反映了一时经学发展的趋向，而且也为继起者开启了诸多路径。创辟之功，实不可没。

　　毛奇龄之于诸经，尤以《周易》最称专精。著有《仲氏易》《推易

---

① 毛奇龄：《经问》卷十四。
② 毛奇龄：《大学知本图说》。
③ 毛奇龄：《易小帖》卷一。
④ 毛奇龄：《春秋毛氏传》卷三十六。
⑤ 毛奇龄：《大学证文》卷一。
⑥ 毛奇龄：《河图洛书原舛编》。
⑦ 毛奇龄：《太极图说遗议》。
⑧ 毛奇龄：《诗传诗说驳议》卷一。
⑨ 毛奇龄：《周礼问》二。

始末》《河图洛书原舛编》《太极图说遗议》《易韵》《易小帖》《春秋占筮书》等。在清初《易》学诸家中，不唯论著述之繁富罕有出奇龄之上者，而且表彰汉儒，复原汉《易》，亦当推奇龄为先行。他自归田后究心《易》学，康熙二十八年前后开始结撰《仲氏易》，三十六年以后录入《毛西河先生全集》。全书30卷，不取宋儒图书《易》说，引据汉魏六朝遗法，对王弼、韩康伯所注《周易》逐章诠释，独出疏解，自成一家。毛奇龄认为，《易》之画卦、重卦、演易系辞本有五法，而汉魏以后说《易》，皆只及二法，即变易、交易。而此二法仅为伏羲之《易》，而非文王、周公之《易》。于是他据《系辞》"刚柔相推而生变化"之义，博采汉魏《易》说，复伸三法。一为反易（又称倒易、转易），指据爻象顺逆、向背而反见，如《屯》转为《蒙》，《咸》转为《恒》之类。二为对易，指就爻象阴阳、刚柔而对观，如上经《需》《讼》与下经《晋》《明夷》对；上经《同人》《大有》与下经《夬》《姤》对之类。三为移易（又称推易），指据爻象分聚、往来而上下推移，如移《泰》三爻至上爻，三阳往而上阴来，则为《损》；移《否》四爻为初爻，四阳来而初阴往则为《益》之类。他断言，此三法，尤其是移易一法，乃演易系辞的根本方法，为解《易》之关键所在，足称"三古不传之蕴"[①]。

《仲氏易》成，毛奇龄对所论"移易"一法，嫌义犹未尽，于是续撰《推易始末》4卷加以推阐。全书首为总论，以明移易（即推易）之所本，指出："方以类聚，物以群分，然后推易之旨全焉。"[②]次按六十四卦顺序，辑录汉魏六朝及唐儒推易遗文，博及荀爽、虞翻、干宝、蜀才、侯果、蔡景君、姚信诸家。又次罗列宋儒李之才《变卦反对》、朱震《六十四卦相生》、朱熹《卦变》，以及元明朱升《十辟卦

---

① 毛奇龄：《仲氏易》卷二，《总论二》。
② 毛奇龄：《推易始末》卷一，《总论》。

变》《六子卦变》、来知德《卦综》、何楷《乾坤主变》诸图，凡言卦变、卦综者，皆广为征引。终以己作《推易折衷图》，折衷诸儒，成《不易卦》《聚卦》《半聚卦》《子母聚卦》《分卦》诸图，以示"推易无处不合"①。毛奇龄认为，推易一法肇自文王、周公，经孔子发明而大行于世，迄于汉魏六朝，代有传衍。自王弼注《易》，摒绝汉学，后儒又混推易与卦变为一，其法遂告晦蚀不明。

继上述二书之后，在毛奇龄晚年，因友朋弟子于《易》学尚有疑义，遂复撰《易小帖》一书。该书旧稿10卷，后经著者门人删削存5卷。所录143条，独自成篇，各明一义。第五卷末则辑录嗣子远宗、门人李塨、盛唐商榷《仲氏易》语，以示奇龄从善如流。全书广泛征引汉唐训诂，博及马融、郑玄、荀爽、虞翻、焦赣、京房、干宝诸家《易》说，以纠宋明《易》学谬误。于王弼《易》注、陈抟图说，攻驳尤力。对程颐、朱熹《易》说，亦多有辩难。

与之同时，毛奇龄还先后撰为《河图洛书原舛编》《太极图说遗议》各1卷，指出周敦颐为宋明数百年图书《易》说的始作俑者，其学承北宋初道士陈抟之传，复引佛书，杂以《易》文，"纯乎二氏之学，而不可为训"②。如果说从《仲氏易》《推易始末》到《易小帖》，毛奇龄旨在建立自己的《易》学体系，其特征乃在"立"，那么后述二书专为驳正宋儒图书《易》学之非而作，摧陷廓清，辟除榛芜，特征则为"破"。破之与立，一而二，二而一，浑然一体，相反相成，从而构成毛奇龄《易》学的鲜明个性。

清初80年间，同样是治经学，先前的顾炎武、黄宗羲、王夫之，就与毛奇龄迥然异趣。顾、黄、王诸大师，着眼于"正人心，救风俗"，不以鸟兽虫鱼为务，执着地追求"通经致用"。而到了毛奇龄以

---

① 毛奇龄：《推易始末》卷四，《推易折衷图》。
② 毛奇龄：《太极图说遗议》。

经学崛起的时代，儒学的社会意义淹没在对所谓经籍"晦蚀"的考辨之中，纯学术的考证，逐渐成为一时经学家的"经世大业"。毛奇龄所走过的学术道路，不啻清初经学演进过程的一个缩影。它说明由经籍的考辨入手，对古代学术进行全面总结和整理的时代已经到来。

十五　清初学术的历史地位

有清一代，顺治、康熙两朝，是一个创辟规模、奠定国基的关键时期。作为一代学术思想的发展，清初的八十年，也是一个承先启后、开拓路径的重要阶段。其间，才人辈出，著述如林，气魄之博大，思想之开阔，影响之久远，在中国古代学术史上，实足以同先秦时代的百家争鸣后先媲美。

（一）清初学术的基本特征

清初学术，承晚明学术开启的路径，带着激剧动荡的时代色彩，呈现出既有别于先前的宋明理学，又不同于尔后的乾嘉汉学的历史特征。这些特征主要可归纳为如下四个方面。

第一，博大恢弘。

近代著名学者王国维先生论清学，曾将清初学术归纳为一个"大"字，他说："国初之学大，乾嘉之学精，而道咸以来之学新。"[①] 顺康两朝的八十年，就一时知识界的为学领域而论，确乎博大。举凡经学、史学、文学、先秦子学、性理天道、音韵乐律、天文历算、地理沿革，乃至释道经籍，诸多学术领域，无不为一时学者所广为涉足。其间，既有博赡通贯如顾炎武、黄宗羲、王夫之诸学术大师，亦有或兼通经史诗文，或以专学名家的众多学者，还有成就斐然的若干文学艺术宗匠。他们的繁富著述，博及经史子集四部，包罗万象，应有尽有。其中，诸

---

① 王国维：《观堂集林》卷二十三，《沈乙庵先生七十寿序》。

如顾炎武的《日知录》《音学五书》，黄宗羲的《明儒学案》《明夷待访录》，王夫之的《读通鉴论》，陆世仪的《思辨录》，费密的《弘道书》，谈迁的《国榷》，顾祖禹的《读史方舆纪要》，以及蒲松龄的《聊斋志异》，洪昇的《长生殿》，孔尚任的《桃花扇》，等等，无一不是一代学术文化史上的不朽杰作。清初诸儒以其学术实践，为有清一代学者对我国传统学术的全面整理和总结，奠定了雄厚的根基。

清初学术之博大，不唯在于治学领域的广泛，而且还在于气度的恢弘。顾、黄、王诸大师以高屋建瓴之势，对宋明学风的大张挞伐和一代健实学风的开启；傅山、钱澄之等人对先秦子学的表彰；毛奇龄、胡渭诸儒对宋儒经说的否定；万斯同、谈迁之潜心史学；顾祖禹、梁份、刘献廷之专意地理沿革；梅文鼎、王锡阐等人的钻研天文历算等，实事求是，无所依傍，若千川万流之齐归东海，奔腾咆哮，冲决宋明理学的网罗，从而开创了一代学术的崭新格局。而费密、颜元、李塨对既往学术积弊的摧陷廓清，则更是空前绝唱。李塨以"古之学一，今之学梦。古之学实，今之学虚。古之学有用，今之学无用"① 的鲜明比照，呼唤六艺实学的兴起。颜元高唱"正其谊以谋其利，明其道而计其功"②，谴责"不思习行圣道，不去经世济民"者为"孔门罪人"③，断言："通五百年学术成一大谎。"④ 费密则力辟宋儒学术之非，认为宋明理学的风行导致"圣门大旨尽失"，倡言："'即物穷理''致良知'，有何补于救世，岂古经之定旨哉！"⑤ 如此恢弘的气度，震古烁今，磅礴于世，其转移风气的巨大力量是无与伦比的。

第二，经世致用。

如果说博大恢弘只是清初学术的外在表现，那么为学以经世致用，

---

① 冯辰等：《李恕谷先生年谱》卷二，三十一岁条。
② 颜元：《四书正误》卷一。
③ 颜元：《朱子语类评》。
④ 颜元：《习斋记余》卷六，《阅张氏王学质疑评》。
⑤ 费密：《弘道书》卷上，《文武臣表》。

则是其深刻的历史本质。明末以来的社会动荡，至明清更迭达于极点。农民军的摧枯拉朽，明王朝的土崩瓦解，清王朝的入主中原，顷刻之间，接踵而至。历史的急剧变迁，以及伴随而来的战乱频仍，经济凋敝，使整个社会陷入空前的危机之中。于是自明万历末叶兴起的经世思潮，至清顺治、康熙间而空前高涨。一时知识界中人为时代所呼唤，纷然而起，为完成挽救社会危机的历史课题，去呐喊，去奋争，迸发出"天下兴亡，匹夫有责"的时代最强音。明亡之初，南北诸大儒若孙奇逢、傅山、顾炎武、黄宗羲、王夫之等，或铤然走险，组织义勇起而抗清；或暗通声气，出没抗清营垒，从事秘密反清活动。当他们投笔从戎的壮举被清兵的铁骑无情否定之后，严酷的现实驱使南北知识界转而走向用著述救世，以期"明学术，正人心"的历史道路。立足于"神州荡覆，宗社丘墟"的现实，清初的广大学者和思想家进行了沉痛的历史反思。他们或猛烈抨击脱离实际的空疏学风，痛斥"天崩地解，落然无与吾事"①的恶劣积习。或对明末以来的社会积弊痛下针砭，发出"法不变不可以救今"②的呐喊，甚至、把批判的锋芒直指高度集中的皇权，敢于道出"自秦以来，凡为帝王者皆贼也"③。或以"匡扶社稷"为"天下之公"④，力主讲求"当世之务"⑤的经世实学。或以历代兴亡为借鉴，具体地去探讨国家政治制度、文教设施、赋役财政、军制兵法、"夷夏之防"等，以历史教训而"引古筹今"，规划出他们所憧憬的社会蓝图。总而言之，学以经世的倡导，此伏彼起，并时而鸣，已成为知识界的共识，从而构成清初学术的主干。

第三，批判理学。

明清之际，理学作为一种理论形态，已经趋于没落。社会的大动荡

---

① 黄宗羲：《南雷文定》卷一，《留别海昌同学序》。
② 顾炎武：《亭林文集》卷六，《军制论》。
③ 唐甄：《潜书》下篇下，《室语》。
④ 王夫之：《读通鉴论》卷五，《成帝》四。
⑤ 顾炎武：《亭林文集》卷四，《与人书四》。

和学术发展的内在逻辑，客观地提出了对理学进行批判和总结的历史课题。因此，清初学术以讲求实学而体现出对理学的批判精神。

承明人的倡导实学之后，清初知识界为学术的去虚就实，进行了成功的探索。积数十年的努力，举国上下讲求实学蔚成风气。实学的称谓不仅广泛见诸一时学者著述，而且深入庙堂，成为君臣间问对的学术语汇。一如前述，在中国古代学术史上，实学这一概念的出现，并不自明清之际始，早在朱熹注《中庸》时即已明确提出。然而，同样的学术概念，它在不同的历史时代，其内涵则不尽一致。在朱熹集理学之大成的时代，实学主要指的是对封建道德教条的笃实践履，它所体现的是鲜明的伦理道德色彩。而到了明清之际，一时知识界之倡导实学，不仅既有传统的道德修持，而且更有对社会现实的强烈关注，它的侧重点已经转向紧迫的经世救时。顾炎武以"修己治人"①四个字去赅括它，最能反映当时知识界对这一概念的学术判断。而在顾炎武等众多学者的笔下，"修己治人"是与"明心见性"相对立而存在的，也就是说，"修己治人"之学是实学，而"明心见性"之学则是虚学。于是以"性与天道"为论究对象的理学，便以虚学而成为知识界重新审视的对象。

清初知识界对理学的批判和总结，取径不一。顾炎武、王夫之等人，走的是对王阳明心学进行不妥协批判的道路。而黄宗羲，则是以学术史的编纂，通过对数百年理学发展史的总结，去彰明学术递嬗轨迹。孙奇逢、李颙、汤斌等人，却又选取了合会朱陆学术的途径，试图以调停折中去谋求学术发展的新路。钱谦益、毛奇龄、胡渭等人，则侧重于对宋儒经说的否定和汉唐注疏的表彰，而与理学分道扬镳。独有颜元、李塨、费密等人，对程朱陆王之学概予排击，别辟蹊径，溯源周孔，以六艺实学的讲求而充分体现清初学术的批判理学精神。因此，就宏观而论，清初诸儒的学术实践，殊途同归，从不同的侧面不期然而然地集中

---

① 顾炎武：《日知录》卷七，《夫子之言性与天道》。

到同一个时代课题上来，这就是对理学进行批判和总结。清初的批判理学思潮①，这是一个客观存在，不管我们对理学在学术史上的地位作何评价，也不管我们对明清之际的理学发展水平作何估计，它都是不能够抹杀的。

第四，倡导经学。

伴随着理学的衰微，自明中叶以后，以经学济理学之穷的学术潮流，已经在中国封建儒学的母体内孕育。清初，承明人的经学倡导，知识界在摒弃"性与天道"的论究之后，不约而同地趋向于以经学去取代理学的选择。

清初的经学倡导，肇始于江南学者钱谦益。入清以后，钱谦益发展了他先前"以汉人为宗主"的经学主张，进而把经学与史学相结合，高唱"六经之中皆有史"②。继钱谦益之后，顾炎武、黄宗羲、王夫之、李颙、费密等南北学者唱为同调。他们或响亮地提出"理学，经学也"的命题，指出："古之所谓理学，经学也。……今之所谓理学，禅学也。"③或主张融理学于传统儒学之中，重申："道学即儒学也，非于儒学之外别有所谓道学也。"④或表彰儒家经典，强调："圣人之道，惟经存之，舍经无所谓圣人之道。"⑤他们把经学倡导同学以经世的时代呼声相结合，从而形成通经致用的新学风。

阎若璩、胡渭、毛奇龄继之而起，以"一物不知，以为深耻"⑥为座右铭，把清算"经祸"，还业已"晦蚀"的儒家经籍旧貌视为"经世大业"⑦，皆以精研经学而名家。在治经的实践中，他们沿着顾炎武"读

---

① 详见本章附录一《从清初的批判理学思潮看乾嘉学派的形成》。
② 钱谦益：《有学集》卷三十八，《再答杜苍略书》。
③ 顾炎武：《亭林文集》卷三，《与施愚山书》。
④ 李颙：《二曲集》卷十四，《盩厔答问》。
⑤ 费密：《弘道书》卷上，《道脉谱论》。
⑥ 阎若璩：《困学纪闻三笺》。
⑦ 毛奇龄：《大学知本图说》。

九经自考文始,考文自知音始"① 的研经路径,一改宋明空言说经积习,原原本本,穷经考古,走上了博稽经史的为学道路。康熙后期,朴实穷经,风气已成,即使是昔日理学营垒中人,亦纷纷以穷经考古而名世。李光地之于《周易》和音韵乐律,李光地、李光坡兄弟之于《三礼》,方苞之于《春秋》《周礼》,无不体现了这一学术特征。至此,清初学术遂由经学考辨入手,翻开了对传统学术进行全面整理和总结的新篇章。

(二)清初学术的发展趋势

清初学术的基本历史特征,说明这一时期的学术发展是一个有规律的历史过程。尽管八十年间的学术界,各种学术现象纷然杂陈,姿态万千,然而学术演进的历史必然性,就蕴含在诸多似不关涉的偶然现象之中,其总的趋势是不以任何人的主观意志为转移的。一方面,清初学术是当时历史条件的产物,因而带着鲜明的时代特征;另一方面,它又是中国古代学术演进内在逻辑的外在反映,因而呈现出承先启后的学术个性。

清初学术以晚明学术为先导,是对宋明学术的批判继承。明清更迭是一场巨大的历史变迁。这场历史的大动荡,无疑会深刻地作用于当时的学术发展,然而学术演进的内在逻辑,则是不会因为封建王朝的兴替而发生质的变化的。因此,清初学术依然沿着先前学术演进的轨迹,带着历史赋予它的时代特征,合乎逻辑地走下去。

首先,明末由顾宪成、高攀龙肇始的"由王返朱"声浪,入清以后,同"明学术,正人心"的学术反思合流,演为对王阳明心学的猛烈抨击。尽管在顺治及康熙初叶的二三十年间,主持一时学术坛坫风会

---

① 顾炎武:《亭林文集》卷四,《答李子德书》。

者，依然是王学大儒孙奇逢、黄宗羲、李颙诸人，然而面对自身学派的深刻危机，尤其是铺天盖地而来的"阳儒阴释"一类的谴责，要固守昔日旧学壁垒，已经成为不可能的事情。于是孙奇逢、李颙不约而同，趋向合会朱陆学术的道路，黄宗羲则以其博大的为学领域和务实学风，在治史以经世的倡导中，摆脱了王学的羁绊。迄于康熙中叶，王学崩解已成定局。随着朱熹学说的日渐深入庙堂，经过清廷的崇奖，突出其伦理道德的约束力量，使之教条化而成为维系封建统治的思想工具。

其次，晚明兴起的经世思潮，在清初知识界对明亡的沉痛反思中空前高涨，形成"天下兴亡，匹夫有责"的历史共识。一时学术界中人，不分东西南北，亦无论治学好尚，为学以经世的精神皆深入各自的学术实践之中。经学的倡导，无非是因为"孔子之删述六经，即伊尹、太公救民于水火之心"，儒家经典乃是"天下后世用以治人之书，将欲谓之空言而不可也"[1]。史学的讲求，则是以"国可灭，史不可灭"[2]为出发点，"引古筹今，亦吾儒经世之用"[3]。究心舆地沿革，同样是为了"世乱则由此而佐折冲，锄强暴；时平则以此而经邦国，理人民"[4]。表彰朱熹学说，也是由于"从来尊信朱子者，徒以其名而未得其真"，因而欲以之明"生民祸乱之原，非仅争儒林之门户"[5]。即使是诗文词曲，归根结蒂同样要"收拾起大地山河一担装"[6]。康熙中叶以后，虽因时移势易，经世思潮越过其高峰而步入低谷，但作为清初学术的主干，其余波则不绝如缕。康熙后期，以经学名家的毛奇龄，尽管已不再问津社会现实问题，然而亦不忘以经学去作"经世大业"[7]。

---

① 顾炎武：《亭林文集》卷四，《与人书三》。
② 黄宗羲：《南雷文定》卷六，《次公董公墓志铭》。
③ 顾炎武：《亭林文集》卷四，《与人书八》。
④ 顾祖禹：《读史方舆纪要》卷首，《凡例》。
⑤ 吕留良：《吕晚村先生文集》卷一，《复高汇旃书》。
⑥ 李玉：《千忠戮》。
⑦ 毛奇龄：《大学知本图书》。

再次，晚明"通经学古"的经学倡导，同清初知识界批判理学的思潮相融合，汇为以经学济理学之穷的宏大学术潮流。入清以后，以经学济理学之穷的努力由钱谦益肇其端，经顾炎武、李颙、费密张大其说，至毛奇龄、阎若璩、胡渭而蔚成风气。随着时间的推移，这一学术潮流不唯充溢南北学术界，而且借助儒臣而深入宫廷。还在康熙二十一年八月，清圣祖便通过与日讲官的论学问对，接受了"道学即在经学中"的观点①。此后，"立政之要，必本经学"②，成为清廷文化决策的一个重要思想依据，深刻地作用于封建国家的文化生活。直到康熙末叶，清圣祖依然一再重申："治天下以人心风俗为本，欲正人心、厚风俗，必崇尚经学。"③

凡此种种，无一不是对宋明学术的推陈出新。然而经历明清更迭，客观的历史条件毕竟已经发生变化，封建国家的统治者不再是昔日单一的汉族地主阶级，而是以满洲贵族为核心的满汉地主阶级联合政权。满洲贵族为维护自身的统治利益，在文化上所推行的高压政策，必然要对学术的发展产生影响。因此，清初学术的前述历史特征，又依据清初历史发展的阶段性而交互起伏。

大体说来，以康熙二十年前后为界，清初八十年的历史发展过程可以划分为两个阶段。前一阶段是旷日持久的国内战争时期，军事征服和巩固满洲贵族的统治地位乃是压倒一切的任务。野蛮的屠戮和文化的高压，酿成尖锐的民族冲突和文化心理上的对抗，因此，经世思潮的高涨便是这一时期学术发展的首要特征。康熙二十年以后，三藩乱平，台湾回归，随着封建国家经济的复苏，政治的统一，以及清廷文化政策的调整，既为学术文化的发展提供了安定的环境和良好的物质条件，又在思想上确立朱学独尊的格局而严加约束。因此，经世思潮失去其存在的

---

① 《康熙起居注》，二十一年八月初八日。
② 《清圣祖实录》卷一百一十三，康熙二十二年十二月乙卯条。
③ 《清圣祖实录》卷二百五十八，康熙五十三年四月乙亥条。

现实意义最终趋于沉寂。而经学的重振，则凭借务实学风的确立而方兴未艾。

总而言之，客观历史条件的制约，学术演进内在逻辑的作用，两者相辅为用，从而规定了清初学术发展的基本趋势。这就是：以经世思潮为主干，从对明亡的沉痛反思入手，在广阔的学术领域去虚就实，尔后又逐渐向以经学济理学之穷的方向过渡，最终走向经学的复兴和对传统学术的全面总结和整理。

（三）关于清初学术的几点认识

如何评价清初学术？仁者见仁，智者见智。从不同的角度出发，依据不同的观点和方法，结论每每不尽相同，甚至出现抵牾。可见这是一个尚需深入讨论的问题。以下，准备就此谈几点认识。

1. 清初学术的历史属性

作为观念形态的学术文化，它总是一定时期经济基础的客观反映。17世纪的中国，古老的封建社会虽然已经危机重重，但是它并没有走到尽头，还具有使封建的自然经济复苏的活力。千疮百孔的封建专制政治体制，经过明清更迭的调整，依然显示出它维系社会的力量。在当时的中国大地上，新的生产方式尚深藏于地平线之下。因此，清初的中国社会远未翻开近代历史的篇章，它仍旧处在封建社会阶段，只是业已江河日下而步入其晚期而已。这样的社会性质，就从根本上规定了清初学术的历史属性。它既不是近代意义上的学术，也不具有反封建的性质，而是中国古代封建儒学的一个构成部分。唯其如此，所以曾经为某些论者盛称的黄宗羲的反封建思想，如果我们撇弃对《明夷待访录》寻章摘句式的研究方法，将全书作为一个整体去考察，尤其是把它同先前的《留书》和之后的《破邪论》作为黄宗羲政治思想发展的全过程来论究，结论就会大相径庭。黄宗羲并不是要否定封建的政治体制本身，无非希望以"三代之治"为蓝图对其进行改善而已，其现实的目的则是要为代清而兴的封建统治者说法。同样的道理，在《潜书》中高呼"凡为帝王者皆贼也"①的唐甄，他也毫无否定君主专制政治之意，只是要通过明确"尊卑之分"，抑制封建帝王的独裁，所以他说："人君唯能下，故天下之善归之，是乃所以为尊也。"②而顾炎武的主张"众治"，归根结蒂也是为了使百官"分天子之权以各治其事，而天子之权乃益尊"③。即使是最具批判精神的颜李学派，他们虽全面否定宋明理学，但推尊周孔，讲求六艺，依然没有逾越封建儒学藩篱。所以，康熙三十年颜元南游中州，与理学名儒张沐论学。临别，张沐率门人远送，即表示了对颜学的如下基本评价："向以为出脱先儒藩篱，不知仍在其窠中也。"④

同清初封建王朝所奉行的闭关锁国政策相一致，这一时期的学术从整体上来看也是封闭的。尽管自晚明以来输入的西学，为学术界所接受而产生有益影响，甚至深入宫廷，激起封建帝王的浓厚兴趣，然而它丝毫不能改变中国传统学术的格局。清初的学术界，始终没有出现所谓"和世界的进步思想相关联"的历史自觉，更没有产生什么"对资本主义世界的绝对要求"。因此，在以往的清初学术研究中，一度存在的将其人为地近代化的倾向，这是我们所不能赞成的。

事实上，无论是黄宗羲的《明夷待访录》也好，唐甄的《潜书》也好，还是顾炎武的《日知录》也好，王夫之的《黄书》《噩梦》也好，以及颜元的《四存编》也好，其间都存在一个根本的共性，那就是对明亡的沉痛历史反思。所以，我们可以这样说，清初学术是明清更迭促使学术界进行历史反思的产物。因此，当明清更迭的历史过程于康熙中叶

---

① 唐甄：《潜书》下篇下，《室语》。
② 同上书上篇下，《抑尊》。
③ 顾炎武：《日知录》卷九，《守令》。
④ 李塨：《颜习斋先生年谱》卷下，五十七岁条。

结束之后，基于其上的历史反思也就随之而完成自己的历史使命。于是随着时间的推移，经济、政治、军事、文化诸方面实际问题的探讨，逐渐让位于经史诸学的笃实讲求。以康熙后期朱学独尊格局的确立和对儒家经学的表彰为标志，一代学术终于翻过了清初一页。

2. 中国古代学术的一个重要发展阶段

任何一个国家，任何一个民族，都有自己的文明史。以儒、佛、道三家为主体的中国古代学术，构成了古代中华文明的基本内容。自中华文明起源的夏文化始，经过商、周二代的发展，在春秋战国间以孔子创立儒家学说而集其大成。西汉初，适应封建大一统的需要，罢黜百家，独尊儒术，儒学经典化而演为经学。尔后，外来佛教学说的中国化和中国自身道教学说的发展，同经学相互渗透，从而推动中国古代学术的前进。经历魏晋玄学的发皇和隋唐佛学的兴盛，迄于北宋间，以儒学为主体，儒、佛、道三家合流而理学崛起。至南宋朱熹集其大成，后再经明中叶王守仁的发展，中国古代学术遂以理学为代表达到前所未有的高峰。

从朱熹学说到王守仁学说，理学极度成熟而失去生机。明中叶以后，在日趋加剧的社会动荡之中，理学陷入深刻危机，中国古代学术面临何去何从的抉择。于是经世思潮应运而起，"通经学古"的学术潮流，把中国古代学术推向对理学的批判和总结。明清更迭的历史进程表明，要在陈旧的封建经济基础之上，建立较之理学更为完善的学术形态，已经是不可能的事情。因此，清初知识界为历史局限障蔽视野，无从看到学术发展的前景，只好回过头去，到传统的经学中寻找依据。这样，在向儒家经典回归的大趋势中，中国古代学术步入进行全面整理和总结的乾嘉汉学时代。尔后，又以之为基础，在向西方寻求救国救民真理的热潮中，跨进近代学术的门槛。

如果说乾嘉汉学是中国古代学术通向近代学术的桥梁，那么清初学术则是由宋明理学向乾嘉汉学转换的一个不可或缺的中间环节。清初学者以经学济理学之穷的倡导，实事求是的为学风尚的示范，诸多学术门径的开启，"读九经自考文始，考文自知音始"的训诂治经方法论的提出，都为乾嘉汉学的兴起奠定了基础。八十年间，学术界对理学的深刻批判和对既往学术积弊的摧陷廓清，则从总体上为向乾嘉汉学的过渡铺平了道路。所以，乾嘉学术虽然失去了清初学术经世致用的精神，但汉学诸家考论一代学术源流，则无不溯源于清初诸儒。

乾隆间，扬州学者汪中拟撰《国朝六儒颂》，即推顾炎武为不祧之祖。焦循继起，撰《读书三十二赞》，于清初学者王锡阐、万斯大、顾炎武、阎若璩、梅文鼎、毛奇龄、张尔岐和胡渭等，亦广为推尊。嘉庆末，江藩著《国朝汉学师承记》以表彰一代汉学诸儒，虽出于政治上的顾忌而未敢推祖黄宗羲、顾炎武，但依然在卷末列为专篇，借他人之口肯定："国朝诸儒，究六经奥旨，与两汉同风，二君实启之。"[1]阮元督学两浙，为毛奇龄《西河全集》撰序，于毛氏经学的创辟之功表彰道："国朝经学盛兴，检讨首出，于东林、蕺山空文讲学之余，以经学自任，大声疾呼，而一时之实学顿起。……迄今学者日益昌明，大江南北，著书授徒之家数十，视检讨而精核者固多，谓非检讨开始之功则不可。"[2]

3.应当记取的历史教训

清初学术，一度生机勃勃。八十年间，璀璨若群星的众多学者和思想家后先而起，他们在广阔的学术领域，以繁富的著述争奇斗妍，谱写绚丽的文化篇章。这在中国古代学术史上，确乎并不多见的。前哲时贤比之于先秦时代的百家争鸣，实是最恰当不过。毋庸置疑，倘能以之为

---

①　江藩：《国朝汉学师承记》卷八，《黄宗羲、顾炎武》。
②　阮元：《研经室二集》卷七，《毛西河检讨全集后序》。

契机，把握住当时中西文化交流的极好机会，通过经济的繁荣，政治的清明，从而在批判继承中寻求中国传统学术的发展，则中国学术的近代化历程当会来得更早一些。然而严酷的事实却是另一番模样，历史并没有沿着理想的简单直线向前运动，而是出现了经学复兴的迂回。固然，这里边有不可抗拒的历史规律所产生的深刻作用，但是同时却也存在人为的偶然因素的影响。其间，有若干历史教训值得记取，而清廷文化决策上的短视，便是一个不可忽视的历史教训。

本来，作为一个新兴的封建王朝，出于巩固其统治地位的需要，在政治、经济、军事、文化诸方面采取必要的措施，这是情理中事，无可厚非。然而如同满洲贵族一般在文化决策上的短视，及其给历史发展所留下的恶劣影响，纵观中华五千年文明史，则是罕有其比的。他们无视历史形成的民族习俗差异，在入主中原之后，竟将本民族的习俗强制推行，责令举国官民尽行剃发易服。这种野蛮的文化高压，在民族心理上造成的隔阂，不仅加剧了清初的军事对抗，而且鸿沟历二百数十年也不能填平，从而在一代历史中时隐时显，成为长期潜在的一个严重不稳定因素。顺治间，接二连三地出现的焚书，禁止知识界"纠众盟会"[①]，科场案、奏销案、哭庙案，等等，无一不是这种文化决策短视倾向的延续。康熙初，惨绝人寰的庄氏史案，则更以对知识界的野蛮屠戮为特征，开一代文字冤狱的恶劣先例，从而最终确立了文化高压的格局。

康熙二十年以后，新兴王朝的统治业已巩固，按理对知识界的高压可以缓解。然而，清廷却又在文化凝聚力的选择上，重蹈短视旧辙。在理学史上，朱熹与王守仁学术的是非，这本来是学术界讨论的事情，完全可以通过学术争鸣去解决。可是清廷却以惩治王学儒臣、独尊朱熹学说的形式，一再进行粗暴干预。其结果，王守仁学说中的理性思维光辉被抹杀，博大的朱熹学术体系则沦为封建伦理道德教条。在文化高压之

---

① 《清世祖实录》卷一百三十，顺治十六年十一月甲戌条。

下早已噤若寒蝉的思想界，又被人为地加上了封建道德教条的桎梏。从此，清廷留给知识界的，就是唯一的经学考据的狭路。至于作为中西文化交流媒介的传教士，则被清廷严密控制在京城有限的范围之内。他们所带来的天文、历法、数学知识，尽管已经深入皇室，但是由于得不到清廷的提倡，始终未能成为显学。

严酷的封建文化专制，禁锢思想，摧残人才，极大地妨碍了清初学术沿着健康的道路发展。这个历史教训，是值得我们认真记取的。

附录一
从清初的批判理学思潮看乾嘉学派的形成

清代乾嘉之世，无论是经学、史学、文字、音韵、训诂学，还是金石考古、天文历算、舆地、诗文诸学，几乎整个知识界均为汉代经师所倡导的朴实考据之风所笼罩。高踞廊庙的程朱"正学"，形同枯槁。于是，拔宋帜而立汉帜，在中国学术史上形成了与先前的周秦子学、两汉经学、魏晋玄学、隋唐佛学以及宋明理学后先媲美的清代汉学。治学术史者遂将以考据为学的清代汉学称为乾嘉学派。

研究清代学术史，不可避免地会碰到这样一个问题，那就是为什么清朝初年，封建统治者一再崇奖宋明理学中的程朱之学，可是理学却始终发展不起来，倒是与义理之学迥异其趣的考据学不胫而走，以致在乾隆、嘉庆之世风靡朝野，而有乾嘉学派之谓。如何去解释这样的历史现象？这是一个很值得探讨的问题。

历来谈乾嘉学派成因者，多归之于如下两个方面，即第一，清廷统治的趋于稳定；第二，频繁兴起的文字狱。近些年来，一些同志排除了上述第二方面的因素，认为乾嘉学派的形成与文字狱并无必然联系，而把这一学派的成因归结为康乾盛世的产物。我们以为，在这个问题上，无论是传统的看法，还是最近一些同志所做出的有意义的修正，严格地说来，都还只是停留于形成乾嘉学派的外在原因的探讨，却忽略了中国古代社会理论思维本身发展内在逻辑的认识。要解释前述的历史现象，与其局限于外在原因的探究而可否不一，倒不如从中国儒学自身发展的矛盾运动中去把握它的本质，或许更有助于问题的解决。以下，准备以后者为论述重点，并从二者的结合上去进行一些探讨。

（一）理学在明清之际的瓦解

中国封建社会经历了漫长的演进过程，基于这一过程之上的中国儒学，亦沿着同一方向蹒跚向前。

北宋以后，中国封建社会自其高峰跌落下来，逐渐步入其晚期。社会的发展给理论思维提出了新的历史课题，即对封建制度的合理进行理论论证。于是，封建的文人学士，竞相假经学以谈玄理，传统的经学遂衍为以"性与天道"为论究对象的理学。理学在 11 世纪以后的中国社会的出现，既是封建地主阶级挽救其统治危机的需要，也是传统儒学吸取外来的佛教和中国自身的道家、道教思想而进行哲学化的结果。儒家学说本来就具有浓厚的伦理道德色彩，11 世纪以后的儒学哲学化，把传统的伦理道德说膨胀为其核心，并使之披上了炫目的哲学外衣。理学家们试图通过把封建伦理道德本体化为"天理"的理论论证途径，确立"存天理，灭人欲"的社会准则，从而去完成封建制度永恒的理论论证。

这个理论论证过程的完成，在中国封建社会晚期足足经历了五个世纪的时间。从北宋中叶的理学家周敦颐、邵雍开始，中经张载、程颢、程颐，直到南宋时的陆九渊、朱熹告一段落，封建伦理道德的"天理"地位，已经用理论规范的形式固定下来。然而，先验的、至高无上的"天理"，又是如何同世俗的人结合在一起，从而成为人世间的主宰？这样一个问题，直到集理学之大成的朱熹并没有得到完满的解决。尔后，又经历了近 300 年的时间，才由明代中叶崛起的王守仁，以其"致良知"学说，用"吾心之良知，即所谓天理也"①的主观唯心主义论证，最终完成了这样一个理论论证过程。

王守仁的"致良知"学说，标志着宋明理学对其历史课题的最终完

---

① 王守仁：《传习录》中，《答顾东桥书》。

成。王学既是对宋明理学的发展，同时也正是王学本身，把整个宋明理学导向了瓦解。

宋明理学将封建伦理道德本体化的过程，本来就是以蒙昧主义为前提的。朱熹的"圣贤千言万语，只是教人明天理，灭人欲"[①]，其基本特征就是笃守孔孟以来的封建伦理道德信条。然而到了王守仁这里，他却将神圣不可侵犯的"天理"纳入人"心"之中。王学中的最高哲学范畴"心"，同朱学中的最高哲学范畴"理"一样，都是一个玄虚的精神实体，它们同样具有先验的性质。所不同的，只是朱熹的"理"是以六经、孔孟为论究依据，具有鲜明的儒学正统色彩；而王守仁的"心"，以及这个"心"所固有的"良知"，则并无一个确定的是非标准可循，因之使它带上了招致正统派经学家、理学家攻讦的异端色彩。王守仁就这么说过："学贵得之心。求之于心而非也，虽其言之出于孔子，不敢以为是也，而况其未及孔子者乎。求之于心而是也，虽其言之出于庸常，不敢以为非也，而况其出于孔子者乎。"[②] 他还认为："良知只是个是非之心，是非只是个好恶，只好恶就尽了是非，只是非就尽了万事万变。"[③] 于是乎"天理"便脱离了孔子以来的是非标准，而成为游移不定、可以随人解释的东西。这就为王学乃至整个宋明理学从理论上的崩解，打开了一个致命的、无法弥合的缺口。

风行于明朝万历中叶以后的泰州学派，正是沿着王守仁"致良知"说的逻辑程序走下去，乃"掀翻天地，非名教之所能羁络"[④]，一直走到了王学及整个宋明理学的反面。尔后，在明亡前的数十年间，虽然有顾宪成、高攀龙等人重倡朱学的努力，也还有刘宗周等对王学的修正，但是无论他们当中的任何一个人，都没有、也不可能提出新的理论论题，

---

① 朱熹：《朱子语类》卷十二。
② 王守仁：《传习录》中，《答罗整庵少宰书》。
③ 同上书下，《语录》。
④ 黄宗羲：《明儒学案》卷三十二，《泰州学案》。

来为理学赋予新的生命力。

明朝末叶，在日益加剧的社会危机面前，理学已经无能为力。理学家尽可以把"存天理，灭人欲"的说教喊得震天价响，然而在他们的"理""心"或者"良知"之中，却永远悟不出挽救社会危机的途径来。以论证封建伦理道德永恒为宗旨的宋明理学，发展到明朝末年，已经同这样的宗旨严重背离，甚至走到其反面而构成一股对封建社会的离心力。这就说明，宋明理学作为一种哲学形态，它不仅在理论上已经走到了尽头，而且在实际上也丧失了生机。

剖析一下清初理学界的状况，那我们对这个问题就看得更清楚了。

清初的理学界，具有同先前的宋明时代不一样的历史特征。愈演愈烈的朱、王学术之争，成为这一时期理学界的突出特色。在清初历史的演进过程中，这种毫无意义的门户纷争，与理学的最终崩解相终始，而为汉学的崛起铺平了道路。

清初，王学已是强弩之末，盛极而衰。虽然也还有孙奇逢、黄宗羲、李颙这样的号称鼎足三大儒的王门健将撑持门面，但是王学崩解已成定局，不可逆转。面对着明清更迭而至的社会大动荡，此时整个思想界也正经历着一场前所未有的、沉痛的反省。"王学空谈误国"，成为一时社会舆论的主流所在。于是，对王学的抨击也随之铺天盖地而来。紧迫的危机感，使孙奇逢、黄宗羲、李颙等人起而为王学呐喊。孙奇逢编就《理学宗传》，黄宗羲撰成《明儒学案》，以之来维护王学在封建儒学中的正统地位。但是，就是在这样一个过程中，孙奇逢、李颙同样以调停朱、陆学术而对王学作出修正。孙奇逢认为："文成之良知，紫阳之格物，原非有异。"[①] 李颙也认为："陆之教人，一洗支离锢弊之陋，在儒中最为儆切"；"朱之教人，循循有序"，"中正平实，极便初学"[②]。而黄

---

① 孙奇逢：《四书近指》（晚年批定本）卷一，《大学之道章》。
② 李颙：《二曲全集》卷四，《靖江语要》。

宗羲则更是力倡"心无本体，工夫所至即其体"①，以强调去从事具有实践意义的"工夫"，而逾越了王学的藩篱。他既以撰写《明儒学案》《宋元学案》而对明代王学以及整个宋明理学作出了总结，同时也以其对社会现实的强烈关注和敏锐洞察，还以其在史学和天文历算诸学术领域的卓越实践，使之否定了王学的羁绊而站到了当时学术思想界的前列。雍正、乾隆之际，江西临川学者李绂以继承陆、王遗绪自任，对清初以来的朱、王学术纷争进行平实的评议，试图以"躬行实践"来修正王学，以使之复兴②。但是时过境迁，孤掌难鸣，实在是一厢情愿而已。

在王学崩解的同时，清初的理学界出现了喧嚣一时的"由王返朱"的声浪。此风由张履祥、吕留良诸人开其端，经陆陇其辈而渐入庙堂，至熊赐履、李光地以朱学获官卿相而推波助澜，遂有康熙朝日渐隆盛的崇奖朱学之举。康熙五十一年（1712年），清圣祖特别颁谕，朱熹由孔庙两庑升祀大成殿十哲之次。如果说在明清之际空前深重的社会危机面前，张履祥、吕留良这样的朱学家，还是志存经世，试图以朱熹所论定的封建伦理道德来重振日益颓靡的世风，那么步其后尘的陆陇其、魏象枢，尤其是熊赐履、李光地辈，真叫数典忘祖，不过是以朱学而仰承朝廷意旨，邀宠斗胜。因而，无论是他们的太极论、理气论，还是河图洛书说等，都只是在掇拾宋明朱学家的牙慧，烦琐复述，毫无新意。无休止的朱王学门户纷争，构成了清初理学界"由王返朱"声浪的全部内容。为清廷所一再推许，在清代第一个获从祀孔庙的理学名臣陆陇其，可为此一声浪的典型代表。他竭力鼓吹："朱子之学，孔孟之门户也。学孔孟而不由朱子，是入室而不由户也。"③甚至极端霸道地主张："继孔子而明六艺者，朱子也。非孔子之道者皆当绝，则非朱子之道者皆当

---

① 黄宗羲：《南雷文定》四集卷一，《明儒学案序》。
② 李绂：《穆堂初稿》卷十八，《心体无善恶说》。
③ 陆陇其：《三鱼堂文集》卷五，《答嘉善李子乔书》。

绝。"① 而那个被清圣祖称为"知光地者莫如朕，知朕者亦莫光地若也"②
的李光地，则更是青出于蓝而胜于蓝。他公然不加掩饰地说道："今天子
衡量道术，一以朱子为宗，圣人有作，万世论定矣。在学者诚宜禀皇极
之彝训，奉一先生之言，以讲以思，以服以行，庶几沿河入海，而无断
潢绝港之差也。"③ 同时，他又假论清初"道统"与"治统"的合而为一，
以取悦于清圣祖。他说："自孔子后五百年而至建武，建武五百年而至贞
观，贞观五百年而至南渡。""朱子之在南渡，天盖附以斯道，而时不逢，
此道与治之出于二者也。自朱子而来，至我皇上又五百岁，应王者之期，
躬圣贤之学，天其殆将复启尧舜之运，而道与治之统复合。"④

　　清初理学界的状况，更进一步地说明了北宋以来的理学，迄于明
清之际，已入穷途末路，它正面临着必然崩解的厄运。当然，我们在这
里所说的理学的崩解，并不意味着几个世纪以来，为理学家所不断论证
的封建伦理道德，已经失去了制约社会的力量。我们认为，封建伦理道
德本身，同论证其合理、永恒的理学，这两者是不同的范畴。因为入清
以后，中国社会的基本经济形态仍然是顽固而落后的自给自足的封建自
然经济，所以，与之相适应的封建伦理道德，就还有其存在的牢固依
据。然而，作为论证其合理性的理学，既已完成其历史使命而不能再向
前发展，自然就失去生命力了。至于康雍之际，扬州学者王懋竑发愿改
作《朱子年谱》，以精治朱学而名世，他对朱熹及其学说的平实评议，
一方面既可以视为对朱学的总结，另一方面亦无异于在使朱学与考据学
合流。因为王氏本人的为学领域，已经溢出理学的拘囿，广涉博览，考
订精核，不复昔日义理之学者之所为了。后世乾嘉考据学者王鸣盛推重
他，原因也正在于此 ⑤。

---

① 陆陇其：《三鱼堂文集》卷八，《四书集义序》。
② 章炳麟：《检论》卷四，《许二魏汤李别录》。
③ 李光地：《榕村全集》卷十四，《重建鹅湖书院记》。
④ 同上书卷十，《进读书笔录及论序记杂文序》。
⑤ 王鸣盛：《十七史商榷》卷九十一，《李德裕主议杀郭谊》。

因此，尽管尔后嘉庆、道光年间，有过方东树等人倡宋学以反汉学的鼓噪，也有过咸丰、同治年间曾国藩的"理学中兴"，乃至迄于清亡，朱熹的偶像依然高踞庙堂。但是，清代的理学已经失去了宋明时代理学的哲学思辨色彩，不过就是封建伦理道德信条的别称。正是出于这样一个基本的历史估计，所以，我们赞成已故著名思想史家杜国庠先生的卓越见解，即迄于清初，作为一种学术形态，理学已经终结。[①]

中国封建社会发展到清朝初叶，作为传统儒学发展的一个阶段的理学，已经走完了自己的路。但是，产生封建儒学的社会环境却并没有失去其存在的依据。因而伴随着中国晚期封建社会的缓慢发展，儒学也必然要做出相应的反应。这就是经历整个康熙时期，延及雍正一朝，理学崩解过程结束之后，汉学即考据学的崛起。考据学的勃兴，以致最终取代理学的地位，并不是一个偶然的历史现象，它是多方面的、错综复杂的历史因素交互作用的结果。从理论思维发展的内在逻辑来看，清初的批判理学思潮，则是一个产生了重大影响的历史因素。

（二）批判理学思潮的兴起及其历史特征

在对清初理学崩解以及考据学兴起的历史考察中，批判理学思潮是一个不可或缺的环节。因为脱离了这样一个环节的探讨，我们就无法从理论和实际的结合上去说明理学向考据学转化的历史必然性。如果不是这样去做，而是把清代汉学即乾嘉学派的成因仅仅归结为文字狱，或者是康乾盛世，那么就会由此而产生一系列难以解答的问题。

先拿文字狱来说，作为一种巩固封建专制统治的政治措施，它并不自清代始。众所周知，清代之前的明代，在太祖朱元璋时期，文字狱就

---

① 杜国庠：《杜国庠文集》，人民出版社 1962 年版，第 377—403 页。

曾令人不寒而栗，吴下诗坛四杰之一的高启，即在文字狱中罹难①。然而，明初的文字狱却并没有引出考据学来，相反，倒是牢固地确立了朱熹学说在理学中的正统地位，而使之成为一代封建王朝的正宗思想。同样是文字狱，它在明清两代，于理论思维的形式所产生的影响却很不一致。从这个意义上说，我们肯定乾嘉学派的产生与文字狱并无必然联系的见解，认为它是对传统看法的有意义的修正。

再就所谓康乾盛世而言，在中国古代史上，堪与清代康乾时期并称的"盛世"，并不乏见。唐代的"贞观之治"，北宋初叶的太平兴国时期以及明代的"仁宣之治"等，都是为封建史家所讴歌的升平治世。这些古代"盛世"所提供的安定的社会环境，对封建学术文化的发展，无疑产生了良好的作用，它们最终规定和制约着这样一个发展过程。但是，封建学术文化的发展，同在这样一个发展过程中，理论思维领域所形成的具有个性的学术流派，不应该、也不能够等同起来；对形成某种学派的社会背景的考察，也不能代替对这一学派的形成所反映的理论思维自身发展规律的探讨。同样是中国古代的"盛世"，康乾之前的任何一个时期，都没有能够成为考据学独盛的先导，唯独康乾"盛世"则能产生如此的历史后果。之所以会出现这样的歧异，显然是仅仅用"盛世"本身所不能答复的。因此，我们认为，把清代考据学的风靡朝野归结为"康乾盛世"，实际上并没有对乾嘉学派的成因作出解释。

有鉴于此，我们接下去准备对清初的批判理学思潮做一些探讨，试图以之来进一步说明中国封建社会晚期宋学即理学向汉学即考据学转化的历史必然性。

清朝初叶，在理学瓦解的过程中，理论思维领域逐渐酝酿起同传统的理学无论在内容上还是方法上都不尽一致的新思潮。这一思潮发端自明末以来的实学思潮，以朴实考经证史为方法，以经世致用为宗旨，以

---

① 《明史》卷二百八十五，《高启传》。

求达到挽救社会危机的目的。因此，在思想史上，习惯地把这一思潮称为经世致用思潮或实学思潮。从理论思维发展的矛盾运动看，因为这一思潮是伴随着理学的瓦解而出现，具有愈益鲜明的以经学取代理学的色彩，并最终成为乾嘉汉学的先导，所以，又把它称作批判理学思潮。

清初的批判理学思潮之所以能够成为乾嘉汉学的先导，这是为其自身的内容及其所反映的历史特征所决定的。

首先，这是一个以经世致用为宗旨的思潮。

明末以来的社会动荡，至明清更迭达于极点。政局的动乱，战火的频仍，使清初的经济凋敝异常，久久不能复苏。这一局面一直延续到康熙二十年以后。正如清初理学名臣陆陇其所说，康熙二十年以后，"海内始有起色"①。因而挽救社会危机，就成为清初思想界迫在眉睫的现实课题。

这种挽救社会危机的努力，用当时思想家们的话来说，就叫作经世致用。而清初的经世致用思想，又正是同对理学的批判和总结联系在一起的。明亡之后，流亡日本的著名思想家朱之瑜，一生以"经邦弘化，康济艰难"②为治学宗旨。当他从理论思维的角度去总结明清更迭的历史教训时，曾借阐发孔子之道来反对"说玄说妙""骛高骛远"的"道学"，即宋明理学。他认为："颜渊及其问仁也，夫子……曰'非礼勿视，非礼勿听，非礼勿言，非礼勿动'。夫视、听、言、动者，耳目口体之常事；礼与非礼者，中智之衡量；而勿者，下学之持守。岂夫子不能说玄说妙，言高言远哉？抑颜渊之才，不能为玄为妙，骛高骛远哉？……其所以授受者，止于日用之能事，下学之工夫……故知道之至极者，在此而不在彼也。"③朱舜水将理学比之于能工巧匠的雕虫之技，认为其弊病就在于"屋下架屋"而"无益于世用"。他在致其门人

---

① 《清经世文编》卷二十八，陆陇其：《论直隶兴除事宜书》。
② 朱之瑜：《朱舜水集》卷十一，《问答》三，《答林春信问》。
③ 同上书卷十六，《勿斋记》。

安东守约的书札中写道：“昔有良工，能于棘端刻沐猴，耳目口鼻宛然，毛发咸见，此天下古今之巧匠也。若使不佞……得此，则必诋之为砂砾。……何也？工虽巧，无益于世用也。”“宋儒辨析毫厘，终不曾做得一事，况又于其屋下架屋哉？”①　由于志存经世，因而朱之瑜自然要引宋代讲求事功的学者陈亮为同调，对朱熹攻击陈亮的做法大不以为然，直斥朱门后学为“拾人残唾”。他说：“晦庵先生以陈同甫为异端，恐不免过当。”②　又说：“晦庵先生力诋陈同甫议论，未必尽然。况彼拾人残唾亦步亦趋者，岂能有当乎？”③　他进而针锋相对地主张：“为学之道，在于近里著己，有益天下国家，不在乎纯弄虚脾，捕风捉影。”④

　　如果说朱之瑜是赍志而殁，客死异邦，其思想尚不足以直接影响清初思想界，因之还不具代表性的话，那么与之同时而足迹遍布南北的著名学者顾炎武，他于清初思想界的影响，则是当时及后世都公认的。考察顾炎武的思想，我们会看到，在朱之瑜所涉及的上述问题上，他们之间竟是那样地相似。顾炎武也是一个始终如一的经世致用学者，他一生以“明学术，正人心，拨乱世以兴太平之事”⑤为己任，执着地去探求“国家治乱之源，生民根本之计”⑥。直到逝世前夕，其志在天下的襟怀，依然没有丝毫的消沉和颓丧，他犹大声疾呼：“天生豪杰，必有所任。……今日者，拯斯人于涂炭，为万世开太平，此吾辈之任也。仁以为己任，死而后已。”⑦　同朱之瑜一样，顾炎武的经世致用思想，也是与批判理学思想联系在一起的。当他追溯明末“神州荡覆，宗社丘墟”的历史教训时，也把祸根归之于理学家的“清谈”。他认为理学家把孔

---

① 朱之瑜：《朱舜水集》卷七，《书简》四，《与安东守约书十》。
② 同上书卷十一，《问答》三，《答野节问》。
③ 同上书卷八，《书简》五，《答奥村庸礼书十一》。
④ 朱之瑜：《朱舜水集》卷八，《书简》五，《答奥村庸礼书十一》。
⑤ 顾炎武：《亭林文集》卷二，《初刻日知录自序》。
⑥ 顾炎武：《亭林佚文辑补·与黄太冲书》。
⑦ 顾炎武：《亭林文集》卷三，《病起与蓟门当事书》。

孟作为清谈对象，"不习六艺之文，不考百王之典，不综当代之务"，"以明心见性之空言，代修己治人之实学"，因而才酿成了"股肱惰而万事荒，爪牙亡而四国乱"的严重后果①。

"性与天道"，这是宋明理学家往复辩难的中心问题，而顾炎武却断然予以否定。在他看来，"性与天道"的论究，既不合于"六经之指"，更不切于"当世之务"，绝非孔孟的儒学正统②。他甚至直接斥之为禅学，认为："终日言性与天道，而不自知其堕于禅学也。"③因此，顾炎武一生为学，"非六经之指，当世之务，一切不为"④。在朱熹与陈亮、叶适的学术分歧上，顾炎武如同朱之瑜一般，也是站在事功学派一边的。所不同者，只是方法问题，朱舜水是采取正面的评议，而顾亭林则是以称引叶、陈见解的方式来加以肯定。譬如顾氏在《日知录》中就这么写道："宋叶适言，法令日繁，治具日密，禁防束缚至不可动，而人之智虑自不能出于绳约之内，故人材亦以不振。"⑤

顾炎武与朱之瑜思想的不谋而合，绝非历史的偶然，它正说明大势所趋，潮流所在，有什么样的社会存在，必然就会产生什么样的社会思想。明清之际，封建国家在经济、政治诸方面日益深重的危机，以及这一危机在理论思维领域反映出的理学瓦解，都是客观存在的社会现实，因而试图挽救社会危机的经世致用思潮，也就必然要以批判理学的形态出现。即使是理学营垒中人，当他们投身到经世致用潮流中去的时候，也会不期然而然地对既往学术进行批判和再认识。在这个问题上，无论是孙奇逢、黄宗羲、李颙也好，陆世仪、张履祥也好，还是颜元、李塨也好，都无一例外。所以，我们说清初的批判理学思潮，首先是一个以经世致用为宗旨的思潮。

---

① 顾炎武：《日知录》卷七，《夫子之言性与天道》。
② 顾炎武：《亭林文集》卷三，《与友人论学书》。
③ 顾炎武：《日知录》卷七，《夫子之言性与天道》。
④ 顾炎武：《亭林文集》卷四，《与人书四》。
⑤ 顾炎武：《日知录》卷九，《人材》。

其次，这一思潮还是一个以朴实考经证史为方法，试图以经学去取代理学的思潮。

清朝初叶，理学在理论和实际上的瓦解，既是封建社会深刻危机的折射，也是中国古代儒学自身危机的尖锐反映。为了挽救这两方面的危机，在理论思维领域客观地提出了以新的理论形态去取代理学的课题。清初的众多卓越的思想家，为此进行了痛苦的、然而也是大胆的理论探索。但是，由于封建的自然经济的陈旧、牢固，建立在这一基础之上并为其辩护的封建儒学亦缺乏创新的活力。因而，明中叶以来所出现的资本主义萌芽，不过如同汪洋大海中的一叶扁舟而已，它既不能摆脱封建的自然经济的桎梏，更经受不住封建专制政治所掀起的风浪的冲击。明清之际，资本主义萌芽遭到严重摧残而奄奄一息，这就决定了它在意识形态领域的反映必然是极其微弱的，远远不能成为思想界的主流。同时，自明末以来以耶稣会士为媒介的中西文化交流中，所传入的那些有限的西方自然科学知识，虽然对明清之际的学术文化产生了有益的影响，但是，它却无法动摇，更不能改变当时整个中国知识界的状况。

历史和阶级的局限，严重地障蔽了清初思想家的视野。尽管他们能够大胆地去揭露和抨击明末以来的社会积弊，甚至把批判的锋芒直指高度集中的皇权，可是归根结蒂，他们的理论探索终究不能逾越封建的藩篱。因此，面临以什么理论形态去取代理学的抉择，他们可以借鉴的思想资料，只能是封建儒学中较之理学更为古老的经学。于是，在摒弃了性与天道的论究之后，为了探求与国计民生有关的实学，清初学术界自然就会不约而同地趋向于以经学去取代理学的道路。

从钱谦益"学者之治经也，必以汉人为宗主"① 见解的提出，中经顾炎武以"理学，经学也"② 的命题加以发展，倡导："经学自有源流，

---

① 钱谦益：《初学集》卷七十九，《与卓去病论经学书》。
② 顾炎武：《亭林文集》卷三，《与施愚山书》。

自汉而六朝而唐而宋，必一一考究，而后及于近儒之所著。"[1] 到费密表彰汉儒经说，主张："学者必根源圣门，专守古经，以实志道。"[2] 清初治经学而回复到汉代，已是一时大势所趋。但是，汉代经学并不是一个统一体，自西汉以来，即有以阐发经文微言大义为特色的今文经学，和以对经文进行朴实考据训诂为特色的古文经学之分。至魏晋之际，日趋谶纬化的今文经学，已不能适应封建社会发展的需要，遂为历史的潮流卷至地底而潜沉千年。到唐初，孔颖达等撰成《五经正义》，于是更以经典的形式，确立了古文经学在经学史上的正统地位。宋明之世，经学虽为理学所掩而呈衰落之势，但是理学家用作论究依据的，仍然是古文经学派作过传注的经籍。所以，清初复兴的汉学，乃是朴实考据训诂的古文经学。这种经学学说及其方法论，在清初的文化高压之下，日益成为学术界探求与国计民生有关的实学的手段。因此，顾炎武将其"读九经自考文始，考文自知音始"[3] 的为学方法论登高一呼，便回声四起，宛若水到渠成。

（三）封建文化专制与批判理学思潮的蜕变

以上，我们从理论思维的角度，对中国封建社会晚期儒学发展的内在逻辑进行了探讨，从而说明了明清之际宋学向汉学转化的历史必然性。然而，在人类历史的演进过程中，这种历史必然性并不是自发地发生作用，它往往是通过若干偶然的历史因素来显示其不可抗拒的力量。在清初的历史条件下，宋学向汉学的转化，正是借助于清廷的封建文化专制，导致批判理学思潮的蜕变，来最终演为历史实际的。

清初批判理学思潮的经世致用宗旨，是决定这一思潮的性质及其历

①　顾炎武：《亭林文集》卷四，《与人书四》。
②　费密：《弘道书》卷中，《圣门传道述》。
③　顾炎武：《亭林文集》卷四，《答李子德书》。

史价值的基本方面，也是使它既有别于之前的宋明理学，又不同于其后的乾嘉考据学的根本原因所在。至于朴实考经证史，则只是这一思潮的为学方法论，并不是决定其性质的主要方面。但是随着清初历史的发展，尤其是清廷封建文化专制的加剧，批判理学思潮的上述两方面的历史特征却发生了地位的转换，朴实考经证史愈益成为这一思潮的主要方面。以致到乾隆初叶，经世致用的宗旨丧失殆尽，批判理学思潮终于蜕变为一个自考据始迄考据终的复古学派，即乾嘉学派。因此，在乾嘉学派的形成过程中，清初的封建文化专制就是一个不可忽视的外在因素。

以顺治初强制推行的剃发易服为起始，中经一系列针对知识界的文化高压措施的推行，到康熙二年庄氏史案的锻制，清初封建文化专制的格局宣告形成。尔后，又经康熙后期确立朱学独尊地位而强化思想控制，一个严密的封建专制文网，笼罩在封建国家的全部文化生活中。后再经雍正、乾隆两朝推至极端，文字狱冤滥酷烈，思想界万马齐喑，一时学术界，唯有共趋穷经考古一途。

清初批判理学思潮的这种悲剧性结局，当其领袖们的晚年，即已见其端倪。顾炎武的代表著述《日知录》，虽以经世致用为全书主旨，但是他认为在当时已无从实现其理想，因而只好寄希望于代清而兴的"后起王者"[1]。黄宗羲的晚年，与其康熙初叶撰写《明夷待访录》相比，已经判若两人。他在逝世前所成《破邪论》，眼看早先以《明夷待访录》所寄寓的"思复三代之治"已成空想，因而抱怨"秦晓山十二运之言，无乃欺人"，唯有仰天长叹而"饰巾待尽"了[2]。王夫之虽然在三藩之乱中频繁四出，欲有所为，但是当吴三桂败局已定，他便依然遁入湘西石船山下茅庐之中，以著述来终其余生。就是十分激进的颜元，他的经世致用思想也随其所主讲的肥乡漳南书院没于洪水而悄然不传。颜元本是

---

① 顾炎武：《亭林文集》卷四，《与人书二十五》。
② 黄宗羲：《破邪论》卷首，《题辞》。

一个毫不妥协的理学批判家，他既不同于顾炎武、王夫之的保留尊朱外貌，也不同于黄宗羲的留连王学余技，而是以"少抑后二千年周、程、朱、陆、薛、王诸先生之学，而伸前二千年尧、舜、禹、汤、文、武、周、孔、孟诸先圣之道"① 自任。他把孔孟以来的儒学统统目为"惑世诬民"② 而概予否定，大声疾呼："去一分程朱，方见一分孔孟。不然则终此乾坤，圣道不明，苍生无命矣。"他断言："程朱之道不熄，周孔之道不著。圣人复起，不易吾言。"③ 颜元以其强调实践的"习行经济"之学，在清初诸儒中独辟蹊径，成为批判理学思潮中的突起异军。然而因其主张过于激切，乃至将清廷所崇奖的朱熹学说亦予以否定，这就决定了颜学在当时的历史条件下，不可能传之久远。他的弟子李塨，虽欲张大颜学而游学南北，结果却不自觉地修订师说，趋向考据学营垒。李塨所云："今之虚学可谓盛矣，盛极将衰，则转而返之实。"④ 亦如尔后乾嘉学派大师戴震之"实学"，即经学的考据。在称述乾隆初叶的文化政策时，戴震曾如此写道："值上方崇奖实学，命大臣举经术之儒。"⑤ 这与颜元所倡导的经世致用的实学，已经有了质的区别。颜李师生学风的分手，不啻清初批判理学思潮蜕变的一个极好注脚。

　　在清初批判理学诸大师之后，率先步入考据学狭路的，是阎若璩、胡渭、毛奇龄等人。迄于乾隆初叶，江苏学者惠栋崛起，潜心经术，专宗汉儒，独以表彰汉学为职志。他说："汉经师之说，立于学官，与经并行。五经出于屋壁，多古字古言，非经师不能辨。经之义存乎训诂，识字审音，乃知其意。是故古训不可改也，经师不可废也。"⑥ 至此，以汉学标榜的乾嘉学派，遂以系统而娴熟的考据学，登上了清中叶的学术

---

①　颜元：《存学编》卷一，《明亲》。

②　颜元：《习斋记余》卷三，《寄桐乡钱生晓城》。

③　同上书卷一，《未坠集序》。

④　李塨：《恕谷后集》卷一，《送黄宗夏南归序》。

⑤　戴震：《戴东原集》卷十二，《江慎修先生事略状》。

⑥　惠栋：《松崖文钞》卷一，《九经古义述首》。

舞台。正如乾嘉时期的史学大师钱大昕评述惠氏学术时所论："汉学之绝者千有五百余年，至是而粲然复章矣。"①

明清之际，社会的急剧动荡，及其在理论思维领域所反映出的理学瓦解，形成了清初的批判理学思潮。这是一个具有两重性的思潮，一方面它以经世致用为宗旨，对理学进行了批判和总结，这对于打破几个世纪以来理学对思想界的束缚，无疑是具有历史积极意义的。因此这是一个进步性的思潮。另一方面它又是一个具有复古倾向的思潮。这一思潮用以批判理学的思想武器，并不是、也不可能是建立在新的经济因素之上的理论形态，而是较之理学更为古老的经学。这种复古倾向，导致清初知识界在方法论上逐渐撇弃宋明理学的哲学思辨，走向了朴实考经证史的途径，从而为尔后乾嘉学派的形成，在理论思维上提供了内在的逻辑依据。乾嘉学派的形成，是清初批判理学思潮蜕变的直接结果。在清初经济的恢复发展过程中，随着封建文化专制的加强，批判理学思潮的经世致用宗旨遭到阉割，蜕变为一个进行朴实的经学考据的复古思潮。清初封建国家政治、经济的发展既促成了理论思维的这样一个蜕变，封建统治者又及时地利用了这样一个蜕变来为其服务，这便是康熙中叶以后，清廷在崇奖理学的同时，亦提倡经学，使之在维护封建统治中，成为与理学相辅为用的思想工具。经历康熙、雍正两朝，迄于乾隆初叶，清廷给封建知识界安排的，就只是朴实的经学考据这一条狭路。而封建国家经济状况的逐步好转，社会的相对安定，也为知识界的经籍整理提供了良好的物质环境。于是上述诸种历史因素交互作用的结果，到乾隆中叶，考据之学遂风靡朝野，最终形成了中国封建社会晚期继宋明理学之后的又一个主要学术流派——清代汉学，即乾嘉学派。

---

① 钱大昕：《潜研堂文集》卷三十九，《惠先生栋传》。

附录二
梁启超对清代学术史研究的贡献

20 世纪初以来，在治清史的众多前辈中，梁启超先生以其对清代学术史的开创性研究，成为这一领域的卓然大家和杰出的奠基人之一。回顾梁先生在这一领域辛勤耕耘的历程，总结他在开拓道路上的成败得失，对他的研究成果做出实事求是的、科学的评价，是很有必要的。因为这不仅是对中国文化史上一位继往开来大师的纪念，而且对于我们把清代学术史的研究引向深入，也是一桩有意义的事情。

（一）

评价梁启超清代学术史研究得失者，多集中于他的《清代学术概论》和《中国近三百年学术史》。这样做无疑是正确的，因为这两部论著，正是他研究清代学术史心得的精粹所在。但是，作为对梁启超研究历程的回顾，则可追溯到《清代学术概论》问世的 10 余年前，也就是他治清代学术史的处女作《近世之学术》发表的 1904 年。

1902 年，梁启超发愿结撰《论中国学术思想变迁之大势》。这一长篇论著，原拟作十六章，惜仅写至第六章隋唐佛学，便因故搁笔。两年后，他才于 1904 年夏，续作讨论清代学术史的专章。稿成，即以"近世之学术"为题，刊布于《新民丛报》。文凡三节，"第一节永历康熙间"，"第二节乾嘉间"，"第三节最近世"。他把清代学术作为中国古代学术发展的一个阶段来考察，文中指出："吾论次中国学术史，见夫明末之可以变为清初，清初之可以变为乾嘉，乾嘉之可以变为今日，而叹时势之影响于人心者正巨且剧也，而又信乎人事与时势迭相左右也。"①
他的作品虽然对章炳麟所著《訄书》有所借鉴，但是却以较之太炎先生
略胜一筹的高屋建瓴之势，对200余年间学术演进的历史作了鸟瞰式的
勾勒。轨迹彰明，脉络清晰，在清代学术史研究中，实在是一个创举。

在《近世之学术》中，梁启超关于清代学术史的若干根本观点，诸
如清代学术的基本特征，清代学术史的分期，清初经世思潮，乾嘉学派
及今文经学派的评价，清代学术在中国学术史上的地位，等等，都已
经大致形成。在论及清代学术的基本特征时，他写道："本朝二百年之
学术，实取前此二千年之学术，倒影而缫演之，如剥春笋，愈剥而愈近
里，如啖甘蔗，愈啖而愈有味。不可谓非一奇异之现象也。"②梁启超很
注意清初经世思潮的研究，他对清初诸大师，如顾炎武、黄宗羲、王夫
之、颜元等，评价甚高，而且把刘献廷与之并提，称之为"五先生"。他
认为："五先生者皆时势所造之英雄，卓然成一家言。求诸前古，则以
比周秦诸子，其殆庶几。后此，惟南宋永嘉一派（原注：陈止斋、叶水
心、陈龙川一派）亦略肖焉。然以永嘉比五先生，则有其用而无其体者
也，即所谓用者，亦有其部分而无其全者也。故吾欲推当时学派为秦汉
以来二千年空前之组织，殆不为过。"③同样是清初学者，梁启超对徐乾
学、汤斌、李光地、毛奇龄等，则深恶痛绝，斥之为"学界蟊贼"。他
说："上既有汤、李辈以伪君子相率，下复有奇龄等以真小人自豪，而
皆负一世重名，以左右学界，清学之每下愈况也，复何怪焉。"④在梁启
超看来，从清初诸大师到乾嘉学派，清学是在走下坡路。因此，他对乾
嘉学派评价并不高，他指出："吾论近世学派，谓其由演绎的进于归纳
的，饶有科学之精神，且行分业之组织，而惜其仅用诸琐琐之考据。"⑤

---

① 梁启超：《饮冰室合集》，《文集》第三册，《近世之学术》第三节。
② 同上书，《近世之学术》第一节。
③ 同上书，《近世之学术》第二节。
④ 同上。
⑤ 同上。

在对乾嘉大师惠栋、戴震的评价上，他既认为："惠、戴之学，固无益于人国，然为群经忠仆，使后此治国学者省无量精力，其功固不可诬也。"[①] 但同时又对戴震颇多微词。他说，戴震"极言无欲为异氏之学，谓遏欲之害甚于防川焉。此其言颇有近于泰西近世所谓乐利主义者，不可谓非哲学派中一支派。虽然，人生而有欲，其无怪也，节之犹惧不蔇，而岂复劳戴氏之教猱升木为也"。他甚至诿罪戴震，认为："二百年来，学者记诵日博，而廉耻日丧，戴氏其与有罪矣。"[②] 这同他20世纪20年代以后的所为，简直判若两人。有关这方面的情况，我们随后再谈。

梁启超是晚清今文经学营垒中的健将。早年，他曾在广州万木草堂从学于康有为，戊戌变法失败后，流亡日本。当时的日本，经历明治维新，锐意求治，无论在经济、政治、军事，还是学术文化诸方面，都一跃而成为亚洲一流强国。梁启超置身于这样一个相对开放的国度，使他得以广泛接触西方资产阶级的哲学、史学和社会政治学说，深入探讨日本强盛的经验。这不仅给了他以政治主张的理论依据，而且也极大地开阔了他的学术视野。当梁启超撰写《近世之学术》和《论中国学术思想变迁之大势》之时，正是他摆脱今文经学的羁绊，逾越康有为的改制、保教说藩篱，成为西方资产阶级进化论笃信者的时候。他把进化论引进史学领域，在中国近代史学史上，率先举起了"史界革命"[③] 的旗帜。《近世之学术》及其先后发表的一系列史学论著，正是他所倡导的"史界革命"的产物。由于从旧营垒中拔足，而且又找到了为今文经学所不可望其项背的思想武器，因而当他回过头去俯视旧营垒的时候，其中的利病得失便了若指掌。在《近世之学术》中，梁启超就清代今文经学的演变源流写道："首倡之者，为武进庄方耕（存与），著《春秋正辞》。方耕与东原同时相友善，然其学不相师也。戴学治经训，而

① 　梁启超：《饮冰室合集》，《文集》第三册，《近世之学术》第二节。
② 　同上。
③ 　同上书，《新史学》。

博通群经，庄学治经义，而约取《春秋公羊传》。东原弟子孔巽轩（广森），虽尝为《公羊通义》，然不达今文家法，肤浅无条理，不足道也。方耕弟子刘申受（逢禄），始专主董仲舒、李育，为《公羊释例》，实为治今文学者不祧之祖。逮道光间，其学寝盛，最著者曰仁和龚定庵（自珍），曰邵阳魏默深（源）。"他认为，龚、魏之后，集今文经学之大成者当推廖平，而将其用之于变法改制，则自康有为始。他说："康先生之治《公羊》，治今文也，其渊源颇出自井研（即廖平，平系四川井研人——引者），不可诬也。然所治同，而所以治之者不同。畴昔治《公羊》者皆言例，南海则言义。惟牵于例，故还珠而买椟，惟究于义，故藏往而知来。以改制言《春秋》，以三世言《春秋》者，自南海始也。"[1] 在中国近代学术史上，能把清代今文经学的源流利弊梳理得如此有条不紊，梁先生堪称第一人。

从《近世之学术》中，我们可以看到，在梁启超先生最初步入清代学术史门槛的时候，他从总体上对清学的评价是不高的。他认为："综举有清一代之学术，大抵述而无作，学而不思，故可谓之为思想最衰时代。"[2] 然而，作为一个正在奋发向上的年轻学者和思想家，他对中国思想界的前景则甚为乐观。在这篇文章末了，梁先生满怀信心地写道："要而论之，此二百余年间，总可命为古学复兴时代。特其兴也，渐而非顿耳。然固俨然若一有机体之发达，至今日而葱葱郁郁，有方春之气焉。吾于我思想界之前途，抱无穷希望也。"[3]

《近世之学术》作为梁启超研究清代学术史的早期作品，同他晚年的同类论著相比较，可谓虎虎有生气。但平心而论，却又显得朝气有余，而踏实不足。当时，正是他以"思想界之陈涉"自任，"读东西诸

---

① 梁启超：《饮冰室合集》，《文集》第三册，《近世之学术》第三节。
② 同上。
③ 同上。

硕学之书，务衍其学说，以输入于中国"①的时候，因此他这一时期的论著，用以拯救时弊的实用色彩很浓。唯其如此，加以在学业上的所涉未深，因而在《近世之学术》中，过当和疏漏之处在所多有。譬如我们刚才所引述的对戴震的苛求，对徐乾学等的指斥，就是一例。而且由于当时梁先生又曾一度倾向"革命排满"和"破坏主义"，因而对清初学者刘献廷、吕留良，都作了不适当的拔擢。他对刘、吕二人倾心推许，称赞刘献廷为"绝世之秘密运动家"，甚至说："吾论清初大儒，当首推吕子。"②对刘献廷，尤其是给吕留良以肯定的评价，这在清廷统治尚能维持的情况下，实在是需要足够的政治和理论勇气的。梁先生在这一点上，的确无愧于"思想界之陈涉"的自况。但是，以政治需要去代替学术研究，就难免要言过其实。这一类的瑕疵和不成熟之处，本来依恃其学业根柢，加以出类拔萃的才气，只要潜心有日，是不难使之臻于完善的。可是，晚清的纷乱时局，却把他长期地拖在政治斗争的旋涡中。民国初建，他更被洪流推至浪端，以致这一工作竟延宕了16年才得以进行。这就是以1920年《清代学术概论》的发表为标志，梁启超先生二度进入清代学术史研究领域。

（二）

人类的认识活动，总是沿着一条不断向前的螺线，由低级向高级，从片面向更多的方面发展。梁启超先生的清代学术史研究，也正是遵循这一运动法则前进的。他的《清代学术概论》就形式而论，虽然同16年前的《近世之学术》一样，依然只是清代学术的一个鸟瞰式的提纲，而且若干基本观点也没有大的异同。然而，过细地加以比较，我们即可发

---

　①　梁启超：《饮冰室合集》，《文集》第十册，《清议报一百册祝辞并论报馆之责任及本馆之经历》。

　②　梁启超：《饮冰室合集》，《文集》第三册，《近世之学术》第一节。

现，二者之间有继承，有因袭，但却不是简单的复述。正如他所自述："余今日之根本观念，与十八年前无大异同，惟局部的观察，今视昔似较为精密。且当时多有为而发之言，其结论往往流于偏至。故今全行改作，采旧文者什一二而已。"[①] 综观全文，梁先生在其中不仅对昔日的某些结论作了必要的修正，而且在更深的程度和更广的切面上，展示了他对清代学术史的思考，从而使这部论著成为他晚年治清代学术史的纲领性著作。

以下，我们想着重讨论一下《清代学术概论》与《近世之学术》的不同处，换句话说，也就是看一看梁先生在哪些方面把自己的研究向前作了推进。

首先，是关于清代学术史的分期。在《近世之学术》中，梁先生以时间先后为序，将清学分为四期，即"第一期，顺康间；第二期，雍乾嘉间；第三期，道咸同间；第四期，光绪间"。他还就各时期的主要学术趋向作了归纳，认为第一期是程朱陆王问题，第二期是汉宋学问题，第三期是今古文问题，第四期是孟荀问题、孔老墨问题[②]。这样的分期和归纳，事实上就连他本人也认为不成熟，因此他在所列分期表后特意加了一个注脚："上表不过勉分时代，其实各期衔接掺杂，有相互之关系，非能判若鸿沟，读者勿刻舟求之。"[③] 到写《清代学术概论》时，梁启超就没有再继续沿用呆板的时序分期法。当时，他正从事佛学的研究，遂借用"佛说一切流转相，例分四期，曰生、住、异、灭"的观点，并使之同时序分期相结合，将清学作了新的四期划分。这就是"一、启蒙期（生），二、全盛期（住），三，蜕分期（异），四、衰落期（灭）"[④]。为了叙述的方便，我们把前者称作"时序分期法"，后者称作"盛衰分期法"。同样是四期划分，按时序分期，虽无大谬，但它实际上只是一种简单的自然

---

①　梁启超：《清代学术概论》卷首，《自序》，中华书局 1954 年版，第 4 页。
②　梁启超：《饮冰室合集》，《文集》第三册，《近世之学术》第一节。
③　同上。
④　梁启超：《清代学术概论》一，中华书局 1954 年版，第 1 页。

主义的写实。而盛衰分期法，则通过对学术思潮演变轨迹的探寻，试图揭示一代学术发展的规律。在这个问题上，尽管我们对梁先生的结论尚有较大保留，但是我们依然认为，盛衰分期法较之先前的时序分期法已经前进了一大步，因为它是从本质上向历史实际的接近，而不是背离。

其次，是对清代学术基本特征的归纳。如果说《近世之学术》还只是以考证作为清学正统派的学风，那么《清代学术概论》则是囊括无遗地把整个清代学术目之为考证学。该书开宗明义即指出："我国自秦以来，确能成为时代思潮者，则汉之经学，隋唐之佛学，宋及明之理学，清之考证学四者而已。"① 所以，在论及考证学派的演变源流时，他说："此派远发源于顺康之交，直至光宣，而流风余韵，虽替未沫，直可谓与前清朝运相终始。"② 在梁先生看来，清代学术以复古为职志，采取绵密的考证形式而出现，是中国学术史上的一个独立思潮。而且他认为，清学的"复古"特征，就其具体内容而言，有一个层层递进的上溯趋势。他说："综观二百余年之学史，其影响及于全思想界者，一言以蔽之，曰以复古为解放。第一步，复宋之古，对于王学而得解放；第二步，复汉唐之古，对于程朱而得解放；第三步，复西汉之古，对于许郑而得解放；第四步，复先秦之古，对于一切传注而得解放。"③ 这样的归纳，把"以复古为解放"说成是清学发展的必然趋势，坦率地说，我们并不赞成。但是，它显然就把在《近世之学术》中所作的"古学复兴"的简单表述引向了深入。因为它不仅充实了"古学复兴"的层次，而且还探讨了"复古"的目的。正是从这样一个基本估计出发，梁启超用"以复古为解放"作纽带，把清代学术同现代学术沟通起来。他说："夫既已复先秦之古，则非至对于孔孟而得解放焉不止矣。"④ 这一沟通固然

---

①　梁启超：《清代学术概论》一，第 1 页。
②　同上书十九，第 48 页。
③　同上书二，第 6 页。
④　同上。

带着明显的主观臆想印记，但是作为一种理论尝试，它却自有其应当予以肯定的价值。这样的尝试，无疑也是对作者先前研究课题的深化。

再次，是对清代学术在中国学术史上地位的评价。一如前述，在《近世之学术》中，梁启超从总体上对清学的评价是不高的。然而事隔16年之后，他却对先前的看法作了重大的修正。当时，正值他结束一年多的欧游返国。访欧期间，梁启超对欧洲的文化，尤其是自"文艺复兴"以来欧洲文化之所以居于领先地位的原因，有了进一步的认识。他将这一认识同中国传统的政治、经济、社会和文化相对照，旧日的悲观消极为之一扫，对国家的前途充满了信心。在返国初的一次演说中，他指出："鄙人自作此游，对于中国甚为乐观，兴会亦浓，且觉由消极变积极之动机现已发端。诸君当知中国前途绝对无悲观，中国固有之基础亦最合世界新潮，但求各人高尚其人格，励进前往可也。"① 从此，他决意委身教育，以之为终身事业，按其所设计的社会蓝图，去"培养新人才，宣传新文化，开拓新政治"②。梁启超先生对清代学术评价的改变，以及他的《清代学术概论》的撰写，就是在这一背景之下酝酿成熟的。在《清代学术概论》中，他自始至终把清代学术同欧洲"文艺复兴"相比较，对清学的历史价值进行了充分的肯定。他说："清代思潮果何物耶？简单言之，则对于宋明理学之一大反动，而以复古为其职志者也。其动机及其内容，皆与欧洲之'文艺复兴'绝相类。而欧洲当'文艺复兴'期经过以后所发生之新影响，则我国今日正见端焉。"③ 这也就是说，清学即是我国历史上的"文艺复兴"，有清一代乃是我国的"文艺复兴"时代。关于这一点，梁先生在写《清代学术概论自序》时，对旧著的一处改动，是很能说明问题的。本来，在《近世之学术》中，他是

---

① 《申报》一九二〇年三月十五日，《梁任公在中国公学演说》，转引自丁文江、赵丰田：《梁启超年谱长编》第九册，上海古籍出版社1983年版，第902页。

② 梁启超：一九二〇年五月十二日，《致伯祥亮侪等诸兄书》，见丁文江、赵丰田：《梁启超年谱长编》第九册，第909页。

③ 梁启超：《清代学术概论》二。

把清代的二百余年称为"古学复兴时代"，而到此时他引述旧著，则不动声色地将"古学"改为"文艺"二字。他写道："此二百余年间，总可命为中国之文艺复兴时代。"① 这样的改动和评价，同早先的"思想最衰时代"的论断，当然就不可同日而语了。

复次，《清代学术概论》在理论上探讨的深化还在于，它试图通过对清代学术的总结，以预测今后的学术发展趋势。在《近世之学术》中，梁启超的这一努力已经发端，他曾经表示："吾于我思想界之前途，抱无穷希望也。"② 不过，这样的展望与其说是预测，倒不如说是良好愿望和对读者的鼓动，因此，它的理论价值是极有限度的。而《清代学术概论》则辟为专节，对之加以论述。他说："吾稽诸历史，征诸时势，按诸我国民性，而信其于最近之将来必能演出数种潮流，各为充量之发展。"③ 对于梁先生所预测的五大学术潮流，我们在这里姑且不去论其是非，然而仅就这一展望本身而言，它的理论价值则是显而易见的。历史学作为一门科学，它不仅是要本质地还历史以原貌，揭示历史的发展规律，而且还应当依据这种规律性的认识，去预测历史发展的趋势。梁先生在《清代学术概论》中所进行的理论探索，使他在这一点上，远远超过了中国传统史学"引古筹今""鉴往训今"的治史目的论。他把既往同现实以及未来一以贯之，这样的路子无疑是正确的。这正是他作为一个资产阶级史家较之封建史家的卓越之处。

（三）

以《清代学术概论》为起点，梁启超先生在其晚年，比较集中地对清代学术史进行了广泛而深入的研究。这一研究在广度和深度上的发

---

① 梁启超：《清代学术概论》卷首，《自序》。
② 梁启超：《饮冰室合集》，《文集》第三册，《近世之学术》第三节。
③ 梁启超：《清代学术概论》三十三。

展，其主要表现，首先便在于他对戴震及其哲学的高度评价。

1923 年旧历 12 月 24 日，是戴震 200 周年诞辰。梁先生于当年 10 月向学术界发出倡议，发起召开专门纪念会。他为此撰写了一篇《戴东原生日二百年纪念会缘起》，文中对戴震及其哲学倍加推崇。他指出："前清一朝学术的特色是考证学，戴东原是考证学一位大师。"又说："戴东原的工作，在今后学术界留下最大价值者，实在左列两项。"即一是"他的研究法"，二是"他的情感哲学"。梁先生认为，由于这两方面的价值，所以戴震"可以说是我们科学界的先驱者"，是足以与朱熹、王守仁"平分位置"的"哲学界的革命建设家"①。为了准备参加这次纪念会，他赶写了《戴东原先生传》和《戴东原哲学》，会后又撰成《戴东原著述纂校书目考》等。在这几篇文章中，梁启超先生对戴震的生平行事、思想渊源及其哲学思想的主要方面，进行了深入的探讨。他的结论是："戴东原先生为前清学者第一人，其考证学集一代大成，其哲学发二千年所未发。虽仅享中寿，未见其止，抑所就者固已震烁往襫，开拓来许矣。"②这些倾心的推许，较之他 20 年前的微词，固有矫枉过正之失，但确是研究有得之言。在戴震思想研究中，梁先生的开创之功实不可没。

同对戴震及其哲学的评价一样，随着研究的深入，梁先生早年对清初学者所作的一些过当之论，到此时也都一一进行了切合实际的修正。1924 年 2 月，他撰成《近代学风之地理的分布》一文。文中在论及先前他所诋为"学界蟊贼"的汤斌等人时，便已经一改旧观。他说："睢州汤潜庵（斌），清代以名臣兼名儒者共推以为巨擘，潜庵宦达后假归，及折节学于苏门。而夏峰弟子中，最能传其学者，在燕则魏连陆，在豫则潜庵。时盈廷以程朱学相夸附，诋陆王为诐邪，潜庵岳然守其师

①　梁启超：《饮冰室合集》，《文集》第十四册，《戴东原生日二百年纪念会缘起》。
②　同上书，《戴东原图书馆缘起》。

调和朱陆之旨，而宗陆王为多。居官以忤权相明珠去位，几陷于戮，是真能不以所学媚世者。"① 对徐乾学，他亦指出："昆山徐健庵（乾学）、徐立斋（元文），虽颇以巧宦丛讥议，然宏奖之功至伟。康熙初叶，举国以学相淬励，二徐与有力焉。健庵治《礼》亦颇勤，其《读礼通考》虽出万季野，然主倡之功不可诬也。《通志堂九经解》嫁名成容若德，实出健庵，治唐宋经说者有考焉。"② 就连早年被他斥作"伪君子""真小人"的李光地、毛奇龄，而今在他的笔下，也得到了持平的评价。他说："安溪李晋卿（光地），善伺人主意，以程朱道统自任，亦治礼学、历算学，以此跻高位，而世亦以大儒称之。"③ 他还说："清初浙东以考证学鸣者，则萧山毛西河（奇龄）。""西河之学，杂博而缺忠实，但其创见时亦不可没。"④ 梁启超先生对其既往学术观点的这一类修正，当然不是他在研究中的倒退，而正是他追求真理的反映。

　　梁先生在这一时期把他的清代学术史研究推向深入的另一表现，则是他对整个 17 世纪思潮的研究。重视清初经世思潮的探讨，这在梁先生数十年的清代学术史研究中，可以说是一个好传统，是足以构成他的研究特色的一个重要方面。在这方面，他所走过的也是一个不断深化的历程。早先，他只是将清初思想作为清学发展的初期阶段去进行考察，对之予以肯定的评价。而到其晚年，随着学识的积累和研究的深入，他已逾越王朝兴替的界限，扩展为对整个 17 世纪思潮的研究。为此，他在 1924 年专门撰文一篇，题为《明清之交中国思想界及其代表人物》。在这篇文章中，梁先生对自 1624 年至 1724 年，凡百年间中国思想界的大概形势及其重要人物加以论列。他指出："若依政治的区划，是应该从 1644 年起的，但文化史的年代，照例要比政治史先走一步。所以

---

①　梁启超：《饮冰室合集》，《文集》第十四册，《近代学风之地理的分布》五，《河南》。
②　同上书七，《江苏》。
③　梁启超：《饮冰室合集》，《文集》第十三册，《福建》。
④　梁启超：《饮冰室合集》，《文集》第十四册，《近代学风之地理的分布》九，《浙江》。

本讲所讲的黎明时代，提前二三十年，大约和欧洲的十七世纪相当。"①
而且他还认为："这一百年，是我们学术史最有价值的时代，除却第一
期 —— 孔孟生时，象是没有别个时代比得上它。"②

在梁启超先生晚年所进行的 17 世纪思潮研究中，对颜李学派的表
彰，成为他致力的一个重要课题。颜元曾经说过："立言但论是非，不
论异同。是则一二人之见不可易也，非则虽千万人所同不随声也。"③梁
先生由衷地服膺这段话，他认为："颜李不独是清儒中很特别的人，实
在是二千年思想界之大革命者。"④当时，正值美国著名哲学家杜威访华
之后，杜威以及詹姆斯的实用主义哲学风行一时，梁先生则指出，颜
元、李塨的学说，同样可以与之媲美。他说："他们所说的话，我们读
去实觉得餍心切理，其中确有一部分说在三百年前而和现在最时髦的学
说相暗合。"⑤他把颜李学说同现代教育思潮相比较，对颜元、李塨的实
学思想和教育主张进行了详尽的引证。他指出："我盼望我所引述的，
能够格外引起教育家兴味，而且盼望这派的教育理论和方法，能够因我
这篇格外普及，而且多数人努力实行。"⑥在这个问题上，后世教育学界
对颜元教育思想的深入研究，是可以告慰梁先生于九泉的。

1924 年前后，是梁启超先生研究清代学术史取得丰硕成果的一个
时期。在这一时期中，他除连续发表上述论文外，还着手进行《清儒学
案》的纂辑。1923 年 4 月，他在给当时商务印书馆负责人张元济的一
封信中，曾经写道："顷欲辑《清儒学案》，先成数家以问世，其第一
家即戴东原。"⑦翌年初，他在高校授课时又讲道："吾发心著《清儒学

---

① 梁启超：《饮冰室合集》，《文集》第十四册，《明清之交中国思想界及其代表人物》。
② 同上。
③ 颜元：《颜习斋先生言行录》卷下，《学问》第二十。
④ 梁启超：《饮冰室合集》，《文集》第十四册，《明清之交中国思想界及其代表人物》。
⑤ 同上书，《颜李学派与现代教育思潮》。
⑥ 同上。
⑦ 梁启超：《致菊公书》，见丁文江、赵丰田：《梁启超年谱长编》第十册，第 992 页。

案》有年，常自以时地所处，窃比梨洲之故明，深觉责无旁贷。所业既多，荏苒岁月，未知何时始践夙愿也。"① 很可惋惜的是，这一工作未及完成，病魔便夺去了梁先生的生命。他所留下的，仅为戴震、黄宗羲、顾炎武三学案及《清儒学案年表》凡百余页手稿。与之同时，梁启超先生所做的第三桩事，便是在天津南开大学和北京清华研究院讲授中国近三百年学术史。后来他所撰写的授课讲义，即以"中国近三百年学术史"为书名印行。

《中国近三百年学术史》是继《清代学术概论》之后，梁启超先生研究清代学术史的又一部重要论著，也是他晚年在这一学术领域中研究成果的荟萃。在写《清代学术概论》时，梁先生刚由政治斗争旋涡拔足，所以他的作品难免还颇带些昨日政论家的气息。而此时著《中国近三百年学术史》，他已经是执教有年的著名教授，对学术问题的探讨，较之数年前更为冷静、缜密。因而，作为一部学术专史的雏形，这部著作显然就比《清代学术概论》趋于成熟。它既保持了作者先前对清代学术史进行宏观研究的独具特色，同时又以专人、专题的研究，使宏观研究同局部的、具体的考察结合起来。这部论著凡十六节，而归纳起来不外乎就讲了三个专题，一是清代学术变迁与政治的影响，二是清初经世思潮及主要学者的成就，三是清代学者整理旧学的总成绩。全书无论是对清代学术主流的把握，还是对各时期学术趋势的分析；无论是对清初诸大师，如顾炎武、黄宗羲、王夫之、颜元等的研究，还是对为论者所忽视的方以智、费密、唐甄、陈确、潘平格等的表彰，都无不显示了基于深厚研究之上的卓越识断。其中，尤其是对第三个专题的研究，更是搜讨极勤，很见功力，从而也成为他晚年的得意之作。1924 年 4 月，当他将这一部分书稿送请《东方杂志》率先发表时，就曾经指出，全篇所列二十个学术门类，"每类首述清以前状况，中间举其成绩，末自述

---

① 梁启超：《中国近三百年学术史》十五，上海民志书店 1929 年版，第 475 页。

此后加工整理意见，搜集资料所费工夫真不少。我个人对于各门学术的意见，大概都发表在里头，或可以引起青年治学兴味。颇思在杂志上先发表，征求海内识者之批驳及补正，再溆为成书"。①

梁启超先生因不惬于《清代学术概论》的简略，而久有改写的志愿。《中国近三百年学术史》可以说是在这方面迈出了坚实的一步。但是很可惜，他没有再继续往前走下去，便把学术兴趣转向先秦子学研究。严格地说来，《中国近三百年学术史》应当说是一部尚未完成的作品。因为梁先生在该书一开始便说得很清楚："本讲义目的，要将清学各部分稍为详细解剖一番"②，"要将各时期重要人物和他的学术成绩分别说明"③，可是全书终了，这个任务却只做了一半，清中叶以后的学术史仅有综论而无说明，更无解剖。尔后，随着中国第一次大革命的高涨，他戴着有色眼镜去观察时局，以致苦闷彷徨，日益落伍。加以病魔深缠，直到1929年1月赍志辞世，他始终未能再行涉足于清代学术史研究，这不能不说是一桩深以为憾的事情。倘使天假以年，使梁先生得以矢志以往，将《清代学术概论》与《中国近三百年学术史》合而一之，实现改写《清代学术史》的夙愿，那么他在这一学术领域中的所获，当是不可限量的。

（四）

在中国近现代学术史上，梁启超以富于开创精神而著称。正是无所依傍的大胆开拓，构成了他的清代学术史研究独具一格的特色，使他取得了超迈前人的卓越成就。作为一个杰出的先行者，梁先生的研究虽然还只是开了一个头，不可能走得更远，而且也还存在若干偏颇和疏失。

---

① 梁启超：《致菊公书》，见丁文江、赵丰田：《梁启超年谱长编》第十册，第1016页。
② 梁启超：《中国近三百年学术史》二，《清代学术变迁与政治的影响》（上）。
③ 同上书四，《清代学术变迁与政治的影响》（下）。

但是发凡起例，辟启蹊径，在清代学术史的开创和建设中，他的功绩是不朽的。归纳起来，梁启超先生在这一学术领域的贡献，主要有如下几个方面。

第一，开创性的宏观研究。

有清一代，对当代学术发展的源流进行局部的梳理，从其中叶便已开始。嘉庆、道光间，江苏扬州学者江藩，撰就《国朝汉学师承记》《国朝宋学渊源记》和《国朝经师经义目录》，实为此一学术趋向之滥觞。随后，湖南学者唐鉴不满江藩扬汉抑宋的做法，一反其道，独以程朱学派为大宗，置经学、心学为异己，编成《国朝学案小识》，也堪称继起有得者。不过，江、唐二人的著作，虽然对我们了解清代前期学术界的状况不无参考价值，但是他们皆为门户之见所蔽，其中尤以唐鉴为甚。因而就学术史研究而言，他们的所得同梁启超相比，就实在不成片段。梁启超先生的研究之所以远胜于前人，其根本之点就在于，他将进化论引进学术史研究领域，把清代学术发展视为一个历史的演进过程，在中国学术史上，第一次对它进行了宏观的历史的研究。在愈趋深化的研究过程中，梁先生首先从纵向着眼，将清代学术史置于中国数千年学术发展史中去论列。他不仅指出清学同之前的宋明理学间的必然联系，而且还把它同以后对孔孟之道的批判沟通起来。他所昭示给人们的，既不再是数千年来旧史家对封建王朝文治的歌颂，也不再是从朱熹到唐鉴历代学者对一己学派的表彰，而是一个历史时期学术思想盛衰的全貌。这样，梁先生就以其"史界革命"的实践，把清代学术史研究引向一个崭新的天地。同时，作为一个特定历史阶段的学术思想史，梁先生又把300年间的学术发展看作一个独立的整体，对之进行了多层次、多切面的系统研究。无论是他所涉及的研究课题之广泛，还是所论列的学者之众多，都是空前的。他关于清代学术发展的基本特征，清代学术史的分期和各个时期主要的学术趋向，以及17世纪经世思潮和整个清学历史地位等方面的探讨，不仅前无古人，睥睨一代，而且也给后来的学者指出了深入研究的广阔而坚实的路径。

十分可贵的是，身为晚清学术界的代表人物之一，梁启超先生却能以一个杰出史家的理智，摆脱门户之见的羁绊，对自己亲历的学术史事进行冷静、缜密的研究。他"不惜以今日之我，难昔日之我"，"即以现在执笔之另一梁启超，批评三十年史料上之梁启超"①。他曾经说过："启超之在思想界，其破坏力确不小，而建设则未有闻，晚清思想界之粗率浅薄，启超与有罪焉。"②在中国学术史上，能如同梁先生一样，把自己作为一个历史人物去进行解剖，实在是不可多见的。正是这种虚怀若谷、从善如流的学风，使他在清代学术史研究中的开创精神历久而不衰。梁启超先生对清代学术史所进行的开创性的宏观研究，使他理所当然地成为这一学术领域的杰出奠基人之一。

第二，对清代学术发展规律的探索。

清代学术，作为中国古代学术发展的一个重要阶段，它有其自身的运动规律，探讨和准确地把握这一规律，是清代学术史研究的一个根本课题。在中国学术史上，进行这一探索的先驱者便是梁启超先生。当他青年时代跨入清代学术史研究门槛的时候，便以封建史家所不可企及的魄力和卓识，大胆地提出了历史的三大"界说"，即第一，"历史者，叙述进化之现象也"；第二，"历史者，叙述人群进化之现象也"；第三，"历史者，叙述人群进化之现象而求得其公理公例者也"③。在中国史学史上，梁启超先生第一次从西方引进"历史哲学"的概念，他指出："善为史者，必研究人群进化之现象，而求其公理公例之所在，于是有所谓历史哲学者出焉。历史与历史哲学虽殊科，要之苟无哲学之理想者，必不能为良史，有断然也。"④梁先生研究清代学术史的过程，也

---

① 梁启超：《清代学术概论》卷首，《自序》，第 4 页。
② 同上书二十六，第 65 页。
③ 梁启超：《饮冰室合集》，《文集》第三册，《新史学》。
④ 同上。

就是他以其资产阶级的历史哲学为指导，去探索这一学术领域的"公理公例"的过程。

从《近世之学术》到《中国近三百年学术史》，梁启超先生的全部研究表明，他并没有满足于对清代学术演变源流的勾勒，也没有局限于对清代学者业绩的表彰。他的卓越之处在于，他试图去探索在清代历史上递相出现的学术现象产生的原因，以及它们之间的联系，并把它们合而视为一个独立的思潮，进而找到这一思潮与其前后历史时期所出现思潮的联系。尽管由于历史和阶级的局限，在这个问题的探讨中，梁先生最终未能如愿以偿。但是，无论是他对清代学术发展内在逻辑的认识，还是他就地理环境、社会环境、人们的心理状态等因素对学术发展影响的探讨，尤其是他晚年所着力论证的封建专制政治对学术趋向的制约，都在这方面做出了有价值的尝试。他的探讨所得，为继起者向真理的追求，提供了宝贵的思想资料。

第三，一系列重要研究课题的提出。

学术研究，归根结蒂，是为了追求真理，解决问题。然而问题的解决、真理的把握，却并非一蹴而就，它需要研究者付出长期的、一代接一代的艰辛劳动。因而，作为开拓者，评判他们功绩的依据，往往并不在于能否解决问题，历史给他们以肯定评价的，则是他们提出问题的识断。从这个意义上说，提出问题与解决问题是具有同等重要价值的。梁启超先生的清代学术史研究，其历史价值就不仅仅是因为他触及并着手解决前人所未曾涉及的若干问题，而且更在于他提出了这一学术领域中应当解决的一系列重要课题。在梁先生所提出的研究课题中，既有对规律性认识的探讨，也有对局部问题深入的剖析。前者譬如清代学术史的分期，清代学术发展的基本特征和趋势，17世纪经世思潮研究，清代学术的历史地位，等等；后者譬如对戴震及其哲学和颜李学派的评价，清代学者整理旧学的总成绩，乾嘉学派、常州学派的形成，晚清的西学传播，等等。如果要开成一张单子，那么至少可以列出四五十个大题目来。半个多世纪以来，继起的研究者正是沿着梁启超先生开辟的路径走去，从不同的角度，运用不同的研究方法，去解决他所提出的一个个课题。同时又在这一过程中，不断发掘出新的研究课题来，把清代学术史研究推向了一个新的更高的层次。

第四，进行东西文化对比研究的尝试。

每一个国家，每一个民族，都有自己的理论思维史和文化史。尽管由于历史的原因，它们之间的发展水平参差不齐，但是将各个国家、各个民族在同一历史时期，或相似发展阶段的理论思维史、文化史进行比较研究，对于提高各自的发展水平，共同缔造人类的文明，无疑是十分必要的。从今天看来，这样的认识已经广为人们所乐于接受。然而，一个多世纪前，在闭关锁国的清政府统治下，这则是不可思议的事情。直到 20 世纪初，封建统治尚在苟延残喘的时候，要去这么做，也是需要足够的理论勇气和远见卓识的。在这方面，梁启超先生破天荒地进行了勇敢的尝试。他在清代学术史研究中，不仅把不同时期的著名思想家，诸如黄宗羲、颜元、戴震等的某些思想，同西方相似的思想家进行局部的对比，肯定其思想的历史价值，而且还从整体上把全部清代学术同欧洲的"文艺复兴"相比照，高度评价了清学的历史地位。虽然他所做的对比研究，还只是十分简单的、粗疏的类比，而且往往又带着明显的主观随意性。但是通过这样的比较研究，他既没有成为拘守"国粹"的故步自封者，也没有成为拜倒在他人脚下的民族虚无主义者。梁启超先生的成功尝试表明，这样做的结果，带给他的则是对我国思想文化遗产的深入认识，以及对其发展前景的满怀乐观。正如他在《清代学术概论》篇末所说："吾著此篇竟，吾感谢吾先民之饷遗我者至厚，吾觉有极灿烂庄严之将来横于吾前。"

欧洲"文艺复兴"，作为西方走向资本主义的先导，它具有无可估量的历史价值。恩格斯曾经把它称作"从来没有经历过的最伟大的、进步的变革"①。从这个意义上说，梁启超先生所进行的比较，实是不伦。然而梁先生试图以对清代学术史的总结，找到清学与"文艺复兴"间的相似之点，从而呼唤出中国的资本主义来，则又是有其历史进步意义的。尽管历史的进程雄辩地证明，只有社会主义才能救中国，但是在 20 世纪初，梁启超先生对新社会的憧憬，以及他所进行的理论探索，我们却不能因此便不加分析地一概予以否定。事实上，他的东西文化比较研究，他的"无拣择的输入外国学说"②，用他的话来说，其目的就在于"欲使外学之真精神普及于祖国"③。在这一点上，梁启超先生无愧于向西方寻求救国救民真理的杰出先行者之一。而且他所进行的理论探索还告诉我们，在清代的近 300 年间，就理论思维水平而言，我们同西方世界相比，已经落后了整整一个历史阶段。探讨导致这一差距形成的根源，正是我们研究清代社会史和思想史的一个重要课题。

第五，学术史编纂体裁的创新。

在中国史学史上，学术史的分支，可谓源远流长。从《庄子》的《天下篇》、《荀子》的《非十二子篇》，到历代史书中的儒林传、经籍志、艺文志，代有董理，一脉相承。不过，严格地说来，作为一种专门的史书体裁，它的雏形则形成于较晚的南宋。这便是朱熹的《伊洛渊源录》。随后，又经历数百年的发展，直到清初学者黄宗羲纂辑《明儒学案》，才使之最终臻于完成。有清一代，学术史的编纂即步黄宗羲后尘，以学案体为圭臬，大体无异，小有变通而已。梁启超先生的清代学术史著述，则打破了这一格局。从《近世之学术》到《中国近三百年学术史》，他对学案体史书，取其所长，弃其所短，试图把对学者专人的研究，融入各历史时期主要学术现象的专题研究中去。章节分明，纲举

---

① 恩格斯：《自然辩证法导言》，载《马克思恩格斯选集》第三卷，人民出版社 1966 年版，第 493 页。

② 梁启超：《中国近三百年学术史》四，《清代学术变迁与政治的影响》（下）。

③ 梁启超：《饮冰室合集》，《文集》第三册，《近世之学术》第三节。

目张。在梁先生的笔下，人们所看到的，就不再是旧学案里那些孤立的一个个学者或学派，而是彼此联系、不可分割的历史演进过程。梁先生仿佛是绘制了一幅写生画，清代 300 年间的学术演变宛若一株参天大树，而各个历史时期的主要学术现象，则是使其得以成荫的繁密枝干，各领风骚的学者，便是那满缀枝头的累累硕果。这样，就历史编纂学而言，梁启超先生的清代学术史著述，便在旧有学案体史书的基础之上，酝酿了一个飞跃，提供了编纂学术史的一种崭新体裁。

写到这里，我们以为还有必要指出的是，同清代学术史编纂相一致，梁先生对整个清史的编纂，也是有过贡献的。早在 1914 年，他就曾对编写清史的纪、表、志、传，分门别类提出过一系列建设性的意见。梁先生很重视表、志在史书中的地位，他认为司马迁的《史记》创立十表，"宜为史家不祧之大法"，但是"后之作者，惟踵人表，舍弃事表，史公精意隳其半矣"。他同时又指出："全史精华，惟志为最。"因而，他把清代重大史事列为数十表、志，以取"文简事增"之效 [①]。可惜他的很有见地的看法，却未能引起史馆诸公的应有重视。所以，后来他为萧一山先生的《清代通史》作序时，不胜感慨地写道："清社之屋，忽十二年，官修《清史》，汗青无日，即成，亦决不足以餍天下之望。吾侪生今日，公私记录未尽散佚，十口相传，可征者滋复不少。不以此时网罗放失，整齐其世传，日月逾迈，以守缺钩沉盘错之业贻后人，谁之咎也？" [②] 梁先生作为一个史家的高度责任感，于此可见一斑。我们今天重修《清史》，虽然尽可不必再去沿袭旧史书的纪传体格式，但是对梁启超 70 余年前的某些意见，诸如对清代重大史事的把握，重视清代有作为帝王的历史作用；在人物编写上以专传、附传等多种形式，"部画年代""比类相从"等，依然是可以借鉴的。

---

①　梁启超：《饮冰室合集》，《专集》第八册，《清史商例初稿》。
②　梁启超：《饮冰室合集》，《文集》第十四册，《清代通史序》。

（五）

梁启超先生博学多识，才华横溢。他一生广泛涉足于史学、文学、哲学、法学、佛学、社会学、政治学、财政金融学、语言文字学、金石书法学、地理学、教育学等众多的学科，其为学领域之广博，在他那个时代实是罕有匹敌。广，这是他为学之长。因有其广，故能在浩瀚学海任情驰骋，"裂山泽以辟新局"，发人之所未发，往往犹如信手拈来。然而正是这个广字，却又成了他的为学之短。因务其广，欲面面俱到而不得专一，故流于"务广而疏"。诚如他所自责："启超务广而疏，每一学稍涉其樊便加论列，故其所著述，多模糊、影响、笼统之谈，甚者纯然错误。及其自发现而自谋矫正，则已前后矛盾矣。"① 这并非谦辞，而是肺腑之言。在他的清代学术史研究中，这样的弊病也同样存在。梁启超的清代学术史著述，大刀阔斧，视野开阔，加以文笔平易畅达，因此读来实是令人痛快，不忍释手。然而掩卷而思，则疏失之处在所多有，尤其是一些总结性的论断，更是每每经不住推敲。这样又不禁让人为之惋惜。以下，我们试举一二例作说明。

梁启超先生认为，清代学术发展的主要潮流，"是厌倦主观的冥想，而倾向于客观的考察"②。据此出发，他把清代的考证学视为同先前的两汉经学、隋唐佛学、宋明理学并称的"时代思潮"③。这样的归纳，大体上是允当的。但是，基于上述估计，梁先生遂把清代学术的发展划分为启蒙、全盛、蜕分、衰落四期。他认为："吾观中外古今之所谓思潮者，皆循此历程以递相流转，而有清三百年，则其最切著之例证也。"④ 这样，他便把整个清代学术发展的历史仅仅归结为唯一的考证思潮史。这

---

① 梁启超：《清代学术概论》二十六，第 65 页。
② 梁启超：《中国近三百年学术史》一，《反动与先驱》。
③ 梁启超：《清代学术概论》一，第 1 页。
④ 同上书，第 3 页。

个做法就很可商量了。我们以为，清代学术虽以考证学为主流，但却不能以之去囊括整个清学。清代近 300 年间，固然有源远流长的考证学，但在它之前，尚有作为清初学术主流的经世思潮；当它鼎盛发皇之时，今文经学则已酝酿复兴，乃至清中叶以后风行于世；到了晚清，又兴起了向西方寻求救国救民真理的历史潮流。而且，始终与考证学相颉颃的，还有那不绝如缕的宋学。凡此种种，不一而足。所有这些纷繁复杂的学术现象，既彼此联系，互相渗透，却又独立地存在于不同的历史时期。它们既非考证学的附庸，更不能以考证学去取代。而借用梁先生的话来说．它们同考证学一样，也都有各自的启蒙、全盛、蜕分和衰落的历史。因此，我们不赞成梁先生把清代学术演进的历史简单化的做法。

又如应当怎样去看待清代学术发展中的"复古"现象？在梁启超先生看来，清代学术走的是一条"复古"的路，所以他曾经把清代称作"古学复兴时代"。他不仅认为清学是"以复古为解放"，而且还归纳了一个层层上溯的"复古"过程。这就是"第一步，复宋之古"；"第二步，复汉唐之古"；"第三步，复西汉之古"；"第四步，复先秦之古"[①]。对梁先生的这些看法，我们只能大致赞成其前半部分，而对所谓"以复古为解放"的命题，尤其是那个四步"复古"过程的归纳，我们以为不唯"模糊、影响、笼统"，而且"纯然错误"。清代是对中国古代学术进行整理和总结的时期，因而从形式上看，它确实带着"复古"的特色。但是"复古"毕竟只是一种现象而已，并不能据以说明清代学术发展的本质。对清学的"复古"，我们切不可脱离具体的历史条件去孤立地进行考察。同样是"复古"，清初、乾嘉以及清中叶和晚清就很不相同。清初学者的"复古"，是要解答社会大动荡所提出的现实课题。然而落后、陈旧的生产方式，桎梏着他们的思维方式和思维能力，他们无法超越历史的制约，只好回过头去，向儒家经典回归，从上古的"三代

---

① 梁启超：《清代学术概论》二，第 6 页。

之治"中去勾画他们的社会蓝图。乾嘉时期的"复古",是在与清初不同的社会经济、政治条件下进行的,正是在社会所提供的舞台上,乾嘉学者沿着清初以经学济理学之穷的趋势走下去,纯然走向古学的整理。这同清初的"经世致用",显然就存在质的差别。而道咸以后,尤其是同光之世的"复古",既有承乾嘉遗风对旧学的整理,更有借《春秋》《公羊》说的"非常异义可怪之论",来谋求挽救社会危机途径的努力。这与乾嘉时期相比,就又是一次新的质变。到了晚清,则是把西学同中学相沟通,"复古"是为了传播西学,向西方寻求救国救民真理成为不可抗拒的历史潮流。清代学术史就是在这样一个否定之否定的矛盾运动中前进的,其间既有渐进性的量的积累,也有革命性的质的变化。梁先生为庸俗进化论所束缚,看不到质变在清学发展中的能动作用,他无法准确地透过现象去把握历史的本质,结果只好牵强立说。这大概就是他致误的哲学根源之所在。事实上,无论在清代任何一个历史时期,都并不存在"以复古为解放"的客观要求,更不存在层层上溯的"复古"趋势。梁先生为一时倡导国学的需要,而去作这样的主观归纳,实在是不足取的。

总之,梁启超先生的清代学术史研究,既有大胆探索所取得的创获,也有粗疏失误而留下的教训。然而就大体而论,在这一学术领域中,梁先生的贡献是其主要的、根本的方面,疏失则是次要的、非本质的方面。批判地继承梁先生所留下的学术文化遗产,完成他所未竟的《清代学术史》编纂事业,这恐怕就是我们今天对他最好的纪念。